贝页
ENRICH YOUR LIFE

对冲基金投资指南

一本掌握全球市场盈利技巧

〔美〕塞恩·D. 卡斯特拉恩（Sean D. Casterline）
〔美〕小罗伯特·G. 耶特曼（Robert G. Yetman, Jr.） 著

杜海韬　盛佳贞　姜臻 译

Investor's Passport to
Hedge Fund Profits:

Unique Investment Strategies for Today's Global Capital Markets

文匯出版社

图书在版编目（CIP）数据

对冲基金投资指南：一本掌握全球市场盈利技巧 /
（美）塞恩·D. 卡斯特拉恩，（美）小罗伯特·G. 耶特曼著；
杜海韬，盛佳贞，姜臻译. — 上海：文汇出版社，
2020.10

ISBN 978-7-5496-3287-9

Ⅰ.①对… Ⅱ.①塞… ②小… ③杜… ④盛… ⑤姜…
Ⅲ.①对冲基金 - 投资 - 基本知识 Ⅳ.① F830.59

中国版本图书馆 CIP 数据核字（2020）第 159652 号

Investor's Passport to Hedge Fund Profits: Unique Investment Strategies for Today's Global Capital Markets by Sean D. Casterline and Robert G. Yetman, Jr., ISBN: 978-0-470-42744-6

Copyright © 2010 by John Wiley & Sons, Inc.
All Rights Reserved. This translation published under license. Authorized translation from the English language edition, Published by John Wiley & Sons. No part of this book may be reproduced in any form without the written permission of the original copyrights holder. Copies of this book sold without a Wiley sticker on the cover are unauthorized and illegal.
本书中文简体中文字版专有翻译出版权由 John Wiley & Sons, Inc. 公司授予上海阅薇图书有限公司。未经许可，不得以任何手段和形式复制或抄袭本书内容。本书封底贴有 Wiley 防伪标签，无标签者不得销售。
上海市版权局著作权合同登记号：图字 09-2020-747 号

对冲基金投资指南：一本掌握全球市场盈利技巧

作　　者 / （美）塞恩·D. 卡斯特拉恩（美）小罗伯特·G. 耶特曼
译　　者 / 杜海韬　盛佳贞　姜　臻
责任编辑 / 戴　铮
封面设计 / Monocolour
版式设计 / 汤惟惟
出版发行 / 文匯出版社
　　　　　上海市威海路 755 号
　　　　　（邮政编码：200041）
印刷装订 / 上海颛辉印刷厂有限公司
版　　次 / 2020 年 10 月第 1 版
印　　次 / 2020 年 10 月第 1 次印刷
开　　本 / 700 毫米 ×1230 毫米　1/16
字　　数 / 337 千字
印　　张 / 20.5
书　　号 / ISBN 978-7-5496-3287-9
定　　价 / 68.00 元

致 谢

献给我的妻子艾米（Amy），她一如既往地相信我的梦想可以成真，并帮助我去实现梦想；献给我的孩子，乔纳森（Jonathan）和博（Beau），他们是我最好的投资。

——塞恩·卡斯特拉恩

献给我的妻子达拉斯（Dallas），是她的爱与奉献伴我度过了挑灯工作的漫长岁月；献给亨特（Hunt）和道尔顿（Dalton），他们对我这个新加入的家庭成员表现出友好和谦让；献给我的好孩子布兰登（Brandon），他对他忙碌的老爸一直保有耐心；最后，献给我的父母——罗伯特·G.耶特曼（Robert G. Yetman）和杰拉尔丁·C.耶特曼（Geraldine C. Yetman），他们的智慧和慷慨一直指引并激励着我前行。

——小罗伯特·G.耶特曼

目 录

致 谢	III
前 言	IX

第一章　投资机遇：从本土到全球，以美国为例　　1
　　走向全球投资的 9 大原因　　9
　　全球投资不仅仅是一时风尚　　31

第二章　世界各国经济解读：市场间交易入门　　32
　　4 种资产类别　　33
　　非常态经济体的例外　　36
　　其他所有经济体——常态经济体　　39
　　投资盈利小技巧　　47
　　实用资源　　51

第三章　股票投资工具箱里的投资工具　　55
　　美国跨国公司　　56
　　交易所上市的美国存托凭证　　58
　　外国普通股与美国存托凭证的场外交易　　62
　　集合投资　　65
　　基于美国经纪公司平台的国际投资　　69
　　在国外开立交易账户　　71

第四章	全球股票市场盈利技巧		76
	全球经济分析		77
	国别经济分析		81
	国别技术分析		95
	行业基本面分析		99
	行业技术分析		107
	公司分析		115
第五章	全球固定收益市场盈利技巧		128
	是什么使全球债券市场成为完美的对冲基金投资场所		128
	确定外国债券的投资目的		132
	货币管理		135
	制定投资组合管理结构		142
	债券管理模式		144
	寻求超额收益		147
第六章	全球外汇市场盈利技巧		152
	外汇交易市场背景知识		152
	风险		155
	独有的全球货币风险		157
	通用术语/交易员类型		159
	外汇交易专门术语		162
	选择经纪商		164
	趋势线和通道		169
	价格形态——头肩、三角、双峰与双谷、杯子与柄形		175
	确认性指标——异同移动平均线、移动平均线和斐波那契指标		188
	钻探理论		198

第七章　全球房地产市场盈利技巧　|203
货币和税收的影响　|208
全球房地产投资机制　|210
有限合伙基金和私人募集基金　|221
直接购买外国房地产　|227
房地产投资过程中需要考虑的因素　|228
房地产投资目标国家举例　|232

第八章　衍生工具运用策略　|256
期权　|257
期权交易主要策略　|261
投资组合保险　|268
期货　|271
期货交易的内容和地点　|274
期货在对冲基金中的实际应用　|276

第九章　投资组合管理策略　|282
风险　|283
风险衡量　|288
资产配置　|295
业绩评估　|301

附　录　|307

前　言

基于本书的创作目的，以及我们的观点，我们将从更宽泛、更广义的角度对于什么是名副其实的对冲基金做出论述。如果您一开始便认识到其广义上的定义，即"对冲基金是一种集合投资基金，其组建方式以实现在任何特定的市场环境中降低风险、保存资本和最大化收益为导向"，那么您将有一个良好的开始。事实上，这正是对冲基金的本质。

这些年来，对冲基金的定义已经变得多样且宽泛，如今存在各种各样的对冲基金类型，以满足不同投资者的偏好和目标。关于对冲基金的纯粹主义观点认为，对冲基金运用了一些典型的对冲策略，比如卖空和衍生工具，用来对冲主要资产类别（特别是股票）的业绩，以期实现损失最小化、收益最大化。即便如此，我们并不受传统对冲基金教条的支配。传统意义上来说，倘若不经常或根本不使用衍生工具，那么投资组合的构建并不算运用上了对冲基金方法；可我们认为，能否成为一名成功的对冲基金经理并不取决于对特定策略的摒弃或是吸收。就我们而言，遵循上述对冲基金的本质才是对冲基金经理成败的关键。不过，遵循本质实现目标的过程中可能会运用到典型的对冲基金策略，但这绝非硬性要求；而且，全身心地只关注这些策略的运用，可能致使您只见树木不见森林。事实上，大量的对冲基金并不运用衍生工具或杠杆工具，运用衍生工具或杠杆工具并非普遍的理念。普遍的理念是，特定的经理人在特定的时间对他们所看好的特定资产实施大规模、高杠杆化的头寸策略，以进行对冲基金操作。尽管这样的基金确实存在，但这是对冲基金中过于夸张的看法。将对冲基金视为一种机制，通过这种机制在市场上进行一些（某种程度上的）受监管的押注，以试图实现一笔暴利，这当然是一种权利，但这并不是我们对对冲基金理念的认知方式。我们认为，对冲基金方法的核心优势在于，它能够在现有资产类别（以及不同国家和地区）的基础上进行投资权重转移，从而使我们能够总体上超越基准投资收益。

我们将不选定非常具体的基金风格（如不良证券、特殊情况、卖空）来规范投资组合的构成方式和管理方式，我们采取的是较为融合的投资策略，不将投资局限于某一方面。例如，我们并没有大力关注激进的成长型证券或濒临破产的证券；我们也并不认为使用杠杆是核心手段，但如果您选择反对使用杠杆，那么您便是没有真正地从对冲基金视角来管理投资组合。我们的策略是以基本面分析与技术分析为主导，引入一些直观推理，考量所有重要资产类别，且在必要时使用极为激进的期权。无论您采用哪种特定的对冲基金风格，您都可以自由地执行您想要的任何操作，这些基金风格中涉及的核心方法和理念都能很好地为您所用，但我们较为认可管理型投资组合风格，此种组合类型有保存资本的基础，且在此基础上我们可构建能够实现增长的基金结构。

值得注意的是，传统的对冲基金的操作策略实际上更为激进。虽然我们的观点可能与之有着最大的共性——全球宏观，但在对对冲基金的看法上，我们比许多实际进行传统对冲基金投资的人都相对保守一些。对我们来说，从全球宏观的视角来进行投资涉及"自上而下"的分析方法，即我们研究全球市场周期运行状况，并决定以更大的权重投资于哪些国家和地区。据我们判断，要以任何方式进行主动型全球投资都不是那么容易的，除非采纳"自上而下"的方法，在国家和地区以及行业和证券的基础上，最终实现资产转换和行业权重调整。仅仅鉴于可获期权的范围以及必须考虑和处理的信息量，全球投资必须保持高度组织性。在进行全球宏观投资时，我们与乔治·索罗斯（George Soros）等人在方法上的不同点在于，我们不太倾向于在预期的波动下进行大规模、过度集中的投资。例如，一些全球宏观经理人曾碰过壁，1994年他们因相信海外利率会下降，而大量押注欧洲债券会上涨；当美联储决定提高美国利率，利率不降反增时，他们只能"洗大澡"[1]。

---

[1] 上市公司有意压低坏年景的业绩，将利润推迟到下一年度集中体现，以达到下一年度业绩大增的会计操纵手段。常见的手法包括大规模计提坏账准备等资产减值准备，导致当年业绩大减甚至亏损，在下一年度转回以前提取的减值准备，形成业绩大幅增长的假象，而公司实际经营状况却未发生根本改观。（如无另行说明，本书注释均为译者注）

前言
Introduction

从某种意义上说,"全球""宏观"这两个词可能是对全球对冲基金类型投资组合的准确描述,因此,根据您的交易特性,您就能从我们在此所讨论的全球宏观投资中辨别出哪些是高度激进型全球宏观投资。

进行对冲基金型全球投资并不要求您是铤而走险的人。事实上,这种投资方法有助于确保您在各种表现欠佳的全球市场中免遭巨大损失。全球投资组合的构建源于经验认知和直觉意识——在全球而非国内,投资机遇最大。然而,构建全球投资组合本身并不要求我们试图通过使用大型投资工具来积累大量资本,而是让我们可以通过努力尽可能降低资产类别之间的相关性,明智地使风险调整后的投资取得成功。我们采纳的观点是,衡量对冲基金的成败,应基于其保存资本和降低投资组合整体风险的能力而非其实现出色业绩的努力。虽然所有人都中意于年复一年实现巨额投资组合收益,但只有真正的先知才能实现这一目标。个人投资者不能将退休计划等同于货币投资,对他们而言,在这些先知的预言水晶球真正起作用之前,为了巨额收益而不断地努力是有风险的。

最后,我们对待全球投资的方式与对待国内投资的方式并没有太大的差异。和国内投资一样,我们投资全球股票证券可靠与否最终由基本面与技术的混合型分析来决定。诚然,可投资领域的范围更广,鉴于"自上而下"分析法的本质是让投资者先研究全球可靠投资市场,再研究每一个国家的独特的投资工具,那些历来可能更依赖于技术分析的投资者必须结合更多的基本面信息以进行分析。另外,请严格遵守对从世界各地市场到个体公司的评估基本流程,这使您能够保持专注,并避免在开始组建和管理投资组合时过于慌乱。

正文开始前的一些想法

虽然本书是从美国投资者的角度撰写的,但书中概述的原则和方法更加适合美国之外的投资者。我们希望,也相信那些对世界上其他地区有投资激情的朋友能够理解我们在本书中的地区偏向。最后,本书读者可以持有比书中更宽广的全球视野,我们期待认识任何具有全球投资智慧的投资者朋友。

此外,我们要在这里首先提出,本书中我们是如何处理风险的——或者,更准确地说,我们是如何规避风险的。几十年来,就全球投资向个人投资者提供的投资服务往往在一定程度上优先考虑风险问题，人们可以由此得出这样的结论：投资外国市场就像携带了一包烈性炸药一样危险。我们认可全球投资具有更为不同寻常的系列风险，但我们相信，通过对投资组合保持积极且谨慎的分析，这些风险在很大程度上会得以减轻。例如，几十年前，信息并不能轻易地直接获取，认为政治风险对当今国际投资者的危害如同几十年前一样这一观点是站不住脚的。虽然政治风险确实存在，但伴随对基金持续且积极的管理，再加上全球信息极高的可访问性，其危害不如从前严重。货币风险历来也是全球投资中争议最多、最热门的话题，而今个人投资者可以更好地获取信息和交易机制，管理货币风险便更加容易。另外，设立目标的敏锐意识以及原则层面的策略对处理货币风险有很大益处。例如，将货币作为单个、独立的资产类别而不是纯粹用作其他资产类别的对冲，这本身便对规避货币风险大有裨益。多年前，以全球投资为主题的书籍很少涉及个人投资者层面的货币交易问题，现在许多书籍谈到货币交易是目前市场中最新、最重要的事项。此外，为了降低地区、国家和产业之间的相关性，您可能希望完全不进行对冲而规避货币风险，但关键是信息和机遇发展至此，即使是像货币管理这样不稳定的因素也可以协调，不会对涉身其中的基金经理造成很大的不利影响。

简而言之，我们认为，全球投资风险主要来源于投资组合风险，即使不投资于海外，投资组合相关风险仍会出现。正如您将从本书的数据中看到的那样，希望享受较高收益率的21世纪投资者别无选择，只能组建包含多样工具且渗透到一系列全球市场的投资组合。在我们看来，决定不这样做才是造成实际风险的根源。

最后，我们想说，虽然本书的目的是提供投资的解决方案，但这一目的未必真能实现。正如书名所示，它是您在世界舞台上获得更多投资机遇的"指南"。在您追求这一目标的过程中，我们邀请您关注我们的网站，网址为www.investorspassport.com。在这里您可以尽情享用我们为您烹制的投资大餐。我们主要致力于提供最优质的、最有效的全球投资信息，并通过解析尽可能多的成功投资组合之间的差异，为那些寻求前沿投资机遇的投资者提供机会。基于此，我们希望给所有投资者的生活带来显著的、积极的影响。

欢迎与我们一起，探索全球投资的奥秘！

第一章　投资机遇：从本土到全球，以美国为例

长期以来，我们一直支持投资于美国境外市场。我们深入研究了许多原因，进一步证明进军国外市场是合理的，不过我们一直相信，通过其他市场来获取收益，是再简单不过的常识。我们是土生土长的美国人，就如同坐在房间中央的800磅的大猩猩[1]，以往的经验告诉我们，我们对在其他国家进行投资并不感兴趣。过去的几十年里，这个简单的事实让我们有了放弃考虑其他市场的最佳理由。实际上，美国拥有我们所需的一切，且美国将继续如此。虽然最近的事件甚至让最以美国为中心的投资者都在思考，在世界的其他角落，还有什么更好的机会等着他呢，但最终，大多数人都愿意继续在美国投资，只因在这里，投资变得更简单、更纯粹、更便捷。

从历史上来看，论及资金，我们便感觉资金放在美国是更好的（或者说我们希望如此）。毕竟，美国有着成千上万家上市公司可供选择，更不用说这里还存在成千上万的股票共同基金、债券共同基金和房地产投资机遇呢。的确如此。我们不需要学习一门新的语言就能在美国投资，我们知道（至少听闻）美国有最好的交易技术和交易平台，且美国的金融中心很大程度上仍然是世界的金融中心。我们喜欢拜访其他国家和异域风情之地，此乃人之常情，但我们大多数人抵家之时都会非常欣喜。家让我们感到安全，投资亦是如此。

此种无形的感觉在很大程度上诱引着我们的所作所为：即使事情是错的，但若感觉上是对的，我们便会去做。我们通过这样的感觉来处理人际关系、业务关

---

[1] 这个俚语来自一条谜语。"问：一只800磅（约726斤）的大猩猩可以睡在哪儿？答：想睡哪儿就睡哪儿。"它常用来形容某人或某组织十分强大，行事无须顾忌。

系以及金钱关系。对许多美国人来说，在美国境外进行投资感觉起来便是错误的。过往，我们曾与众多客户进行过讨论，外国投资工具对他们而言本将非常合适，但许多人对此表现出非常明显的不适应性。您可以极尽您的理性思维说服自己，但如果是国外投资感觉起来便不对，那再如何也无济于事。

从心理上看，多数人倾向于只关注一种投资变化所存在的风险，而不会关注预期收益的大小。从根本上讲，许多人之所以回避全球投资，是因为他们在心理上觉得国外投资让自己与资金天各一方。

很大程度上，由于美国历史上的成就以及世界领导的地位（现在可能只是有名无实），许多人对其他国家可觅得的大好机遇满不在乎。主要是，我们相信美国拥有我们需要的一切，我们真的如此以为。过往很难见到我们在追逐其他国家的技术或机遇；相反，长期以来，美国一直是趋势及创新的风向标。实际上，变化已然发生且已经持续了一段时间，但正如我们所知，认知即现实，在许多人的认知中，美国仍是第一。当谈到对自己国家的自豪感时，我们便会是民族主义者中的一员，然而必须注意不要让这种民族主义蒙蔽双眼以导致忽略其他国家存在的许多美好机遇。

出国旅行时，您会发现自己依然非常强烈地迷恋着美国的所有事物。甚至美国游客在国外购买的很多由国外公司制造的精美产品，感觉起来（我们再一次谈及感觉）都极具美国特征。

从投资的角度，我们的历史和文化自豪感仍然是我们的最大敌人，但这是由于美国相对隔绝的地理因素导致的。我们是世界舞台的参与者，这一点颇具讽刺意味。因为美国在地理上远离很多其他国家，许多美国人的世界观就是"美国和其他国家"，这样的想法很大程度上是因为我们很少在日常生活中关注其他国家。当然，我们与加拿大和墨西哥接壤，它们地域面积辽阔（加拿大是世界上地域面积第二大的国家，而墨西哥也不逊色，其地域面积乃世界第十四大），但在企业影响力方面却微不足道：2008年全球最大的100家公司中，加拿大所占为零而墨西哥仅占1家。而在同一块大陆之上且相互毗邻的国家，如比利时、法国、德国、意大利、荷兰、西班牙和瑞士，全球最大的100家公司中有36家属于这些国家，比实力雄厚的美国还多5家。若跨过英吉利海峡而扯上英国，那就更不用说了。英国在全球最大的100家公司中拥有9家，这使得上述总数达到45家之多。

第一章 投资机遇：从本土到全球，以美国为例
Chapter 1　Opportunities Away from the Land of Opportunity

上述列举意在表明，许多海外人士，特别是那些生活在高度发达的欧洲大陆或周边地区的人，彼此相知且相互关联，而在美国的我们却无法与他人如此相处。相应地，他们对跨境投资的态度并不像我们美国人那样具有鲜明的民族主义色彩。

我们认为，这种地理隔离在若干层面对我们造成了损害。在文化层面，美国人往往会错过一些令人惊奇的事情。我们常常对旅游频道播放的盛大景点发出"噢"和"啊"的感叹，但是，节目放完了，我们的旅游兴致也就消失了。对于我们大多数人来说，到国外旅游是不可多得的。对于一个法国居民来说，从法国直接到德国再回法国，并不一定得有钱，因为这趟旅行在一天之内通过火车便可以完成。可如果您生活在美国，您可能不一定要很有钱才能去法国或德国旅行，但您可能需要花费数千美元才能享受有意义的欧洲及其邻国之旅。此处意在表明，在现实世界中的经验方面，其他国家和人民彼此之间的关联远远高于美国与他国、美国人民与他国人民之间的关联。

使问题更加复杂的是，通过适当平台对具备大好机遇的国家进行直接投资，需要我们全心全力地去熟悉语言、文化、信息流和传统等，而这些对我们大多数人来说仍是全然陌生的。当然，如果使用间接工具进行外国投资，例如共同基金和美国存托凭证（ADR），就不需要掌握上述知识，但是对于想要坚持在国外市场获取最佳收益、抓住最好机遇的人来说，掌握上述知识变得尤为重要。对美国人来讲，在国内进行投资便不需要付出额外的努力、获取必要的知识。美国本土公司在我们所熟悉的世界中成立、生存和发展，而且这些公司数目众多。在纽约证交所、纳斯达克和美国证交所上市的股票总数约为6000只，并且目前约有1.2万只美国股票共同基金。我们的经纪公司和交易平台是高度发达的，而且，从历史和声誉来看，美国是金融界的中心。您还需要去哪里投资呢？

实际上可以去很多地方。后文中我们将向您展示事实和数据，说明美国不再是投资界的唯一对象，虽然可能仍是最大的投资对象。例如，在全球最大的100家公司中，总部设在美国的公司仅占该名单的30%（见表1.1和表1.2）。但从另一个角度看，这30%远远超过其他任何国家上市公司所占百分比；排名第二的是德国，占比为13%。因此，您看待事物的角度才是关键所在：要么您看了这样一份清单，然后说"世界上最大的公司有70%在美国境外"，要么您说，"美国

本身就拥有30%的全球最大的公司，为什么我需要去其他国家投资呢？"显然，投资如何决策远远不止大公司占比这样一个基本标准，但实际上，这种观点甚至为一些更为老练的投资者所认同。

表1.1 《财富》全球100家大公司排名（2008年）

排名	公司名称	营业收入（百万美元）	所属国家
1	沃尔玛	378799	美国
2	埃克森美孚	372824	美国
3	皇家壳牌集团	355782	荷兰
4	英国石油	291438	英国
5	丰田汽车	230201	日本
6	雪佛龙	210783	美国
7	荷兰国际集团	201516	荷兰
8	道达尔	187280	法国
9	通用汽车	182347	美国
10	康菲	178558	美国
11	戴姆勒	177167	德国
12	通用电气	176656	美国
13	福特汽车	172468	美国
14	富通	164877	比利时/荷兰
15	安盛	162762	法国
16	中国石化	159260	中国
17	花旗集团	159229	美国
18	大众汽车	149054	德国
19	德克夏集团	147648	比利时
20	汇丰控股	146500	英国
21	法国巴黎银行	140726	法国
22	安联	140618	德国
23	农业信贷银行	138155	法国

第一章 投资机遇：从本土到全球，以美国为例
Chapter 1　Opportunities Away from the Land of Opportunity

（续表）

排名	公司名称	营业收入（百万美元）	所属国家
24	国家电网	132885	中国
25	中国石油天然气	129798	中国
26	德意志银行	122644	德国
27	埃尼	120565	意大利
28	美国银行	119190	美国
29	美国电话电报公司	118928	美国
30	伯克希尔哈撒韦	118245	美国
31	瑞银集团	117206	瑞士
32	摩根大通	116353	美国
33	家乐福	115585	法国
34	忠利保险	113813	意大利
35	美国国际集团	110064	美国
36	苏格兰皇家银行	108392	英国
37	西门子	106444	德国
38	三星电子	106006	韩国
39	安赛乐米塔尔	105216	卢森堡
40	本田汽车	105102	日本
41	惠普	104286	美国
42	墨西哥石油	103960	墨西哥
43	兴业银行	103443	法国
44	麦克森	101703	美国
45	哈利法克斯苏格兰银行	100267	英国
46	国际商用机器	98786	美国
47	俄罗斯天然气工业	98642	俄罗斯
48	日立	98306	日本
49	瓦莱罗能源	96758	美国
50	日产汽车	94782	日本

(续表)

排名	公司名称	营业收入（百万美元）	所属国家
51	特易购	94703	英国
52	意昂	94356	德国
53	韦里孙通讯	93775	美国
54	日本电报电话	93527	日本
55	德国邮政	90472	德国
56	麦德龙	90267	德国
57	雀巢	89630	瑞士
58	西班牙国际银行	89295	西班牙
59	国家石油	89224	挪威
60	卡地纳健康	88364	美国
61	高盛	87968	美国
62	摩根士丹利	87879	美国
63	巴西石油	87735	巴西
64	德国电信	85570	德国
65	家得宝	84470	美国
66	标致	82965	法国
67	乐金	82096	韩国
68	法国电力	81629	法国
69	英杰华	81317	英国
70	巴克莱银行	80347	英国
71	菲亚特	80112	意大利
72	松下电器	79412	日本
73	巴斯夫	79322	德国
74	瑞信	78206	瑞士
75	索尼	77682	日本
76	西班牙电信	77254	西班牙
77	意大利联合信贷银行	77030	意大利
78	宝马	76675	德国

(续表)

排名	公司名称	营业收入（百万美元）	所属国家
79	宝洁	76476	美国
80	CVS Caremark	76330	美国
81	联合健康	75431	美国
82	现代汽车	74900	韩国
83	美国邮政	74778	美国
84	法国电信	72488	法国
85	沃达丰	71202	英国
86	鲜京	70717	韩国
87	克罗格	70235	美国
88	诺基亚	69886	芬兰
89	蒂森克虏伯	68799	德国
90	卢克石油	67205	俄罗斯
91	东芝	67145	日本
92	雷普索尔YPF	67006	西班牙
93	波音	66387	美国
94	保诚	66358	英国
95	马石油	66218	马来西亚
96	美源伯根	66074	美国
97	苏伊士	64982	法国
98	慕尼黑再保险	64774	德国
99	好市多	64400	美国
100	美林	64217	美国

资料来源：《财富》杂志。

表1.2　各国拥有全球100家大公司的数量（以公司代表的国家为标准）

国家	拥有全球100家大公司的数量
美国	31
德国	13

(续表)

国家	拥有全球 100 家大公司的数量
法国	10
英国	9
日本	8
意大利	4
韩国	4
中国	3
西班牙	3
瑞士	3
荷兰	2
俄罗斯	2
比利时	1
比利时/荷兰	1
巴西	1
芬兰	1
卢森堡	1
马来西亚	1
墨西哥	1
挪威	1

资料来源：基于《财富》杂志数据整理。

前文中的问题恰恰令我们提出另外一个问题：您希望投资变得简单，还是希望它能够盈利？这一问题很大程度上促使你决定是否想要走出美国相对舒适的投资环境，转向一个令人心跳加速、挑战不断的国度。实际上，从投资收益的角度来看，美国长期以来都是令人失望的。我们将在本章中更具体地讨论这个问题，那些尚未接受笔者明确观点的投资者会认识到将大部分资金投入到国外市场的时机已经到来。

那么，投资走向全球令人信服的原因是什么呢？原因有几个，既然您决定购

第一章 投资机遇：从本土到全球，以美国为例
Chapter 1 Opportunities Away from the Land of Opportunity

买此书，您很有可能已经"只知其一"。如此，便让我们花些时间来仔细研究一下这些原因，这既有利于那些因听说走向全球是个好主意而阅读的投资者，也有利于那些一点也不确定是否想要走向全球但仍很感兴趣的投资者。

走向全球投资的9大原因

原因1 长期而言，这是实现投资组合大幅增长的最佳机遇

若要增长，便必须有增长的空间，而在美国，已没有过去那样大的空间了。这并不需要详细的分析来证明。即使您选择依靠的只是您的直觉，那也足以了解这个事实。您认识没有车的人吗？您认识没有有线电视或卫星电视的人吗？没有电器的人呢？在您的朋友和熟人圈子里，谁没有洗衣机、烘干机或冰箱？我们当然知道，美国也存在这样的人，但数目并不多。由数据可知，大约90%的美国家庭拥有汽车，85%的美国人拥有手机，99%的美国家庭拥有至少一台电视机，66%的家庭可以看有线电视。那冰箱呢？您会发现几乎100%的美国家庭都有冰箱；烹饪类家电也是如此，比如微波炉或烤箱，差不多100%的美国家庭都有。

而现在，中国只有5%的家庭拥有汽车。[1] 俄罗斯大约20%的成年人拥有汽车。刚果民主共和国大约2%的人口拥有手机。在整个非洲，目前有超过3亿人没有被手机网络所覆盖，近10亿人能使用的固定电话线路只有3500万条。

这不是一种科学评估，而是对美国与世界其他许多国家之间差异状况的一种简短、随机的评估。事实上，地球上很多东西不是我们想要就能获得的。现在，有许多复杂因素使得世界许多地区更难以获得商品和服务。在特别贫穷的国家，像非洲大陆的许多国家，拥不拥有电视机不是有没有西尔斯百货[2]的简单问题，而是有无金钱的问题。这意味着，您在确定一个良好的投资标的国时，需要做充

---

[1] 根据西南财经大学中国家庭金融调查与研究中心发布的《中国家庭汽车报告（2018）》，2017年中国家庭汽车拥有率攀升至25%。
[2] 西尔斯百货是全球最大的私人零售商，由理查德·西尔斯于1884年创建，后于2005年被美国凯马特并购，成为美国第三大零售业集团。

分的准备工作，而不是盲目地假设将资金投资到市场还未充分饱和的行业，然后这笔投资便会带来可观的收益。您需要进行合理的研究，这些研究最终会为您提供进军国外市场或行业的经验基础。若将这些研究结果与我们后文中讨论的投资组合管理策略的应用相结合，您获得的收益会如同对冲基金经理成名后获得的收益一样可观。

深入之前，让我们细细了解下您作为全球投资者必须考量的主要市场类型。特定股票市场从成立初期到成熟发展的三个阶段可用三个基本术语来表达，它们分别是"前沿市场""新兴市场"和"发达市场"。让我们花点时间来界定并阐释每一个术语。

前沿市场 1995年，国际金融公司（IFC）首次使用了这一术语。国际金融公司是世界银行的附属机构，它负责对发展中国家的私营部门进行投资。该术语在范围上有些不明确，它通常指的是最小的市场，总市值可能在10亿美元（至多），以及少量上市的股票。鉴于其规模，它通常给投资者既带来最大的风险，也带来最大的收益。就风险而言，前沿市场的投资者遭受的风险指数比平常所知的全球投资风险指数更高。后文中向您展示了一个完整的前沿市场列表，您可以想象保加利亚、巴基斯坦和越南这样的地方的高风险。

从纯投资收益角度来看，前沿市场是长期型、以增长为导向的投资者的理想目标。由于它们还处于世界经济和投资阶段的初期，一般意义上，前沿市场潜在增速最快。此外，它们作为投资界参与者的出现，其市场的相关性很低，而这一指标通常为发达国家投资者所关注。值得注意的是，前沿市场虽然在市场资本化等领域具有广泛的相似性，但实际上各个国家的前沿市场都能显示出不同的特征。换句话说，前沿市场差异性是多个不同的原因造就的。比方说，因其发展水平明显低于新兴市场经济体的水平，这样的国家可能有条件成为前沿市场。当我们想到一个前沿市场时，我们就会想到具有这种特征的国家。博茨瓦纳便是这种国家的典型例子。博茨瓦纳在经济发展的某些方面有着辉煌的成绩：它在20世纪最后1/3的时间里彰显出强劲的经济增长率，同时它还是非洲信用评级最高的经济体。尽管如此，博茨瓦纳艾滋病毒/艾滋病感染率却高得惊人，以至于自2006年以来，其出生率基本减半。博茨瓦纳的独立史只能追溯到1966年，大约有30%的人口生活在贫困线以下。博茨瓦纳的教育质量仍然是一个问题。

另外，如果一个国家实际上已经实现了高水平的发展，但由于规模太小而不足以被视为新兴市场，这样的国家也可以视为前沿市场。其中的一个例子便是立陶宛。自 11 世纪以来，立陶宛便属于欧洲了，14 世纪期间，立陶宛是欧洲最大的国家。俄罗斯、苏联和纳粹德国（特别是苏联）对立陶宛的一系列侵占彻底摧毁了立陶宛的身份认同，这导致立陶宛难以屹立于世界经济舞台。然而，立陶宛保持了强大的民主传统，并具有鲜明的国家特征：在欧盟成员国中，它的 GDP 增长率较高，失业率低，基础设施现代化，税率低，国民识字率高。《经济学人》杂志生活质量指数显示，该国是波罗的海国家中生活质量评级最高的国家。那您觉得这是个前沿市场吗？当然是，因为它的规模相对较小。立陶宛的特征不仅吸引了寻觅前沿市场的投资者，还免去了他们对一般前沿市场投资所需的繁杂准备。

还有一种前沿市场国家可能既先进又发达，但只是近来才放宽了投资限制，而这些限制是不成熟投资市场的特征。这类前沿市场的主要例子是海湾合作委员会的成员国，包含巴林、科威特、阿曼、卡塔尔、沙特阿拉伯和阿拉伯联合酋长国。

新兴市场　新兴市场代表了一个市场发展过程的中间阶段：不再处于初期，但也不是一个成熟的市场。它们最终将成为真正的发达市场（如下），但仍处于朝着最终目标发展的过程中。新兴市场的显著特征在于：其内部金融结构不成熟，正向社会政治稳定演变。新兴市场的内部政治冲突可能不像前沿市场（例如纳米比亚）那样激烈，但肯定比美国和英国等国家复杂。正因为新兴市场适当调和了风险和收益，众多寻求增长的全球投资者将其视为投资的理想地带。

新兴市场基本有四个特征。第一，新兴市场国家虽然并不总是在全球经济舞台上占据重要地位，但它始终是该地区最强劲的角色之一。它们可能不具有单独影响全球经济环境的能力，但由于市场广阔且不断壮大、人口众多、资源丰富等特点，它们一定为该地区其他伙伴国所依赖。第二，新兴市场国家是世界上增长最快的经济体。第三，新兴市场是在社会政治及经济方面不断改革的市场。公民可享有比以往更多的自由，企业可享受较少的政府干预，外国投资享有更大的可及性。第四，虽然它们没有能力独自推动全球经济活动，但它们已经是世界政治舞台上的参与者，也是全球经济中强有力的伙伴。上述第一和第四种特征主要可用来区分新兴市场和前沿市场，因为许多前沿市场也具有过渡时期的政治和经济变革态势以及高经济增长率的特点。

发达市场 发达市场是我们已经认定的全球最大市场，且工业化水平较高。从社会经济的角度来看，它们的特点是收入水平高和人力资本充分发展。人力资本充分发展是指国民的健康和教育方面的总体水平较高。狭义上，从投资角度来看，市场是严格按照其发展状况来衡量的，这种衡量有着若干指标，如在发达市场中，追求发展的运营机构实施着高度的监管。发达市场并不抑制而是鼓励外国投资，这可由其实施的鼓励制度的数量和性质衡量而知。此外，资本跨境自由流动的能力始终是国家经济发展的最有力指标之一，而发达市场便具有自由（有限的政府干预）且现代的交易结构。

发达市场还具有更多特征，其资产托管、清算和结算事项均受到严格审查。它必须保持低交易失败率，托管业务必须丰富且及时更新。结算一般必须在三天或更短的时间内完成。

有效的衍生产品市场起着重要作用，经纪服务充分，资本市场达到一定规模，资本的流动性不成问题。当然还有更多的特征，但您应该有个总体感知了。发达市场经济体正如您所想的那样，是诸如美国、法国、德国和日本等这样的一些国家。整体而言，发达市场向我们展现了稳定强于机遇的经典案例。我们更愿意投资于安全的经济体，但我们也知道，那些达到最高发展水平国家的增长曲线也明显变缓。

摩根士丹利巴尔（MSCI Barra）（网址为 www.mscibarra.com）是投资者寻求代表其全球投资目标进行投资研究、统计和业绩分析的绝佳资源。该网站列出了符合前沿市场、新兴市场、发达市场前提条件的国家和地区名单（见表1.3）。

表1.3 摩根士丹利巴尔关于发达市场、新兴市场和前沿市场的国家和地区名单
（截至2009年4月）

发达	新兴	前沿
澳大利亚	阿根廷	巴林
奥地利	巴西	博茨瓦纳
比利时	智利	保加利亚
加拿大	中国	克罗地亚
丹麦	哥伦比亚	爱沙尼亚

第一章 投资机遇：从本土到全球，以美国为例
Chapter 1　Opportunities Away from the Land of Opportunity

(续表)

发达	新兴	前沿
芬兰	捷克共和国	加纳
法国	埃及	牙买加
德国	匈牙利	约旦
希腊	印度	哈萨克斯坦
中国香港	印度尼西亚	肯尼亚
爱尔兰	马来西亚	科威特
意大利	墨西哥	黎巴嫩
以色列	摩洛哥	立陶宛
日本	秘鲁	毛里求斯
荷兰	菲律宾	尼日利亚
新西兰	波兰	阿曼
挪威	俄罗斯	巴基斯坦
葡萄牙	南非	卡塔尔
新加坡	韩国	罗马尼亚
西班牙	中国台湾	特立尼达和多巴哥
瑞典	泰国	沙特阿拉伯
瑞士	土耳其	塞尔维亚
英国	—	斯洛文尼亚
美国	—	斯里兰卡
—	—	突尼斯
—	—	乌克兰
—	—	阿拉伯联合酋长国
—	—	越南

资料来源：摩根士丹利巴尔。

即使不是专业的研究者也能够看出美国存在的核心问题。美国已经是高度成熟的市场，而且已经实现了高度工业化。虽然可能会有一些优秀的增长型公司向

投资者敞开大门并提供极大的投资机遇，但总的说来，美国市场本身并不具有良好的增长。100年前？绝对是。现在？不如以前了。当然，在美国和世界其他发达市场仍然存在机遇，但这些市场整体上并不具有吸引力，而且它们所提供的机遇需要做比过去更多的研究工作来识别和鉴定。

这意义重大。普通投资者已经学会认可每年6%~8%的年收益率为良好收益率，但事实却并非如此。2007年，标准普尔500指数的总收益率为5.5%，而韩国综合股价指数（KOSPI）上涨32%。韩国市场绝不是2007年表现最好的市场，至少在2007年它算不上是世界领先者。引用此例意在表明，韩国市场不过是众多打倒知名的美国市场中的一个。令人诧异的是，即使是在20世纪90年代的鼎盛时期，美国市场也从未"赢得"市场竞争的年度最佳表现。无论在哪一年，我们都能找到一个比美国市场表现更好的市场。

我们确信，出于过去的观念，1%~5%的投资收益就是理想的投资收益。在这样的观念指导下，所有的投资均放在美国也可以达到这样的收益。

您现在要追求的是许多美国国内投资者在20世纪90年代不费力气就能够达到的两位数的年收益率（我们可能要附加一句，那时他们并未付出太多额外努力），为此，我们想向你传达的信息是，在一些地方您能够达到这样的收益率，这些地方就是"100年前的美国"的现代版国家。这些国家并不是总有投资机会，但是，基于财富和经济增长指标，它们已经成为世界的后起之秀，正朝着自由市场经济大踏步前行，并在各个层面上共同努力实现进步和稳定。

原因2 "金砖四国"与全球资本市场变化浪潮

2001年，高盛集团做了一个推测，这是迄今为止支持投资者向海外市场谋利的最有力的论断之一。基于巴西、俄罗斯、印度和中国（"金砖四国"）目前拥有25%以上的世界陆地面积及40%以上的世界人口的事实，高盛认为，金砖四国经济发展如此迅速，到2050年，它们的总体增长率将使这个四国的经济总量超越当前全球最富裕国家的经济总量。有趣的是，高盛并没有提出四国将正式建立某种形式的经济联盟，但是，显然四国已经采取步骤建立联盟，至少是某种非紧密的联盟。为此，值得注意的是，2009年6月16日，时任巴西总统路易斯·伊纳西奥·卢拉·达席尔瓦（Luiz Inacio Lula da Silva）、时任中国

第一章 投资机遇：从本土到全球，以美国为例
Chapter 1　Opportunities Away from the Land of Opportunity

国家主席胡锦涛、时任印度总理曼莫汉·辛格（Manmohan Singh）与时任俄罗斯总统德米特里·梅德韦杰夫（Dmitry Medvedev）相聚于叶卡捷琳堡，这次会议是四国举行的首次官方峰会。此次峰会讨论的议题包括四国如何更好地进行合作，以及如何促进其他发展中国家的持续发展，这两大议题至少能够吸引精明投资者的眼球。

总体而言，谁也不能保证新兴市场国家和前沿市场国家能够平稳地向前发展。要克服许多机制方面的问题，每一个国家都有很长的路要走，这将决定它们中的每个国家都将长期不及发达国家水平。一方面，它们人口数量可观；另一方面，大部分人口仍未脱离贫困。普遍的贫困状态必须加以治理，而且道阻且长。

我们认为，应该少强调"金砖四国"在理论上的重要性，而应重视这个概念在印证经济增长和经济实力的发展方向方面的作用。例如，"金砖四国"（BRIC）作为四国首字母的缩写引导我们使用类似的首字母缩写，如"BRICK"（K代表韩国），"BRIMC"（M代表墨西哥）和"BRICA"（A代表阿拉伯国家），还有一些其他变体。重点在于，投资者寻求较发达市场之外更有成效的投资领域时，想到这个概念，就会透着一股热情，从而热衷于以新兴市场为中心。

"金砖四国"打开了关于全球经济增长问题的广泛讨论之门。这里，全球经济增长的衡量指标是浮动调整后的市值（仅限公众可用的已发行股份，而不包括大股东持有的股份、限制性股票、公司内部持股等）。相应地，还要指出的是，从2001到2007年，全球市值的年增长率约为11%，美国市值的年增长率约为6%，而金砖四国的年增长率约为30%。另外，直觉告诉我们，新兴市场国家将从发达国家吸收市场份额，而事实似乎确实如此。就全球市值变化，罗素投资公司（www.russell.com）提供了一些有用的统计数据，如下：

- 尽管2001—2007年全球总市值翻了一番，但美国市值（占全球市值的比例）在此期间从57%下降至44%，所有其他国家的市值从43%增长到56%。
- 2002年，发达市场约占全球首次公开募股的85%，而新兴市场占剩下的15%；到2007年，这种平衡发生了显著变化，在全球首次公开募股中，发达市场约占64%，新兴市场占36%。
- 长期以来在亚洲市场中与美国地位相似的日本，其在亚洲市值中所占的份额为70%；到2007年，这一比例已降至50%。

- 据产业分析，新兴市场整体上都出现了增长：在公用品方面，新兴市场的市值从2001年的5%升至2007年的14%；在能源方面，同期的百分比从4%升至13%；技术方面，从5%升至12%；材料和加工方面的增幅最大，从全球市值的约7%升至约17%。

有说服力的统计数据不仅这些，但这些足以说明问题。现实情况是，虽然趋势表明发达国家的市值没有停止增长，但它的增长速度却比以前慢得多；相反，新兴市场国家的市场份额在继续增长。至于大衰退[1]，显然，它给许多发达市场造成了更大的负面影响。

原因3 在任何时候，全球市场投资收益方面总有胜者

实际上，从纯投资收益的角度来看，有太多开放的外国市场，能够让投资者在周遭投资市场表现不佳时，找到一个高质量的投资避风港。直到最近，世界市场的准入才不再是投资这些市场的主要障碍，既然准入问题在很大程度上已变得没有意义，我们便可以自由地放眼全球，根据世界市场的表现来选择投资市场。

2008年是既伟大又可怕的一年。一方面，这是失常的一年，这一年的投资权重和相关市场表现是有问题的，这可以作为未来几年的预测指标。另一方面，虽然2008年过去了，但这样的一年可能再次发生。即使导火索可能会不同，严重程度可能会减轻，但从某种意义上说，全球遭殃的情况必然会再次出现在我们身上。

话虽如此，2008年的每一个市场都非常糟糕吗？不，不是的（见表1.4）。基于您选择的股指，美国股市下跌约40%，这很糟糕，不过还有更糟的（见表1.5），好得多的也有。

---

[1] 一场在2007年8月9日开始浮现的金融危机引发的经济衰退。自次级房屋信贷危机爆发后，投资者开始对按揭证券的价值失去信心，引发流动性危机。即使多国中央银行多次向金融市场注入巨额资金，也无法阻止这场金融危机的爆发。直到2008年9月，这场金融危机开始失控，并开始蔓延至其他经济领域。

(续表)

表1.4　2008年表现最佳的股票市场

国家	投资收益率（%）
突尼斯	+10
哥斯达黎加	−4
摩洛哥	−6
委内瑞拉	−9
博茨瓦纳	−15
斯洛伐克	−19
黎巴嫩	−21
智利	−23
墨西哥	−25
南非	−27

资料来源：BBC世界新闻。

表1.5　2008年表现最差的股票市场

国家	投资收益率（%）
冰岛	−94
保加利亚	−80
乌克兰	−73
阿拉伯联合酋长国	−72
塞尔维亚	−71
立陶宛	−71
罗马尼亚	−70
斯洛文尼亚	−68
越南	−67
希腊	−66

资料来源：BBC世界新闻。

原因 4　风险降低

全球投资使人们有机会从分散投资的两面中受益。一想到分散投资，我们便会想到它既降低风险又会提高增长机遇。有趣的是，只要我们将部分资金投资到美国境外，便有机会既降低风险又提高增长机遇。分散投资这种投资行为能带来两种独特且看似完全不同的益处。我们在本章开头谈到了财富增长带来的好处，在此，我们也望将时受争议的全球投资视为降低风险的机制。

赞同长抱的投资流派认为，在美国境外进行投资只会增加投资风险。就在前几天，我们拜读了一篇文章，这篇文章的作者试图抨击全球投资的理念。文章之所以引人注目，是因为它完全不关注机遇，而只关注风险。虽然国外投资确实存在一定的风险，但现实情况是，所有投资都存在风险。想想您的美国股票投资组合在 2008 年表现又如何呢？

记住，为了正确使用分散投资工具来降低风险，您必须真正地分散资金。换句话说，开始追逐下一个"热门"新兴市场或稍微逊色的前沿市场时，您不能允许自己将所有资金孤注一掷。分散资金就意味着这一点，而且通过代表各种行业和国家的股票投资组合，资金能得到更合理的分散。

让我们从更加普遍的哲学的角度来看，同时引用一些实际的数据：首先，全球经济体各不相同。当今时代，世界经济的相互联系和直接关联较之以往更为紧密，我们认识到的全球国家全然不同。也就是说，在许多领域，众多国家宏观经济趋势仍存在巨大差异，这使得人们有兴趣将海外投资作为一种降低风险的手段。换句话说，我们不难指出国与国之间的联系日益增强，一般意义上，我们都相互关联，但事实并非如此简单。虽然各国之间在许多方面有着密切关联，但也有其他方面仍存在巨大差异。务必要注意，尽管市场综合指数与世界各国存在越来越大的相关性（您甚至可以看到现在新兴市场与标准普尔 500 指数之间的相关性日益增长），从全球市场到国家市场再到行业市场，若投资者不断调整自己的标的市场，仍可进行大量可获益且低关联性的分散投资。让我们花点时间来了解下印度。2007 年，印度基准的孟买 30 指数上涨了约 47%，考虑到标准普尔 500 指数这一年的投资收益率为 3.6%，这尤为令人欣慰。假如您有意在 2007 年增加您的电信资产，并投资印度塔塔电信公司（Tata Teleservices），那么您将获得难以置信的 216% 的收益；而如果您投资美国电话电报公司（AT & T），您仅会获

第一章 投资机遇：从本土到全球，以美国为例
Chapter 1　Opportunities Away from the Land of Opportunity

得 18% 的稳定收益。我们不会轻视这 18% 的收益，但我们更喜欢 216% 的收益。顺便提一提，若投资法国电信（France Telecom），您会获得近 16% 的收益。这可能是传闻性证据，但有趣的是，投资世界上两个最发达市场的两大电信公司的收益差不多，而投资像塔塔这样的新兴市场的电信公司却收益爆表。假设您有一个主要以美国为基础、结构广泛的投资组合，且在塔塔这样的新兴市场公司中也有一些关键的投资权重，那么您在 2007 年获得收益时所受风险只有几个百分点。这家当年收益率飙升超过 200% 的印度电信公司会大大降低您的投资组合风险。

说到市场指数，让我们整体看一看：如果 2001 和 2002 年您持有标准普尔指数，那么您的损失率会超过 30%。如果 2002 年您持有印度的基准指数，即孟买 30 指数，那么您的收益仅超过 3% 一点，但如若您持有标准普尔 500 指数，您将损失 23%。如果您持有巴基斯坦的基准指数卡拉奇 100，那么您将获得 112% 的收益。举个例子，如果您的三大股指持有量大致相等，那么当美好的旧时美国并未给其本土投资者做出多少贡献时，您的投资组合平均每年将使您获得 30% 的收益。谨记，风险所涉及的问题与通常考虑的"稳定收益"有很大不同。对于专业投资者来说，风险主要在于风险与收益不成正比。风险的真正含义就在于此。

到目前为止，我们对降低风险的讨论集中在通过常识观察，甚至是用传闻性证据来证明其合理性，但我们也可以将其明确量化。对专业投资者而言，降低风险与相关性有关，即变量是如何相互作用和相互影响的。正相关意味着变量一起向同一方向移动；负相关意味着变量一起移动但方向相反；非相关意味着变量不以特定和相关的方式移动，也就是说，它们之间的相关性是随机的。

一般而言，随着您所拥有的投资达到更高的负相关水平，投资风险将大大降低。因为微软和苹果是两家不同的公司，新手投资者可能会认为它们没有正相关，但事实并非如此。它们之间存在正相关关系，主要是因为它们都属于同一个行业并基本上做同样的事情。现在，有人可能会认为科宝建商（KB Home）和辉瑞制药公司（Pfizer）至少是非相关的，因为它们代表明显不相关的行业：住宅建设和医疗保健。表面上听起来有道理，但这是真的吗？不。这两家公司虽然属于不同的行业，但都是美国公司，且都在纽约证券交易所上市。换句话说，即便您在这两家公司之间看到的相关性相比于科宝和霍顿（DR

Horton)之间，或者科宝和家得宝（HomeDepot）之间的相关性都要小，但这两家公司均设立在美国且随国内经济发展而变化，您不能否定二者由此而产生的正相关。2007年，"暴风雨前的宁静"[1]的一年，科宝下跌了50%，辉瑞下跌了8%；同年，标普500指数全年上涨了3.5%。诚然，50%的跌幅比8%的跌幅要糟糕得多，但您注意到两者都下跌了，而美国市场整体上在上涨（事实上，在过去的3年里，科宝和辉瑞相关系数为0.93）。不过，2007年投资巴西圣保罗博维斯帕（Bovespa）指数可能会让你获得40%的收益。就连代表全球分崩离析行业的建筑商加菲萨（Gafisa）在2007年也增长了5%，而当时美国领先的房屋建筑商下跌了约50%。

为了实现更好的非相关/负相关效果，您必须在美国境外进行分散投资。我们认为，那些正在叫着宣告2008年的金融危机证明没有投资避风港的人，正在实现这一目标。在二战后的现代环境中，2008年全球经济衰退在许多方面都是独一无二的，把它说成是"证据"，证明把希望寄托于海外以降低风险是白费工夫，这将是一个危险的结论。我们有理由认为，我们偶尔会碰上极不寻常的年份，大多数市场的走势基本相同，但即便是2008年，我们也看到了突尼斯（实际上上涨了10%）和哥斯达黎加这样的国家，它们在2008年的受影响程度非常小（-4%），在这一年里，它们可能被世界上大多数其他国家视为"最大赢家"。关键是，即使有数年的大范围经济衰退，但是这些时期相当反常，而基于短期、高度非典型事件进行投资（或不投资）都是不明智之举。当然，如果您能像专业人士一样投资，您应该能够避开很大一部分损失。

在评估相关性时，我们会查看介于-1和+1之间的范围，零表示非相关。零以上为正，表明具有正相关性；零以下为负，表明具有负相关性。虽然近来，发达国家的市场综合指数确实具有更大的相关性，甚至（可投资的）新兴市场指数也与发达国家市场指数呈现出更大的相关性。举个例子，先锋（Vanguard）新兴市场指数和标准普尔500指数在过去的1年和3年中呈正相关，相关系数分别为0.91和0.85。同样，从可投资指数来看，由印度两大指数的50家最大

---

[1] 喻指金融危机爆发前。

公司组成的 PowerShares 印度投资组合，在过去一年中与 SPDR 标普 500 指数呈正相关，相关系数为 0.83。想看看南非吗？您可能会感到惊讶。iShares 摩根士丹利南非市场指数和标普 500 指数在过去 1 年和 3 年间呈现正相关，相关系数分别为 0.84 和 0.91。

那么，上述内容是否告诉我们，海外分散投资真的是一种似是而非的想法，理论上听起来不错但在实践中却分崩离析？绝非如此，但它确实说明了两件事：在前沿市场和小新兴市场国家分散投资的真实机会要多于国外发达市场和大新兴市场国家，而您能够在发达市场和大新兴市场国家达成一些大额分散投资，常常不得不在个体公司层面（如我们所举过的塔塔公司的例子）实现。

原因 5　互联网的存在

缩写 "B.I." 表示互联网存在之前的时间，"A.I." 表示互联网存在且普及之后的时间，我们不知是否有这种正式用法，但或许应该有。互联网简直令人惊叹，尽管它还是相对较新的事物，但没有它的世界已经变得难以想象。它的存在彻底改变了一切，投资领域和其他任何事物一样一直都受益于互联网。全球投资尤其如此。

对于那些想投资美国公司的美国投资者而言，投资证券市场的过程也许和过去一样成熟和完善。即便是在互联网存在以前，美国公司相关信息也非常丰富且容易获取。这是住在美国的好处之一。然而对于寻求转向境外投资的投资者来说，成功投资所需信息通常难以获得。除非您是最富有和最老练的投资者之一，否则直接与国外市场接触是不可能或不切实际的。您只能以共同基金和作为美版外国股票的美国存托凭证的形式进行全球投资。通过互联网，投资者能轻而易举地开展研究和推动经纪业务。

研究　既然现在几乎所有事情和所有人都与互联网息息相关，那么获取任何信息都很容易。这样说吧，您对越南的进步刮目相看，并认识到政府对资本主义日益友好。您直观地知道，新兴的消费者阶层对金融服务产品包括对保险产品的需求增加了。互联网存在以前，您能真正迅速地对越南保险公司进行研究吗？绝不可能。现在，您需要做的就是将那些相关的单词输入搜索引擎进行检索。结果不满意？那就改变您检索的词汇。在谷歌搜索引擎中输入"越南保险公司"字样，您将获得数千个结果。结果本身就很有说服力，因为它们似乎暗示了投资的共同点。例如，我们检索到的前 10 项结果包括从投资角度对越南保险业的几项分析。最受关注的结果之一是 www.researchandmarkets.com 网页上一篇题为《越南保险业：未开发潜力》（*Vietnam Insurance Sector：Untapped Potential*）的文章。该文章是销售报告的一部分，这一部分可以免费访问的信息有很多，其中就包括一份越南的保险公司列表。由此，您可以继续您的研究。

这一例子虽然简单却很有说服力。在互联网诞生以前，根本就没有机会通过这种方式获取信息，尤其是获取新兴市场和前沿市场信息。

投资行为 正如我们先前提到的，整个投资界已被证明是互联网最大的受益者之一。无论是调查数据、跟踪数据，还是建立和维护正式的投资账户，互联网似乎是为投资者量身打造的。互联网给投资者开户带来了明显便利。不管白天或晚上，互联网让我们都能够在自己家中秘密地在线处理开户事宜，而不需要亲自（或耗费时间打电话）处理开户的琐碎事情。

由于互联网，账户维护也不费吹灰之力。我们现在不需要通过美国邮政来核查账户情况、进行确认，互联网可以搞定一切。

对于在嘉信理财（Charles Schwab）、宏达理财（TD Ameritrade）等公司寻求投资平台的普通人，互联网为其生活提供了帮助和便利；而对于那些寻求全球效益良好的经纪公司或国家型经纪公司的投资者，互联网带来的益处更为显著。例如，盈透证券（IB，www.interactivebrokers.com）是一家拥有 30 多年历史的经纪公司，在探索进军国外市场方面已经领先一步，它现在已经变成了一个主要针对以全球为中心的投资者的经纪公司。在盈透证券的网站上花费几分钟，您就可以开立一个账户，通过这个单一的账户，您可以使用 17 个国家目前可用的各种投资工具。对于具有全球意识的投资者而言，盈透证券是一个很好的选择，如果没有这样的网站，在许多国际市场上实际操作直接投资将会更加困难。

我们恰巧喜欢盈透证券这一平台，它让我们能在众多全球市场上直接投资，这是一项了不起的资产，但是你们中的一些人可能会觉得这还不够。再回到我们之前的例子，美国和越南于 2000 年签署了《双边贸易协定》，这促使越南成为引人注目的投资沃土，如果您想抓住越南迅速改善的投资环境，您必须能够进入越南的投资领域，而这是无法通过盈透证券来实现的，不过西贡证券公司可以。但如若没有互联网，西贡证券公司也无计可施。（访问 www.ssi.com.vn，点击右上角的英国国旗图标。您可能仍需要专门联系他们以获得更多帮助，因为他们的申请程序仍以越南语为主。）

稍后，我们将对开立账户使投资者更直接地瞄准国外市场做更多讨论。在此我们想强调一点，在完善的互联网存在之前，我们实际上难以迅速地访问任何外贸信息。而今，这样的问题不再存在。

原因 6 世界其他地区不受"有钱有罪"情结的困扰

成为 21 世纪美国投资者要面临的一项挑战便是应对随财富积累而日益增长的自我意识。时任美国总统巴拉克·奥巴马（Barack Obama）的当选暗示了许多事情，其中之一就是我们认为的"贫穷的人"之中，已经有足够多的人成了"富有的人"。有趣的是，即使是一些"富有的人"也已经足够多了。在选举日的民意调查显示，奥巴马无论在最富有还是最贫穷人口统计中，均颇受支持。至少有大量的轶事表明，针对过度积累财富及其表现形式（物质财富）存在不少反对思潮，鉴于持续的信用紧缩已经制约了消费水平，哲学思想的转变与购买力下降这类实际问题都共同作用于市场。

无论好坏，美国人长期以来一直关注着世界其他国家对他们的看法；相反，世界的其他国家并不存在此种困扰。这意义重大。如果"有钱有罪"情结是几十年来作为富饶之地的自然结果，那么那些长期没有享受过富饶的国家便不会产生这种罪责情结，不过我们无法对此结论做出保证。据《经济时报》2007 年的一项调查，到 2015 年，印度奢侈品市场可能会扩大到目前规模的 10 倍左右，而推动主力来源于他们文化上对财富积累观念的尊重。尽管与其他国家相比，印度奢侈品市场的规模可能较小，但印度仍有很大的增长空间，而且印度和世界其他一些国家长期倾向不受这种情结困扰的财富积累，可能有助于向国外投资者展现一些美好前景。

事实是，很大程度上，长期以来能够很好处理"有钱有罪"情结的国家有一个特征：它们都拥护"政治正确"；成功常常滋生自我意识，美国与许多其他国家相比，已经成功了很长一段时间。还有许多其他国家尚未面临繁荣所带来的这种情结，因此一段时间内它们仍将拥有重要消费群体，为全球投资者所关注的投资对象。

原因7 美国杠杆率过高

杠杆的使用，无论是在微观层面还是在宏观层面，都可能是一件棘手的事情。短期内，不加限制地使用杠杆可以迅速提高商品和服务的消费，但在大幅去杠杆化的时期（如导致2008年全球金融危机的那些时期），那些债台高筑的国家最终就像抢座位游戏中淘汰掉的落单之人。很明显，您可以把美国及其消费者当作游戏中未抢到座位的人。

其他国家情况并没么严重，聪明的投资者会寻求直接投资于这些国家。与发达市场的其他特征一样，杠杆在一定程度上造就了繁荣。在时机完全成熟之前，前沿市场和新兴市场将根本不具备放贷的条件。这就是为什么尽管这些市场中有许多受到了经济衰退的影响，但那些杠杆率较低的市场能够快一步复苏。我们已经看到了此类证据：随着世界缓慢地——非常缓慢地——从大衰退中恢复过来，新兴市场中印度和中国这两个世界宠儿，已经恢复了大衰退前的增长趋势；预计2009年印度和中国的增长率将在5%~10%之间（中国的零售额在2009年第一季度上升了约15%），而负债累累的美国、欧洲和日本在2009年第一季度均大幅萎缩。

可以推测的是，美国的低储蓄水平与美国可能独有的"特殊权利"或"理所当然"的心态[1]有关。只有负担得起才购买商品或服务，这一过时的理念风靡于很多其他国家，但在美国以及其他发达国家，似乎都不见其踪影。

许多其他国家的债务情况都比较良好，故而美国债务的改善情况需要加以重视。中国和巴西有很大的降低利率的空间，而且中国有着巨大的储备（约为2万亿美元的全球最大储备），其他一度"落后"的国家也拥有值得炫耀的大量储备（俄罗斯约为4000亿美元），但想让美国拥有类似上述储备却是无稽之谈。

至于美国个人家庭债务水平，情况并不好，实际上情况很糟糕。美国家庭的杠杆比率高于GDP，平均比率达到了令人难以置信的高度。

---

[1] 依赖政府，认为政府对自己的权利负一切责任的心态。

在各个层面上周旋巨额债务的国家根本不可能取得发展（见表1.6）。"金砖四国"中的三个国家（巴西、俄罗斯和中国）的债务水平分别为本国GDP的41%、7%和16%。与美国相比，这些国家负担不重，债务情况简单明了。更重要的是，许多前沿国家和新兴市场国家，特别是亚洲，在文化角度上便很反感担负大量债务。有意思的是，虽然这些行为随着这些国家的繁荣持续增长会相应变化，但对于投资者来说，在可预见的未来，这些低杠杆的地区将是直接投资的重要考虑对象（见表1.7）。

表1.6 公债占GDP比重大于或等于60%的国家（地区）

国家（地区）	公债占GDP的百分比（%）	市场类型
津巴布韦	241	（未定义）
日本	170	发达
黎巴嫩	163	前沿
牙买加	124	前沿
新加坡	114	发达
意大利	93	发达
塞舌尔	93	（未定义）
希腊	90	发达
苏丹	86	（未定义）
埃及	85	新兴
不丹	81	（未定义）
比利时	81	发达
斯里兰卡	78	前沿
印度	78	新兴
以色列	76	发达
匈牙利	74	新兴
法国	67	发达
加纳	66	前沿
葡萄牙	64	发达

(续表)

国家（地区）	公债占 GDP 的百分比（%）	市场类型
德国	63	发达
加拿大	62	发达
美国	61*	发达
摩洛哥	60	新兴

*最新非官方数据表明，由于近来经济刺激计划实施，美国的公债占GDP比重可能接近80%。
资料来源：美国中央情报局世界概况。

表1.7　公债占GDP比重小于或等于15%的国家（地区）

国家（地区）	公债占 GDP 的百分比（%）	市场类型
阿曼	2	前沿
利比亚	4	（未定义）
爱沙尼亚	4	前沿
智利	4	新兴
博茨瓦纳	5	前沿
阿塞拜疆	5	（未定义）
瓦利斯和富图纳群岛	6	（未定义）
卡塔尔	6	前沿
俄罗斯	7	新兴
卢森堡	7	（未定义）
科威特	7	前沿
安哥拉	9	（未定义）
哈萨克斯坦	9	前沿
赤道几内亚	9	（未定义）
乌克兰	10	前沿
立陶宛	12	前沿
喀麦隆	12	（未定义）
尼日利亚	12	前沿

(续表)

国家（地区）	公债占 GDP 的百分比（%）	市场类型
沙特阿拉伯	13	前沿
乌兹别克斯坦	14	（未定义）
阿尔及利亚	14	（未定义）
罗马尼亚	14	前沿
中国香港	14	发达

资料来源：美国中央情报局世界概况。

原因 8　全球其他经济体比美国经济体遭受了更大冲击，在为更大转变做准备

总体来看，我们注意到发达程度越低的国家，投资机会就越多。受到冲击的市场和指数可能成为我们关注的投资目标，只有一些罕见的例外，如纳斯达克综合指数。2000 年，该指数达到峰值 5048 点，随后在接下来两年下跌 78%；9 年多后，该指数仍然比同样的高点下降了 63%。与美国基准标准普尔 500 指数相比，许多市场比美国更糟糕的国家已经表现出极大的弹性和恢复赚钱的意愿。

举个例子，看看美国最大的也是最糟糕的两大股指——标准普尔 500 指数以及道琼斯工业平均指数（基金经理们最喜欢的指数）。两者的区别就像普通演员和电影明星的不同，但无论如何，两者在投资领域都有自己的独特之处。2008 年，标准普尔 500 指数下跌 38%，2009 年上半年回升 2%。至于道琼斯指数，它在 2008 年相对温和地下跌 33%，它在 2009 年上半年，通过在此期间公布 -4% 的收益率，便已经实现了"复苏"。在评估全国市场在多大程度上实现重大转变时，还有许多其他因素需要考虑，我们讨论为什么美国比其他国家要走的路更长，但正如我们所看到的，从股市复苏的狭义角度来看，其他国家在经历了更大冲击后恢复得更好。

以中国为例，中国股市可能是过去几年中热度最高的股票市场。可到了 2008 年，这一切都结束了——至少有一段时间如此。2008 年恒生指数收益率为 –48%，远低于标准普尔 500 指数。接下来又如何呢？恒生指数在 2009 年上

半年大幅回升，同期上涨28%。

再看下印度，情况一样。如果我们看一看孟买证券交易所敏感指数，或BSE SENSEX，也就是印度版本的道琼斯工业平均指数（Dow30），就会发现2008年的基准指数被打压到了-52%的收益率。但是，BSE SENSEX 也在2009年上半年大幅回升，上涨50%。

还有很多例证，俄罗斯是另一个好例子。RTSI或俄罗斯交易系统指数是RTS证券交易所的50股票综合指数，2008年它的股价下跌了72%！那2009年呢？与2008年末相比，它在2009年上半年上涨了56%。

再来看看巴基斯坦：卡拉奇指数在2008年下降了58%，2009年上半年又回升了22%。

让我们来看看上述国家与较发达国家的数据对比：看看《财富》杂志列出的世界100强企业名单中排名前五的国家，依次排列是美国、德国、法国、英国和日本。各国股市基准指数表现见表1.8。

表1.8 排名前五的国家及其股指表现

国家	股指	2008年指数变化（%）	2009年上半年指数变化（%）
美国	标普500指数	-38	+2
德国	法兰克福DAX指数	-39	-0.4
法国	巴黎CAC 40指数	-42	-2
英国	富时100指数	-31	-4
日本	日经225指数	-39	+12

资料来源：基于《财富》杂志的数据。

总体上看，我们可以说，较发达的经济体并没有受到大衰退的严重损害，而且它们在2009年也没有回升表现。当那些历史上最稳定的国家面临强大的逆风时，这些更为年轻的国家，真正的新兴国家或前沿国家，才是寻求再次盈利的绝佳投资候选区。

这些国家的名单可以列出很多，而且许多不同的国家市场还有很大的发展空间。正如我们所说,在评估国民经济及其相关证券市场在近期内稳步反弹的潜力时,除了单纯的"冲击因素"之外还有其他各种因素需要考虑,但是,似乎受到打击越大的市场就越是投资的好地方。从市场心理要素来看,市场指数在过去达到了一定的高度,人们并不认为市场指数总能够处于高位,这样市场势必下跌,但是,同样的心理导致人们认为市场仍将回到过去的高点(我们认为,从本世纪初以来,纳斯达克综合指数显然是个例外)。

2009年复苏得特别好的国家,除了受益于破釜沉舟的勇气,还受益于顺应成功的其他基本面,因此不能忽视这一因素而只关注"衰落"的程度。例如,2009年强劲复苏的中国目前的其他基本面因素在于通胀率相当稳定,这告诉我们:如果需要,中国可以大幅降息,因为它有很大的下调空间。此外,中国的储蓄率在某些指标上居世界之首。在股市跌盘的时候,印度市场对投资者也有同样的承诺;在印度,有50%的人口低于25岁,储蓄率水平与中国差不多,许多基础设施也得到了升级。这些特点就是为什么新兴经济体受到严重冲击而往往又会反弹得很好的原因。这个国家的文化和形象就是如此,它是不断地发展的,而高度发达的国家在面临困难时期的时候,由于已经高度发展,丧失了以发展作为突破困难的动力。

原因9 鉴于美国经济未来几年的状况,另寻他地乃明智之举

有些人会认为市场遭受冲击意味着新的机遇。这在直觉上是有道理的,不过它时常是个失败的臆测。一个遭受严重冲击的市场仅仅意味着这个市场值得一试。要想检测这种结论,我们不应单单考虑市场表现这一因子,全面的思考将有助于确定投资的正确权重。对我们而言,短期内美国经济的前景可能会让我们转向寻求其他国家市场的投资。

贸易逆差 美国依然存在巨额贸易逆差,尽管美国的贸易逆差从2006到2007年缩减了约500亿美元,2007—2008年又缩减了约500亿美元,然而6770亿美元仍是巨额逆差。关于贸易逆差对国民经济的重要性,学术界上争论不休,但入不敷出并不能长久,这并非理论问题。有些人会声称最终支付不是问题,因为美国可以印刷尽可能多的钱,这是事实,但我们大多数人都知道这种做法的结果是美国货币贬值。我们的货币贬值自然会导致外国货币的升值,

从而进一步加强拥有外国资产的人（无论是外国人还是美国的全球投资者）的地位。换句话说，对于众多国际投资者而言，这样的操作会使得"货币风险"不再是我们考虑的问题。

人口老龄化 可以肯定地说，美国的人口结构已经不似从前，我们在不断变老。据估计，我们中 45 岁及以上的人口比例将从 2010 年的 39% 增长到 2040 年的 43%。撇开 2008 年金融危机的重大影响不谈，我们已经开始成为一心想缩减开支的消费群体。根据 2005 年哈里斯互动公司的一项调查，大约有 70% 的人计划以退休的名义移民，他们这样做主要是为了在更实惠的生活中度过余生。研究表明，从标准的生命周期模型看出，储蓄率在工作期间增加，但退休后，储蓄率便会下降。但是，退休储蓄的减少并不表示可自由支配的支出增加，只是现金用于基本商品和服务而已。换句话说，储蓄率较低的老龄化人口并不意味着他们会购买大量的商品和服务。在未来几十年中，我们将在一些发达的工业化国家看到这一现象，这并不令人感到意外。另外，加之种种原因，一个国家越发达，其出生率越低。

可自由支配资金减少的问题绝不仅限于"物质"，各种投资也将同样减少。随着注入到各种类型投资中的资金越来越少，资产增值的动能也不复存在。那么，随着时间的推移，在商品、服务以及金融市场产品这几个方面的资金投入便会越来越少。

与人口老龄化相关的另一个问题便是婴儿潮，由于这些婴儿潮中出生的人在不断长大，他们将以前所未有的速度消耗社会保障和其他公共资源。他们会不断占据各种就业岗位，并且可能导致更高的失业率，这应该是多年来一直拖累美国经济增长的一个重要因素。

劳动力成本／外包 美国的就业机会正在不断被海外外包人员所占据。如果您致电客户服务部询问购买的商品信息，您很有可能会发现与您通话的是某个印度人，印度人已经成为美国外包行业中最受欢迎的对象。这种外包有两方面。一方面是美国公司在进行业务外包，通过外包，这些公司提高了自己的盈利水平，使自己对投资者更具吸引力，公平吧？（毕竟，我们并不是说您应当避开美国股票。）另一方面是接受了更多外包劳动力的国家，这些从事外包工作的人员能积累更多的财富，获得更大的机会。在美国，我们已经注意到数十年来制造业的工作岗位在不断减少。现在，我们曾经以为美国会保住的服务业工作岗位也在流失。我们不去关注这一点将为美国经济带来的不利影响，我们只想指出，您应该看到在海外投资有着坚实的基础。

看完上述问题，我们可以提出一个更加泛化的问题：在目前的情形下，发达国家的市场是不是成了最差的投资标的？大衰退摧毁了发达市场的希望。除了前文提到的那些问题，美国未来几年还将面临许多其他棘手问题。而今，个别州陷入了严重的财政困境。加利福尼亚州的经济总量可以排名为世界第八大经济体（估计），面临着超过240亿美元的赤字，约占加州可支配资金的1/4。英国主权债务前景被标准普尔从"稳定"下调至"负面"。随着失业率的上升和经济增长萎缩，法国目前的状况与美国大致相同。

发达国家面临的这些问题促使我们考虑美国及发达国家市场的总体风险到底有没有增加，尽管一些发达市场似乎成功地走出了阴影（据说美国就是其中之一），但它们还有很长的路要走。即使它们成功地摆脱了金融危机的主要影响和次要影响，但还是有问题：接下来又会如何？正如我们在前文的讨论中所看到的那样，许多前沿市场和新兴市场在复苏的早期阶段都表现得很好，而发达市场则将继续缓慢发展。例如，中国2008年秋季宣布的经济刺激计划总额约为6000亿美元，主要针对住房、基础设施、交通网络和技术创新。最酷的是，虽然不确定中国会从哪个来源获得资金，但值得注意的是，即使中国所有资金都是借来的——虽然这是不太可能的——他们的国债与国内生产总值的比率仍将保持在30%左右，而美国的国债占国内生产总值的比率则在75%左右。也就是说，中国已经充分准备好投资美国、日本以及其他发达国家。

全球投资不仅仅是一时风尚

我们承认，整本书很可能都在讨论为什么我们需要成为全球投资者。以上9大原因是我们认为较为重要的，但您应该从这一章中体会到的是，全球投资将远远不只是一时风尚。世界上人口、政治、经济因素正在永不停歇地变化，若想获得20世纪90年代那样轻松且丰厚的收益，投资者唯一的选择便是创建以全球为中心的投资组合。

第二章　世界各国经济解读：市场间交易入门

在任何特定时期，世界上的某个市场总会有资金流入。2000—2003年，全球经济衰退，各大股票市场随后跌入熊市，全球大部分股市资金外流。然而，这些资金未曾消失，大体上，投资者也未曾全部分散和转移其资本市场的资金。精明的投资者将资金转移到像中国这样的国家，那时，中国的股市欣欣向荣，呈疯狂牛市状态。大多数投资者对中国市场一无所知，直到数年后，所有的报纸都在谈论其牛市。需要注意的是，如果您能够紧跟市场之间的中长期资本流动，您将保持优势地位且获得超乎寻常的收益。本章的要点不是告诉您，一定要在哪个国家投资。而是，作为投资指南，它旨在告诉您应该瞄准全球市场的哪些领域。例如，如果预期全球经济衰退、商品价格下跌，您将会明白最佳投资地点在固定收益投资工具领域内。掌握这一信息，您便能够寻觅全球最佳收益市场以及这些市场的所在国家（我们将在后一章向您揭秘投资工具）。本章虽然出现在本书的开头，但它确实集中讨论了所有的全球投资领域。本书旨在帮助您了解哪些市场可供您利用，以及如何投资于这些市场，而本章旨在让您了解全球投资背景下市场内部的市场。

大多数投资者身上都体现了我们所谓的"隧道视野效应"[1]。这些投资者倾向于把注意力集中在一个市场上，对其分析时牛角尖也钻到底。我们无法告诉您，在前文提到的全球熊市中，有过多少投资者向我们致邮或致电，询问他们该购买

---

[1] 一个人若身处隧道，他看到的就只是前后非常狭窄的视野。拥有远见和洞察力，视野开阔，方能看得高远。

什么股票。他们的投资范围如此狭窄，以至于他们向来只见树木不见森林。对于这些股民，我们的典型回答是"购买债券"。由于债券具有安全投资转移的潜力，这个回答听起来简单，但这潜力并非是我们的动机。固定收益这种资产类别，让投资者在全球股票下跌的情况下也能盈利，结果，股票下跌，而债券进入疯狂牛市状态。熊市对经济的负面影响之一是美联储及其全球各国中央银行的利率大幅下跌。如前文所述，这与固定收益投资存在事实关系，因为价格与利率成反比。如果利率下跌，债券价格将会上升。故而，在此时间范围内，如果您目光长远，投资了一项最不为人所乐道的资产类别（债券），您会照常收获利息，且会得到一笔可观的资本收益提成，这是由另一种资产类别（股票）动荡所驱动的。事实上，考量全球市场的、有更大投资格局的投资者，往往享有更好的市场收益。工业化国家陷入经济衰退时，大多经济体与股票市场走势向低，但总有某些国家的股票市场走高，可这些市场较少且不太集中。因此，投资者不仅应关注全球最热门的股票市场，还应关注所有类型经济中最有利可图的资产类别。

4 种资产类别

在投资界，我们分析四种主要的资产类别：股票、债券、商品和货币。每一类别也有其衍生工具。比方说，股票的一种常规衍生工具是股票期权。另外，大多数资本市场投资可以归入这四种类别之中。许多传统投资者相信只有三种资产类别，但我们认为这四种资产类别，综合起来能很好地反映任何特定经济体——更概括地说——全球经济体的现状。

目光狭隘的投资者根本不知道这四种资产类别相互映衬，且在许多方面相互预示。例如，2008 年，由于商品价格上涨，全球市场遭受重大压力。这一年，石油和各种建筑商品价格飙升。这些商品价格上涨的重要驱动力之一是来自中国的需求。中国正致力于大规模的基础设施建设，因此需要获得一切可以获得的自然资源。商品价格上涨致使美国和全球其他国家经济增长放缓，显然，高油价会使每个人消耗更少的汽油。面对较高的价格水平，人们会限制自己可自由支配的资金。同时，也不能忽视的是，如果燃油从每桶 65 美元上涨为每桶 135 美元，航空公司的机票价格也将上涨。总体上，此种微观经济反应表明经济增长放缓。由于低利率通常是经济增长的催化剂，自然而然，美联储尝试通过降低利率来延缓经济衰退。由我们简单举例您可得知，所有市场密切相关，且有投资预测功能。商品价格上涨，这预示着经济不景气、投资环境不良。股票下跌表明利率下降。从投资者角度出发，借由我们在其他市场的经验，这一年我们在股票市场只开展了两三笔交易。切记，重要的并不是这些资产类别的绝对价格水平，而是这些价格表明的走势。油价上涨到每桶150美元历经了几年时间。人们最大的忧虑是油价上涨的趋势，而它警醒了我们面临的是更不景气的经济走势。

一个真正的分散投资应当包含对这四种资产类别（股票、债券、商品和货币）的投资和研究。进一步来说，分散投资组合不应局限于投资一个标的国，而应在世界各地许多市场进行控股投资。通过对多个市场的投资，投资者有了"大局"意识，相比于关注单一市场的投资者们，他们能够更早发现重大的市场变化和经济变化。拿股票交易员来说，如果您的投资资金集中在一个领域，您便会缺乏市场互动分析的智慧。整体分析四个市场定能帮助您清楚自己该关注何领域，甚至能让您明白是该增加投资还是缩减投资。

既然您了解了市场互动分析的重要性及其基础知识，那么让我们来看看与这四种资产类别相关的一些投资规则。谨记，投资从来不是零和博弈。如果您稍有投资经验，您就会明白投资不是非黑即白的简单问题。相应地，我们给您提供的这些投资规则也并不是一成不变的。如果您看到某个国家的利率下降，并不意味着您是时候大量投资这个国家的股票市场。同样，我们寻求的不是短期的"金融异常现象"，而是这四种资产类别的较长期走势。任何资本市场都有大量兴衰起落，您应该熟悉这一点。此外，这四种资产类别的每一类别中的动向，都可能影响世界各国和全球经济。例如，如果俄罗斯发现了一块大油田，那么这则消息不仅会使俄罗斯本国油价下跌，还可能导致全球油价下跌。

在我们了解这四种资产类别如何运作之前，让我们先了解下它们的定义。

商品

商品，在不同市场无性质差异，是适应需求而供给的任何产品。换句话说，不管您在哪个国家交易，铜是铜，玉米是玉米，石油是石油。举一例来说，李维斯的牛仔裤有着许多高质量的款式。消费者认为，李维斯的牛仔裤不同于其他公司售卖的，牛仔裤质量越好，他们愿意消费的价格越高，然而油价是全球性的，它随全球供需而每日波动。

商品的特点之一是，它的价格是由整个市场的功能决定的。成熟的实物商品有交易活跃的现货市场和衍生市场。一般来说，这些实物商品是基础资源和农产品，如煤、原油、乙醇、铁矿石、糖、咖啡豆、大豆、铝、大米、小麦、金和银。当我们整体分析商品时，您可以分析单个商品（如黄金）的价格，或者您可以对它们进行一揽子分析。分析时，有多个指数可供您参考，比如高盛商品现货指数或路透商品研究局（CRB）物价指数。我们倾向于参考CRB价格指数，但各大指数通常都是密切相关的。

我们还需要注意商品的另一特点，即商品价格通常会在全球范围内波动。比方说，如果您看到美国的玉米价格在上涨，那么全球范围内的玉米价格也很有可能在上涨，这并不是特定国家独有的走势。在后文中我们会看到，这一点运用在商品进口国和主要商品出口国中，市场互动关联会有明显差异。但商品价格只是市场互动中有全球市场波动趋势的一个领域。

债券

债券是非常容易理解的。投资者向企业购买债券，一段时间后从中获得利息。最终，债券持有人从债券发行人那里按我们称之为的"票面价值"或发行价格赎回本金。

有许多类型的债券支付利息，如政府公债、市政公债和企业债券。因而，为了市场分析我们该留心哪种利率指标？在美国，10年期债券收益率是我们通常采用的利率指标，而世界上大多数国家的政府都发行类似的债券，投资者可以以此作为指标。本条投资规则需注意一点：信贷市场会发生变化，一段时间后，您可能会发现市场参与者正在使用新的指标。您甚至可能会发现，一个国家的相关利率与另一个国家的相关利率不同。因此，尽管如我们所讨论，以政府投资效益为标的的开端是很好的，但若您变换投资标的国时便不能墨守成规。

大多数国家都有像美联储这样的机构，欧洲中央银行便是"彼岸"的美联储[1]，这些政府实体制定利率，如同美联储在美国采取的举措，它们以同等方式

---

[1] 美国与欧洲之间相隔大西洋，这里指欧洲央行在欧洲的作用等同于美联储在美国的作用。

影响各自的经济。然而实际上,美联储上调或下调利率,对市场来说只具有象征意义。纵观历史,美联储曾多次降低利率,而 10 年期国债的收益率却在上升。原因是 10 年期国债收益率和其他国家类似利率是受供需驱动的。故而,这类债券的投资者通常都在观望未来。在许多方面,世界各国央行利率通常都落后于现实市场利率。因此,不要太过重视全球政府实体宣布的利率,真正重要的是由供需决定的利率。

股票

除了说股票是企业的所有者权益之外,我们在此对股票不做过多释义。股票指数也是一种综合性指数。您可以在众多网站,如 http://finance.yahoo.com/intlindices?e=europe,找到各国指数价格/走势图。

货币

货币是一种交易单位,便于货物或服务的转让。它是资产的一种形式,而资产是交易媒介。大多数国家都有自己的货币,这种货币与其他资产类别的关系构成了一项重要指标。

非常态经济体的例外

在进一步细述四种资产类别前,我们得告知您这些投资规则适用于常态经济体。常态经济体是显示出增长迹象的经济体,但谨记,常态经济体也有经济衰退。常态经济体也会显示出通货膨胀的迹象,不过它的通货膨胀受到控制。常态经济体中典型的通货膨胀率在 1.5%~3% 之间。一个经济体不一定要蓬勃发展,通货膨胀率也不必过低,但两者都必须在可接受的范围内,此经济体才能被认为是常态的。

我们刚才描述的常态经济体的另一面是两种异常状态:停滞性通胀(滞胀)和通货紧缩。两种类型的非常态经济体都会迫使资产类别之间的常态关系发生紊乱。

滞胀是经济体和股票市场的"死亡之吻",是通货膨胀的一个时期,同时伴有经济停滞(即失业率增加,经济增长缓慢),含有经济衰退特征的经济现象。顺便提一下，该术语通常被认为由英国前财政大臣伊恩·麦克劳德（Ian Maclead）于1965年的一次议会讲话上提出。

造成滞胀现象有两个主要原因。其一，负面的供应冲击（如石油进口使国内石油价格上涨）使经济放缓，从而造成滞胀。这种供应冲击在推高价格的同时，也降低了生产利润，从而减缓了经济增长。2007—2008年，全球大部分经济体都表现出遭遇了供应冲击的种种现象。其二，错误的宏观经济政策会造成经济停滞和通货膨胀。中央银行容许货币供应过度增长会造成通货膨胀。若二者结合，即同时存在这两大原因，滞胀时期就不可避免了。例如，促进货币供应增长的政策，使得消费者需要负担更高价格的石油，而这又助长了恶性通货膨胀。20世纪70年代的全球金融危机常常被归咎于这两大原因：一开始是石油价格的大幅上涨，后来又是由于各国央行过度使用刺激性货币政策，试图避免正在产生的经济衰退和经济停滞，从而导致恶性的"工资—价格"螺旋式上涨。

通货紧缩被定义为价格的普遍下跌，通常是由于货币或信贷供应减少造成的。通货紧缩也可能由政府开支、个人消费或投资支出减少而造成。与通货膨胀相反，通货紧缩有失业率增加的负面影响，因为此种情况下经济中需求水平较低（这可能导致经济衰退）。

最为人熟知的通货紧缩案例之一是1985—2000年的日本。在这段时间内，价格呈螺旋式下降，针对这一趋势，日本政府持续降低利率，以提高需求，从而上调价格。然而，日本消费者并不配合这一政策，不愿意花费自己的血汗钱。日本经济做了重大的文化转变和经济转变，最终才得以摆脱多年的螺旋式通货紧缩。

日本这一案例很好地说明了为何市场互动分析在通缩的经济中并无多大作用。日本银行，也就是日本的中央银行，作为金融政策执行者，尽其所能促使了价格膨胀。通常，较低的利率会推动借贷和经济活动。然而，由于通货紧缩已弥漫日本，典型的市场互动关联在此并不成立。在通缩环境下，我们通常会看到债券价格上升而股票价格下跌。而在常态经济下，您会看到，债券价格的上涨会降低利率，从而股票价格得以提高。

尽管这些经济信号很难为大多数人所察觉，但在2000—2003年全球熊市期间，资本市场预期会出现通缩情况。图2.1呈现标普500指数，以及30年期国债的债券价格走势。在后文中，我们会告诉您，常态情况下，债券价格和股票价格走势一致；但在通缩的经济中，它们走势相反，即债券价格上升而股票价格下跌。其实2000—2003年，以消费者物价指数（CPI）来衡量，我们并未发现通货紧缩的相关数据，但资本市场对此进行了定价，并预料价格会下跌。研读下图2.1，您会发现当股票市场暴跌时，债券市场会走高。不过在常态经济中，股票和债券走势是相同的。同样，您意识到，市场互动分析和一般投资的数据并不总是可靠的，可靠的应是资本市场预期的数据。如果能够预测市场的走势，若还没有进行投资，那就是投资的时候了。

图2.1　2002年2月—12月，（30年期）债券市场表现和标普500指数表现
资料来源：Stockcharts.com。

通货紧缩和滞胀并非我们常见的经济现象。因而说下列关联适用于全球大多数市场并非不合理。正如我们前文提到，以下是基于长期投资角度需要加以分析的走势。这四种资产类别的走势不会在一夜之间发生变化，因而我们应着眼于以长期投资为基本理念，对此加以利用。以下这些一般准则与四种资产类别相关，您需要加以注意。

货币和商品走势往往相反

这部分如果有副标题，可以叫"双国记"。无论何时您将商品与其他资产类别进行比较，二者都会呈现显著区别。区别在于，您正分析的这个国家的出口商品是否是其经济增长和经济繁荣的推动因素。如果认真研究，您会发现大多数国家在商品方面既有部分进口也有部分出口。区别在于，一个国家的整体经济是否受一种或两种商品的出口驱动。

主要的商品出口国　让我们来了解下巴西这个新兴的商品出口大国。截至本书撰写之时（编者注：2009年），巴西的出口正蓬勃发展，创造了新一代大亨产业。其主要出口产品包括咖啡、大豆、铁矿石、橙汁、钢铁、乙醇和腌牛肉。其中，铁矿石和钢铁占巴西出口总额的15%，而由于中国巨大的基础设施建设的需要，巴西拥有来自中国的无限需求。

如图2.2所示，商品价格持续稳定的上涨也为巴西股市的圣保罗证券交易所（Bovespa，Bolsa de Valores de Sao Paulo）带来了巨大需求。巴西的流通货币——雷亚尔也取得了可观的增幅。雷亚尔的升值是因为外界对巴西商品的需求很大，投资者/消费者不得不将本国货币兑换为雷亚尔进行采买交易。世界各地的投资者都在吞食巴西出口的任何商品，而商品价格的上涨则是巴西股市利润的推动器。图2.2证明了这一点，并展示了2007年7月至2008年5月内，商品价格与巴西股市是如何保持同步的。如果您在这段时间里投资，您会在圣保罗证券交易所获利颇丰。此外，如果您能从某种程度上判断出商品价格最终将达到的最高价，您就可以通过做空货币或市场本身来获利。

图2.3给出了另一个主要的商品出口国示例。俄罗斯拥有世界上最大的天然气储量、第二大煤炭储量和第八大石油储量。它是世界上最大的天然气出口国和第二大石油出口国。石油、天然气、金属和木材占俄罗斯出口的80%以上。您可以看到巴西和俄罗斯的走势图在外观上有很大的相似之处。随着商品价格的上涨，俄罗斯股市也大幅上涨。

其他所有经济体——常态经济体

所有经济体都进出口商品。但是，像巴西和德国这样的国家有着明显的区别。

图2.2 2007年7月至2008年5月,巴西股市(Bovespa)表现 vs. 路透/杰富瑞商品研究局(CRB)指数表现

资料来源:Stockcharts.com。

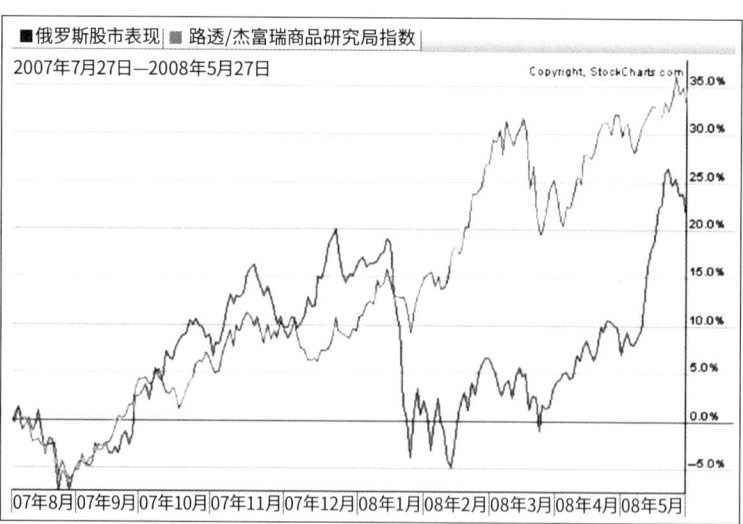

图2.3 2007年7月至2008年5月,俄罗斯股市表现 vs. 路透/杰富瑞商品研究局(CRB)指数表现

资料来源:Stockcharts.com。

德国是2006年世界第一大出口国，出口额为1.133万亿美元。但德国出口的大多是工程领域产品，尤其是汽车、机械、金属和化工产品。德国也是世界领先的风力涡轮机和太阳能技术生产商。也就是说，由图2.4您会发现在商品价格暴涨时期，巴西和德国存在差异。德国是成品出口大国，但由于德国制造的出口类型，它又是主要的商品进口国。因此，2007—2008年商品价格飙升时，德国市场暴跌。实际上，商品价格上涨意味着制造业公司的投入价格会上涨。

图2.4显示了商品价格上涨对德国这样的国家的影响。德国往往是一个典型的例子，因为它进口了大量的自然资源和商品。然而，该图证明了一点，像德国这样的国家可以在一段时间内经受住商品价格的上涨。但在某种程度上，这种关系脱离最终会致使德国产生经济问题，而总体上，德国在其制造投入方面，仍是进口国。

澳大利亚是另一个例子。澳大利亚是一个主要的商品进口国，按绝对价值计算，它有世界第四大经常账户赤字。此外，澳大利亚的农业资源和自然资源数量在不断增加，但它们分别仅占澳大利亚GDP的3%和5%。如图2.5所示，商品

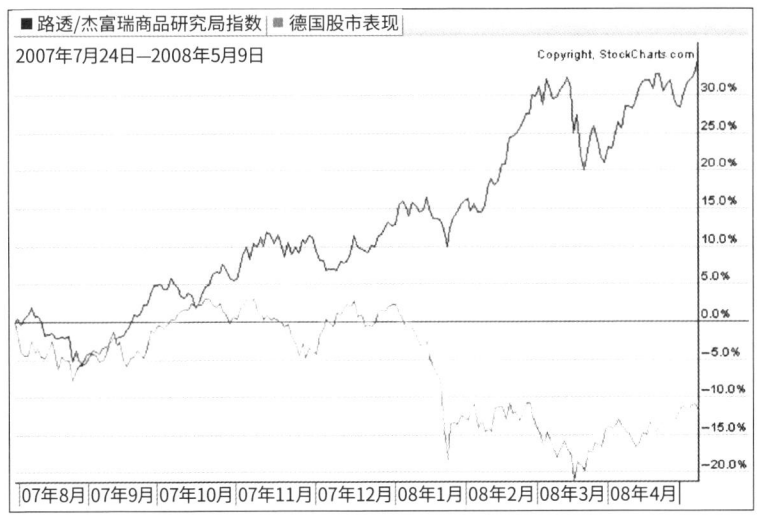

图2.4　2007年7月至2008年5月，德国股市表现 vs. 路透/杰富瑞商品研究局（CRB）指数表现

资料来源：Stockcharts.com。

图2.5　2007年7月至2008年5月，澳大利亚股市表现 vs. 路透/杰富瑞商品研究局（CRB）指数表现

资料来源：Stockcharts.com。

价格的上涨也拖累了澳大利亚市场的投资者。

债券收益和商品走势往往相反

我们都知道债券价格和利率之间存在反比关系。因此，当债券走高时，利率往往会走低，反之亦然。债券走高，利率下跌，此种情况下经济通常是充满活力的。货币贬值，企业和投资者借贷更为容易。在一个健康的经济中，对铜、石油、木材、谷物和钢铁等商品的需求非常旺盛。这些产品都是经济健康运行的投入品。经济强劲时，对汽车、卡车和房屋的需求就会增加。而对产品的强烈需求会转化为对用于制造这些产品的商品的强烈需求。

我们来看个例子。图2.6显示了与CRB商品指数相比的10年期美国国债。10年期国债被认为是美国经济利率的经济指标。注意，我们在这里分析的是整体趋势，而不一定是这些指数的百分比变动。在该图的时间范围内，市场正在大幅走低，全球经济正在迅速走向衰退。为了应对这场经济衰退，美联储开始迅速大幅降低利率。利率的下跌刺激了商品市场。几年来全球利率持续下跌，这是我们

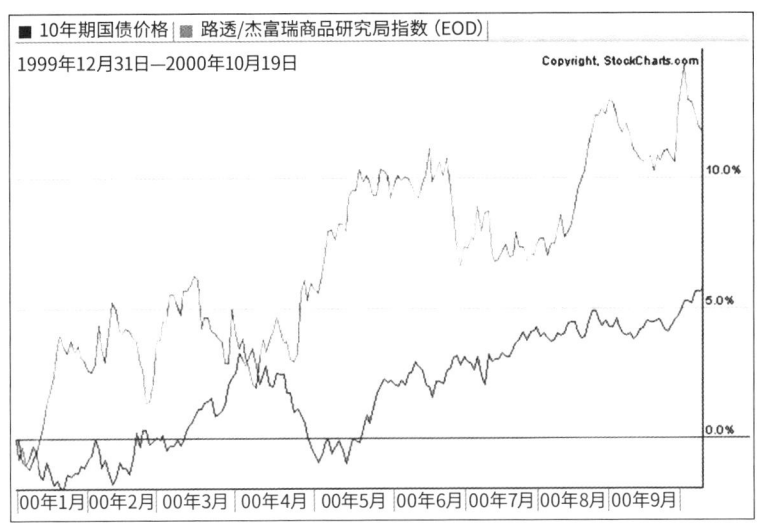

图2.6　2000年1月—10月，美国10年期国债表现 vs. 路透/杰富瑞商品研究局（CRB）商品指数表现

资料来源：Stockcharts.com。

在商品领域看到的疯狂牛市背后的因素之一。

债券价格和股票价格走势往往相同

这里没有太多可扩述的内容。利率上升会抑制经济资本的供应，从而抑制企业扩张的能力。高利率限制经济增长。当利率呈上升趋势时，借贷成本也会上升，这对企业不利。对企业不利，则对经济不利，如果全球利率趋势走高，则对该国或整个世界的股票市场都不利。

图2.7也说明了这一点。此图显示了两种一揽子投资组合（ETF）：SPDR（标准普尔存托凭证）国际政府债券组合（代码：BWX）和MSCI（摩根士丹利资本国际）欧澳远东（EAFE）股票组合（代码：EFA）。它们代表了全球固定收益市场和全球股票市场。虽然它们轨迹并不吻合，但总体趋势呈现很高的相关性。您会发现，在大多数市场，无论是好是坏，这两种资产类别走势趋向都相同。

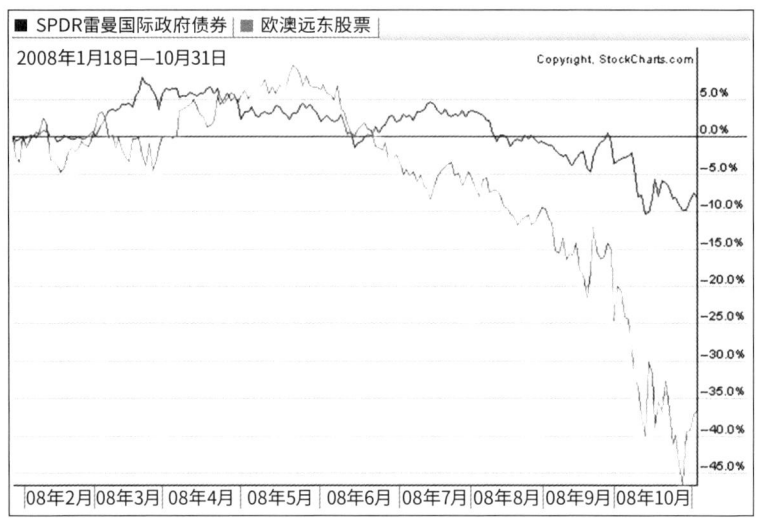

图2.7　2008年1月—10月，SPDR国际政府债券组合（BWX）表现 vs. iShares MSCI欧澳远东股票组合（EFA）表现

资料来源：Stockcharts.com。

债券价格往往先于股价达到峰值和低谷

基于上述关联，我们可以做出理性选择。人们很少思考所有这些市场是怎样相互关联的，但如果多加思考，就能够把握市场间关系的内在逻辑。低利率是经济增长的主要动力，它们驱动贷款和资本输入，而轻松获取资本能推动企业发展和经济增长。如果企业能够获得资本，它们便能扩展业务，那么它们的价值就会得以提升。企业价值得以提升，那它们的股票价值也会上涨。

来看下图2.8。这是2008年3月—12月，我们全球股票市场和债券市场的指标图。随着全球资本市场受到严重信贷紧缩的影响，这两个资本市场都有大幅下跌趋势。但是，在2008年底，这一趋势开始改变，债券价格开始走高。接下来几个月后，股市利用较低的利率作为催化剂，打破了严重的下跌趋势，开始走高。但此图并未显示，全球股票市场在2009年初跌至新低，而全球固定收益市场在2008年底已经触底。这个案例的寓意是债券通常在股票之前触底。因此，作为股票投资者，您有必要仔细观察您投资标的国的利率变化，并密切关注全球债券市场的整体情况。

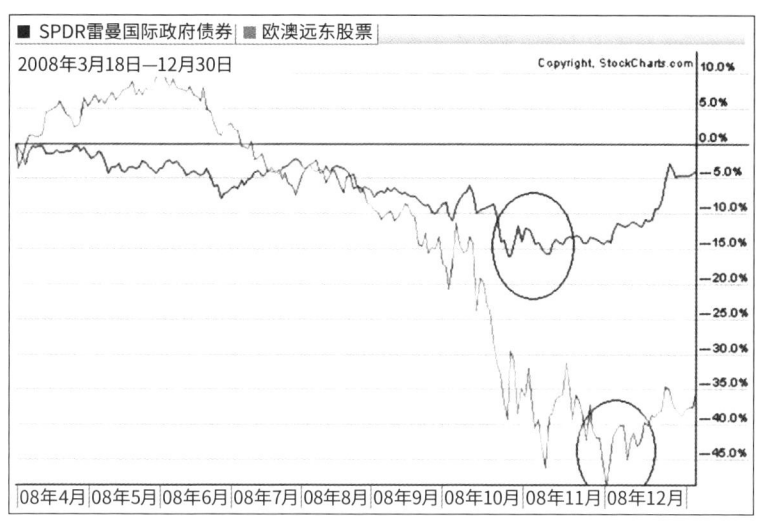

图2.8 2008年3月—12月，SPDR国际政府债券组合（BWX）表现 vs. iShares MSCI欧澳远东股票组合（EFA）表现

资料来源：Stockcharts.com。

货币升值往往对债券和股票有利

理论上讲，这种观点是站得住脚的。某个国家的货币升值，是一个好兆头。这意味着该国的商品和服务有市场需求，其他国家和国外企业正将本国货币兑换成该国货币以进行投资或采购。鉴于可观的投资效益，这种投资可能是国内企业的政府债券投资，它可能以购买商品和服务的形式出现；或者，它可能是外国直接投资。无论如何，当一个国家的货币表现出强劲需求时，这是一个积极的信号。

让我们以日元和日本股市为例。日本经济在20世纪60年代、70年代和80年代经历了强劲的增长。然而，90年代末，日本经济增长明显放缓，主要原因是日本央行未能迅速降息，以应对80年代末过度投资的影响。由于这一失败，日本陷入流动性陷阱，名义利率接近于零，央行无法用传统的货币工具刺激经济。为了维持经济，日本动用了巨额预算赤字来资助大型公共工程项目。到1998年，这些项目仍然无法刺激足够的需求来结束经济停滞。无奈之下，日本政府实施了"结构性改革"政策，旨在遏制股票市场和房地产市场的过度投机行为。不幸的是，这些政策导致日本在1999—2004年间多次陷入通货紧缩。随后，日本政府决定在内部扩大货币供应，最终这一策略奏效了。到2005年，日本经济终于在国内消费的推动下开始持续复苏。这一案例如何应用到我们的分析之中？请看图2.9。资本市场观望未来，日本市场也不例外。正如您所看到的，日元和日本股市在2003年初几乎同时触底，而后一起开始持续牛市状态。投资者看到了这一变化，并开始对日本进行投资。

图2.9　2003年1月至2004年1月，日本股市表现 vs. 日元表现
资料来源：Stockcharts.com。

结束本章这一部分内容之前，我们最后想说，市场互动关联是不稳定的，这种不稳定取决于投资者的预期，而不是表面的数据。当我们首次发现市场互动分析这一投资工具时，它似乎是简单易行且合乎逻辑的，我们兴奋激动且迫不及待地将它应用到我们的交易之中。然而，当我们将它运用到我们日常研究中时，我们发现它远比看起来的复杂。例如，如果当前的数据告诉您，经济是常态的且正在增长，但是市场互动关联是紊乱的，并可能指向更像是滞胀经济的关联，您便需要调整思维。我们都知道，资本市场具有前瞻性，通常会在未来6～9个月内按预期进行交易。市场互动分析的运作方式相同。因此，您不仅可以通过使用此分析获得对这四种资产类别的预测性见解，还可以预测一个国家所处的经济类型并进行相应的投资。

投资盈利小技巧

许多投资者根本没有时间整日分析资本市场,所以这正是就我们的信息给您提供一些贴士的时候了。研读这四种资产类别的最佳方法之一是将它们两两配对,看看哪一种资产类别相对于其他类别表现更好。如果您访问 www.stockcharts.com,您会看到"SharpCharts"的链接,点击进入,您便可以输入一个代码进行查阅。不过,您可以以"代码+冒号(:)+另一代码"的形式输入,而非仅输入一个代码。比如说,如果我们想将全球股票与全球债券进行比较,可以输入我们之前对 SPDR 国际政府债券投资组合(BWX)和 MSCI 欧澳远东股票组合(EFA)使用的代码,即 BWX:EFA。凭借此工具,您还可以将股票与指数期货或利率与价格进行比较。我们根据个人偏好,将走势图做了些许调整,如图 2.10 所示。

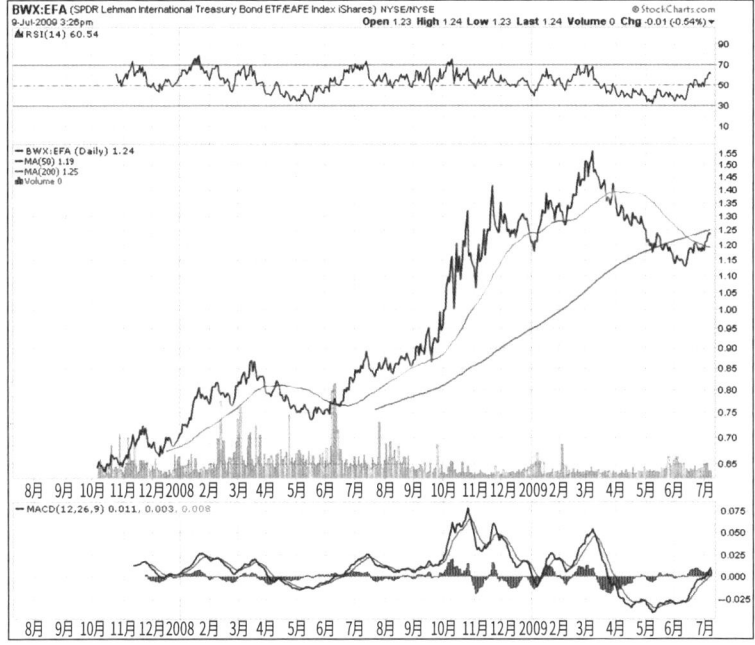

图2.10　SPDR国际政府债券组合(BWX) vs. MSCI欧澳远东股票组合(EFA)的技术对比图[1]

资料来源:Stockcharts.com。

---

[1] 图中NYSE为New York Stock Exchange,即纽约证券交易所;MA(50)表示指数的50日均线,MA(200)表示指数的200日均线;图右上角的open, high, low, last, volume, chg分别对应开盘价、最高价、最低价、最后交易价,交易量和价格变动幅度。

从这张走势图可以看出,由于总体趋势缓慢上升,该图时间范围内的全球债券表现一直好于自 2007 年 10 月以来的全球债券表现。为什么这很重要?我们有如下两个技巧:

技巧 1

我们的第一个技巧是,商品与债券的比率上涨有利于通胀型股票,包括黄金、能源以及金属和林产品等基础材料股。我们将用路透/杰富瑞商品研究局指数($ CRB)来表示我们的商品指数,而用标普国际政府债券组合(BWX)来呈现我们的债券市场。如果您看下图 2.11,您将看到两段编号的趋势线。第一段趋势线(标注了数字 1),由于商品价格表现优于债券,该段趋势线趋向于走高。换句话说,当商品表现更佳时,商品与债券的比率在该图上总是偏高。在这段时间内,材料、能源和黄金的股票价格就会上涨。

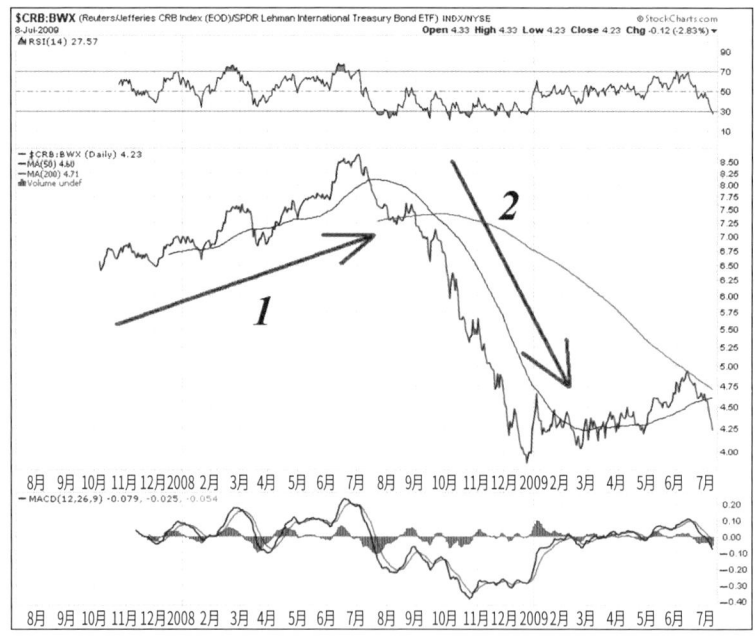

图2.11　路透/杰富瑞商品研究局指数($CRB) vs. SPDR国际债券投资组合ETF(BWX)技术对比图

资料来源:Stockcharts.com。

技巧 2

第二个技巧是,商品与债券比率的下跌有利于对利率敏感的股票,包括消费者日常用品、医疗保健公司和公用品股票。图 2.11 中,我们将趋势朝下的第二段趋势线标注了数字 2。此段时间范围内债券表现优于商品表现,因此,商品与债券比率为负,斜率也在下降。此时,我们正在陷入糟糕的全球熊市状态,它击垮了大多数股票集团。然而,医疗保健和消费者日常用品等防卫性股在股票市场中表现最佳,这也不出所料。

最后一点,如果趋势斜率下降,您不一定要放弃商品的所有种类。在我们的投资组合中,我们仍然从组合中划分出独立成分。在第二段趋势线对应的时间范围内,包括我们自己在内的多数投资者认为,如果全球经济复苏,我们可能面临严重的通货膨胀。也就是说,我们认为贵金属持仓是值得拥有的。因此,我们决定对金属投资组合做些对比分析。此分析如图 2.12 所示。

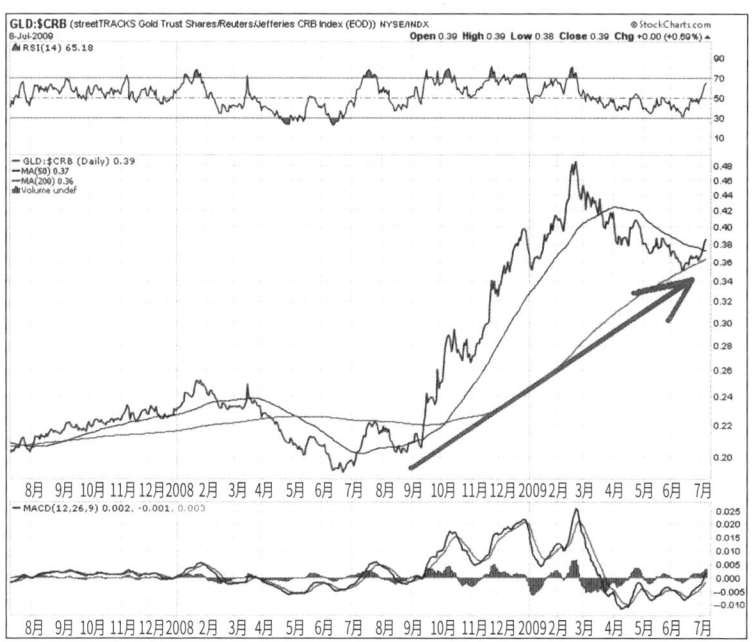

图2.12 StreetTracks黄金交易所交易基金(GLD)vs. 路透/杰富瑞商品研究局商品指数($CRB)

资料来源:Stockcharts.com。

图 2.12 是 StreeTracks 黄金 ETF（GLD）[1] 比对路透/杰富瑞商品研究局商品指数期货（$CRB）篮子的股票走势图。GLD 并非整个贵金属的确切指标，但我们的投资中有这一资产，因而在此我们使用它进行分析。如图 2.12 所示，即使在商品价格下跌的时间范围内，黄金股票比对商品篮子的趋势依然非常乐观。如果我们想持仓，这是个积极信号。

作为对冲基金经理，我们的最终目标是超越我们的投资基准。如果管理固定收益对冲基金，您的基准不再是 MSCI 欧澳远东股票，而是某种类型的全球固定收益指数期货。因此，我们投资组合的持股不仅要基本合理，还要超过投资基准。图 2.13

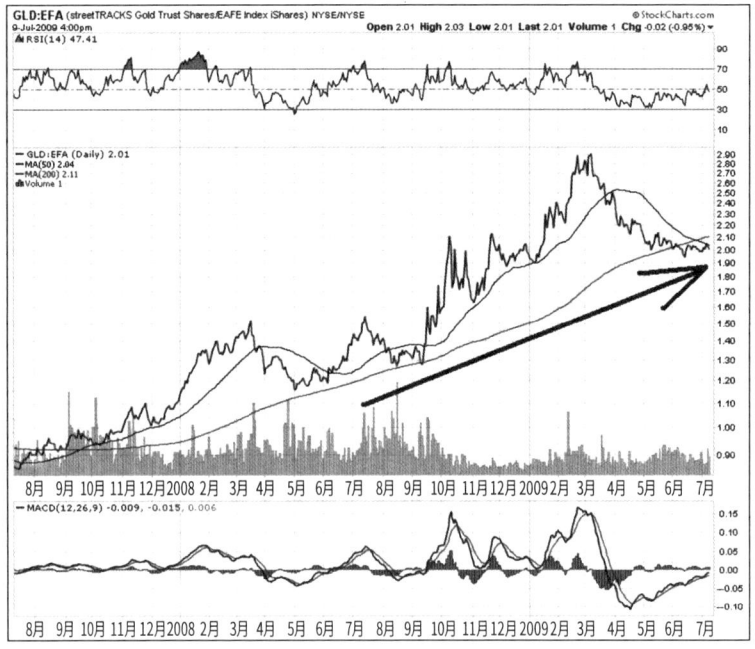

图2.13 StreetTRACKS黄金ETF（GLD）vs. iShares MSCI欧澳远东ETF（EFA）技术对比图

资料来源：Stockcharts.com。

---

[1] StreetTracks Gold Trust基金（纽交所代码GLD），该基金由世界黄金信托服务机构（World Gold Trust Services，LLC）发起，于2004年11月18日开始在纽约证券交易所（NYSE）交易。

是在 www.stockcharts.com 网站输入"GLD：EFA"得到的绘制图。该图比对了我们的黄金 ETF 与我们的投资基准——MSCI 欧澳远东投资组合（EFA）我们再次看到一个表现优异的领域。GLD 不仅超越其他黄金 ETF 也超越了我们的投资基准。在这种情况下，我们应保持对 GLD 的持股。商品/债券规则是有价值的，在这种情况下，持有 GLD 更像是该规则的例外，而不是该规则本身的缺陷。因此，您应该尽可能地深度分析您所拥有的持股或您可能想要获取的持股。

实用资源

您可能已经从本章中获得了我们在市场间投资分析中常用的几个资源，但我们想再给您提供一些具体的网站资源，以应用于您的日常分析之中。约翰·墨菲（John Murphy）首次向我们提出市场互动分析，就这一主题他写了一本著作，书名为《墨菲论市场互动分析：教您掌握全球金融市场关系的获利法则》（*Intermarket Analysis: Profiting from Global Market Relationships*，Wiley，2004）。约翰多次参加我们的广播节目，他是投资技术方面的真正开创者之一。他的网站 www.stockcharts.com 可以作为所有投资类别的出发点。由此，您可以在分析中使用以下信息资源。

股票

全球有很多网站能够提供与股票相关的大量信息和走势图。股票是我们市场互动分析的一部分，在这方面获取数据的难度最小。如果您会用互联网，简单地用谷歌搜索一下，您将获得多到处理不过来的信息。让我们来提供一些我们喜欢的网站：

- **Yahoo World Indexes 雅虎全球指数**

  输入 http://finance.yahoo.com/intlindices?e=americas，您就会看到一个信息框，呈现了该地区所有国家的指数。当您从顶部拉动信息框时，您也可以更换对应的地区，查看不同的指数。您可以查看美国市场指数、亚太市场指数，非洲与中东市场指数和欧洲市场指数。对于许多国家或地区，该网站另一个不错的特征是，它为您呈现该国家或地区的指数的组成成分。因此，如果您正在一个国家寻求选股思路，这是一个很好的出发点。我们将在后一章节中深入研读这个网站。

- **Stockcharts.com 股票走势图公司**

  www.stockcharts.com——我们相信您会注意到，在本书的大部分内容中我们引用了此网站的图表，这使得我们看似有一点偏颇。当您进入该网站，您会看到右上角有一个小的Rolodex代码，点击该代码，便会进入到该网站的代码目录。进入该目录后，您便可以检索"南非"之类的词目，而且您可以便捷地点击查阅道琼斯南非股票指数（$ZADOW）的股票走势图。我们喜欢这个网站的一点是，在您找到一些想要比较的代码之后，您可以点击该网站左上角的"PerfCharts"链接，由此您可以进行各国的对比分析。如您先前看到的，该网站还让您能在世界许多国家的一张走势图上记录货币、商品、利率和指数。

- **MarketWatch 市场观察**

  要寻找来自世界各地的股票市场消息，MarketWatch是个很好的渠道。同一网页上，您也能找到一些商品相关的市场消息。我们使用的网址是www.marketwatch.com/markets。进入该网页，您会发现MarketWatch在站内网站创建方面做得很好。如果您点击"Asia Markets"（亚洲市场）的链接，将会出现一个新网站，其中有大量有关股票市场、固定收益市场和货币的消息。

固定收益

在大多数国家，供参考的相关利率是自由交易的政府债券利率。在美国，相关利率是10年期美国国债的收益率。在其他国家，情况通常类似。我们在全球固定收益分析中查阅了以下网站，并将这些网站设置了电子书签。

- **FXStreet.com 外汇街**

  该网站关于固定收益这一部分的专门网址是www.fxstreet.com/fundamental/interest-rates-table/。该网站的这一特定版块有全球大多数国家相关信息的链接。点击国家名，您便可以看到该国家利率和固定收益的走势图。

- **Standard & Poor's 标准普尔**

  S&P（www.standardandpoors.com）开展了许多有益研究。S&P因为股票指数而为人熟知，不过在固定收益方面，他们的研究也卓有实效。您可以分开检索指数，获取大量有用的信贷市场数据。
- ***The Economist*** 《经济学人》

  基于全球商业和社会政治的视角，《经济学人》提供了大量信息。若不仅想洞悉市场现状，还想洞悉影响资本市场的政府行为，这是个很好的渠道。该网站的部分内容（详情见www.economist.com/markets/rankings/displaystory.cfm?storyid=8835500）实际上给出了全球大多数国家的国家风险等级，这是极有价值的。在撰写本书时，美国并不在风险等级前十名之列。对此，您可以做些思考。

商品

商品研究主要以商品篮子为标的，您可以从中研读各项商品表现。

- **Commodities Research Bureau（CRB）商品研究局**

  路透/商品研究局指数是与商品相关密切跟进的指数之一，也是我们密切关注的一个指数。该企业出售研究成果，所以该网站上并非所有东西都是免费的。然而，网站上关于商品方面还是有很多不错的资料与信息。还请注意，该网站的大部分内容是面向交易和交易员的，因此您在这一方面可以获得很好的视角。详情请见www.crbtrader.com。

- **Barchart.com 柱形图公司**

  柱形图公司实际上是商品研究局的母公司。如果您访问该网站，您可以在左边看到"期货概述"一栏。这个网站可以用来分析组成商品篮子的许多子成分。您还可以查阅价格、走势图和研究。这是个很好的综合性网站。

- **Standard & Poor's 标准普尔**

  如果您访问标普网站（www.standardandpoors.com），您可以检索"S&P GSCI"（标准普尔高盛商品指数），这是标准普尔和高盛的综合指数。该网站提供了该指数的各种数据，并能单独研究该指数的各个子成分。实际上，只要稍微检索，该网站便会呈现多个链接，以供您获取更多数据，比如链接"Sources for World Production Data"（世界产品数据信息源）。

货币

您在网上找到的大多数网站都是针对货币交易经纪人的。您可能不一定想进行货币交易，不过我们还是给您提供一些我们找到的较优质的货币信息图源，如下：

- **www.Forex.com 嘉盛外汇集团**

  嘉盛外汇集团是美国嘉盛集团的一个分支机构。该公司资本充足，有着巨大的网络影响力。该公司提供中文、英语和西班牙语服务，您可以在其网站上搜索到大量数据。

- **www.FxSol.com 外汇解决方案公司**

  在《公司》（*Inc.*）杂志上，该公司连续三年被认定为美国发展最快的私营公司之一。该公司提供中文、英语和西班牙语服务。其网站有很好的走势图，内含宽泛的技术指标集以供您使用。作为免责声明，本书作者之一塞恩·D.卡斯特拉恩在外汇解决方案公司平台拥有其个人货币交易账户。

- **Yahoo! Finance 雅虎金融网页**

  雅虎金融网页是金融各类资讯的良好渠道，如果您输入http://finance.yahoo.com/currency-investing，您便能直接看到它们关于货币的信息。这一版块给您提供报价、货币转换器和一连串资讯。

第三章　股票投资工具箱里的投资工具

虽然其他投资类型通常会受到地域范围的更多限制，但国际股票投资情况却绝非如此，因而我们想花多一点时间介绍下股票投资工具的一些重要详情，以帮助具有全球视野的个人投资组合经理进行股票投资。我们将根据具体投资类型（共同基金、股票、交易所交易基金等）和资产交易管理平台（美国经纪公司和外国经纪公司）对这些投资工具进行审视和研究。最终，资产选择的投资决策者是您自己；从定义上来讲，对冲基金基本上可以任意选择资产，您也如此。就此而言，你们决定采用的投资策略以及选择使用的投资工具可能会千差万别。话虽如此，无论管理风格如何，您始终希望对冲基金保持的关键特征是，在任何特定市场环境中，不断尝试经由投资策略和投资工具的组合以最大限度提高收益并限制损失；为此，您的股票头寸，无论是多头还是空头，都可能成为这一努力的关键。故而，了解现有全球股票工具的关键作用和局限性是至关重要的，同样，理解实现交易的经纪机构的作用和局限性也是至关重要的。

利用纯粹美国背景条件实现轻松交易的境外投资，与利用有较好表现的外国本土证券（包含自发成立的外国证券本身）的境外投资之间有很大的区别。您知道像美国跨国公司股票和交易所上市的美国存托凭证这些投资工具，有着广泛的"负面评价"：它们规模太过宏大，投资进程太过缓慢，它们既与美国市场又与美国投资者行为过于紧密关联，以至于无法带来境外投资的高收益。一般来说，这是事实，但尽管如此，这并不意味着作为境外投资工具它们未起到作用。比方说，像可口可乐这一美国跨国公司，它大部分的收入源自其他国家，在美元疲软期间它可能是最具有吸引力的投资工具（之后的文章中我们会看到）。我们并不热衷于将交易所上市的美国存托凭证视为瞄准富裕增长型市场的较好方法之一，虽然它们会为希望尽可能简单的对冲基金的投资者带来便捷。当您决定将这些投资工具用作您全球投资组合的基石时，您需要开始专心创建一个合理分散的投资组合。美国跨国公司和美国存托凭证并非毫无价值。如果您采用一位综合对冲基金经理的投资策略以寻求全球成功投资，那么在此列举的任何股票和交易平台都可能在您的投资组合中发挥适当且有价值的作用。谨记，您选择的任何远远偏离境外投资环境的投资工具，将很有可能冲销外汇敞口的正面效益。这并不意味着作为投资工具它们没有价值，但基于您的分析以及您将它们纳入基金中的策略，这可能更多地呈现出您的国内投资构成而非您的境外投资构成。

美国跨国公司

在我们看来，要建立有效的、以全球为中心的投资组合，美国跨国公司并不是真正理想的投资工具，但它们并非与此目的毫无关联。您只需客观看待这些跨国公司，并意识到在您的全球投资工具选择中它们或许是最"美国化"的。原因是美国跨国公司是美国公司，而众多美国跨国公司的收益来源于世界各国，它们与美国密切相关，契合美国企业的文化与心理，这意味着它们的股票价格很大程度上受到美国股市行情的影响。坦白地说，当下在以增长为导向的市场上获得真正的境外投资比以往任何时候都容易，但当下转向以跨国公司为个人境外投资核心的这一策略，既不能行之有效，实话说，又是极为不成熟的。

如果一家美国跨国公司不仅在美国而且在其他国家的经营业绩显著，我们支持将这个美国跨国公司作为对外投资的渠道，这种方式确实是海外投资的一种方式。在我们看来，这决定于您所设想的海外投资方式应该是怎样的。如果视境外投资为美国本土投资的附属部分，那么，投资跨国公司吻合您的目标；但是，如果视境外投资为投资的核心构成且希望通过境外投资创造一个决胜的投资组合，那么，投资跨国公司的意义就不大了。换句话说，对于那些不想真正投资国外市场的人来说，跨国公司是理想的境外投资工具。

那些想支持跨国公司这一境外投资工具的人，通常会炫耀"可口可乐"这一他们最为青睐的例证。我们不难看出原因——多年来，可口可乐公司的总收入有70%来自海外市场。诚然，这是个令人印象深刻的数据，但在美国的跨国公司中,像可口可乐一样的公司并不多。即使是波音公司(根据众多数据,它是世界上最大的飞机制造商和美国最大的出口商),也只有40%的收入来自海外市场。通用电气,作为目前世界上最大的公司(来源:《福布斯》杂志),其总收入的45%来自海外市场。而沃尔玛和迪士尼公司一样,有大约25%的总收入来自海外市场。

其次,这些支持者认为,跨国公司正契合您所想,这种投资工具能让您同时两面试水,又不过度遭受境外投资中被人大肆宣扬的风险(例如,政治不确定性、经济不稳定性、货币混乱),这些风险会影响更直接的外国市场投资者。因此,利用跨国公司是以"一只脚在水里,一只脚在岸上"的防御性方式来进行全球投资的。

不过,您必须回想您为何做全球投资。做全球投资主要是为了盈利而非对冲您的风险(尽管风险管理无疑是一个重要的组成部分)。以跨国公司为基石的投资组合本质上是一种更具防御性的全球投资方式,但从长远来看,这对您并无益处。

正如我们在第二章中所见,美国市场绝非表现最佳的市场,有史以来标准普尔500指数也从未是表现最佳的市场指数。此外,美国跨国公司是美国背景的公司,尽管某几个或某些跨国公司具有显著的海外特征,但是,它们绝不是基于外国背景的公司,这是简单的事实。

将美国跨国公司作为境外投资渠道,存在一个特定的问题。一般来说,它们所提供的在新兴市场和前沿市场的投资资产很少。美国跨国公司能够在其中提供充分投资的海外国家绝大多数都是发达市场国家,占比约为80%。即使是在像"金砖四国"这样的新兴市场国家,迄今为止,美国跨国公司所能够提供的直接投资资产也很少。

我们承认,在美元特别疲软的时期,就像编写本书的大部分时间里的情况一样,美国跨国公司可能有利润的增长,这增长仅仅基于其国外收入的有利折算,这是一个显著特征。例如,可口可乐的收入从2007年第三季度到2008年第三季度增长了9%,但根据该公司的盈利报表,其中2/3的增长归因于外币对美元的强势。根据默克公司同期的盈利报表,全球销售额下降了2%……但由于外币折算的影响,实际的全球销售额增加了4%;换句话说,如果不是因为这段时间美元特别疲软对默克有利的话，这家跨国公司的销售数据会更糟糕。相反的情况也值得注意。2009 年美元走强的趋势对跨国公司造成了严重破坏。就默克的情况而言，从 2008 年第二季度到 2009 年第二季度的货币中性收入[1] 实际上提高了 3%，但美元走强带来的负面影响导致其实际收入下降了 3%。再以可口可乐公司为例，同期相反的货币效应使其实际收入 4% 的增长变成了 10% 的亏损。

跨国公司的另一个问题是，从定义上来讲，它们是大公司。也就是说，这些公司已经实现了初级增长突破，而这恰是您在为资本积累而寻求投资时的主要追求。就国外收入而言，一些最大的跨国公司也是世界上最大的公司：可口可乐、波音、通用电气、沃尔玛、迪士尼和卡特彼勒。在我们书中，道琼斯 30 指数成分股中大部分是真正的跨国公司（海外年收入至少占总收入的 20%），实际上只有少数几家的国外销售总收入不到 20%。

此外，还有一个行为因素影响到以跨国公司做境外投资的效用。谁通常拥有美国本土市场的股票？跨国公司，还是其他机构？是美国人。尽管跨国公司的收入可能很大一部分来自国外销售，但它们的股份是为美国人所拥有的，因此我们要将其置于美国经济和美国市场变动的背景下做考虑。作为具有前瞻性的全球投资者，这对您来说非常重要，因为您的股东伙伴行为与该国本身的基本条件同等重要。当美国投资者受美国国内媒体关于国内经济不景气报道的影响而清空其交易账户，卖出他们所持有的股票时，他们一般不会考虑跨国公司在全球上百个国家的突出表现，他们所做的只是选择"卖出"。

交易所上市的美国存托凭证

在我们看来，以可使用的全球投资工具为标准，美国交易所上市的美国存托凭证是美国跨国公司的"孪生兄弟"。在法律意义上，它们可以被视为境外投资，虽其与通过跨国公司的境外投资有很大不同，但这种投资仍然受到美国市场活动的显著影响。而且，它们确实代表了一种可靠的境外投资方式，且这种方式易于

---

[1] 指扣除汇率波动后的收入。

第三章 股票投资工具箱里的投资工具
Chapter 3 The Tools in Your Equity Toolbox

被美国投资者所采用。因此，这是流行的方式，而且未必是无效率的投资方式。

美国存托凭证的简单定义是，它是美国版的外国股票。从技术上讲，美国存托凭证实际上并不是外国股票的份额，而是一种可转让证书，该证书以股票作为其后盾发行，本质上可以像美国交易所的股票那样，是完全可交易的。美国存托凭证由美国存托银行发行，可以代表基础外国股票的零星股份，甚至全股或多股股份。我们不想从结构上、技术性上进行过于具体的解构，因为这样做不利于您很快了解它们。您可以把它们看成是外国股票中的美国股份，以美元计价，以美元支付股息，便于美国投资者交易，而且是在美国交易所进行交易的外国股票，这样您就基本上知道需要怎样去做投资了。我们未深入了解参与型美国存托凭证和非参与型美国存托凭证之间的差异，也未了解美国存托凭证和美国存托股票以及全球存托股票之间的差异，对此您可能会有所异议，但是，这些差异只是技术上的区别，与核心讨论不太相关。可以说，上述股票类型大都是彼此略有不同的变体。

美国存托凭证的出现恰恰是为了克服通常与跨境投资相关的一些重大困难。除了通常的障碍，如货币相关的问题，有史以来，基于市场准入对国外市场投资变得更加困难；在互联网时代到来以及通信的不断优化之前，对外国市场的直接投资一直不为人所乐道。1927年，摩根大通代表英国零售商塞尔弗里奇百货公司引入了美国存托凭证机制，从根本上解决了国内投资者的这些问题。我们可能会争辩说，全球交易平台的演变可能开始消耗美国存托凭证的一些历史交易收益，因此，投资者倾向于放弃在外国公司的国内市场中进行直接投资，以获取直接持有外国公司股票的最大优势。但实际上，即使是许多寻求外国投资组合敞口的美国投资者也会在投资方面选择简单和易于交易的工具——因此在未来很长一段时间我们并不会舍弃美国存托凭证。

此外，投资者使用美国存托凭证的好处基本上可以概括为便捷交易和轻松管理，我们清楚地知道其优点。因为美国存托凭证是在美国国内交易所上市的，所以它们的买卖交易、结算方式同任何其他股票一样。美国存托凭证以美元计价，这意味着股息以美元支付。招股说明书和其他资料均为英文。换句话说，从交易和管理的角度来看，购买中国台湾半导体的美国存托凭证与购买像家得宝这样的美国股票没有什么不同。此外，在美国，通过美国存托凭证获得股份的外国公司，必须提供根据西方发达国家的会计实务准则〔一般公认会计原则（GAAP）或国际财务报告准则（IFRS）〕编制的财务报告。

总而言之，现有的交易所上市的美国存托凭证数量够多，足以满足投资者的需要。纽约证券交易所、美国证券交易所和纳斯达克交易所拥有500个左右的美国存托凭证（尽管总的来说，若包含场外交易市场在内，美国现有的存托凭证数量可达数千，我们将在后文中讨论场外市场）。

我们这里列示出最大的美国存托凭证投资者名单，以及为人们最普遍持有的交易所上市的美国存托凭证列表（见表3.1和表3.2），供您参考。

表3.1 十大美国存托凭证投资者（截至2009年7月）

公司名称	美国存托凭证投资总额（百万美元）	美国存托凭证在总投资中所占百分比（%）
富达管理研究公司	20922	5.32
巴克莱全球投资者公司	16475	3.54
威灵顿资产管理公司	12982	6.82
道奇—考克斯公司	12802	17.35
资木世界投资公司	12451	4.76
资本全球投资研究咨询公司	12204	4.14
联博基金管理公司	8960	5.00
费雪投资公司	8202	39.23
布兰德斯投资合伙公司	7304	17.07
罗普合伙公司	6842	4.17

资料来源：摩根大通。

表3.2 最普遍持有的交易所上市的存托凭证（按截至2009年7月的所有权价值衡量）

证券名称	国家（地区）	交易所	代码
梯瓦制药工业	以色列	纳斯达克	TEVA
巴西国家石油	巴西	纽交所	PBR
美洲电信	墨西哥	纽交所	AMX
巴西国家石油（A股）	巴西	纽交所	PBR.A

(续表)

证券名称	国家（地区）	交易所	代码
英国石油	英国	纽交所	BP
中国台湾半导体	中国台湾	纽交所	TSM
荷兰皇家壳牌	英国	纽交所	RDS.A
诺华	瑞士	纽交所	NVS
淡水河谷	巴西	纽交所	VALEP
道达尔	法国	纽交所	TOT

资料来源：摩根大通。

在我们看来，在为真正的全球投资者众所周知的目标服务方面，美国存托凭证虽然优于美国跨国公司，但它们也存在一些不能被忽视的局限性。首先，由于美国存托凭证确实是外国股票的"美国化"版本，它们的表现往往更具美国特征，而不具备外国特征。这种想法让许多首次考量美国存托凭证的人感到稀奇，这是可以理解的。毕竟，从根本上说，美国存托凭证是外国股票，所以即使它们在美国的交易所流通，它们也首先是外国股票，对吧？嗯，既是，也不是。虽然美国存托凭证的波动通常与其本国市场上的基础外国股票的走势相同，但情况并非总是如此。在我们的交易经历中，我们曾多次看到美国存托凭证的市场反应更具美国特征，而不具外国特征。事实上，美国投资者对经济讯息和市场状况的反应大致相同。例如，他们更倾向于将纽约证券交易所股票视为相同的股票：他们要么大量买入，要么大量抛售（这更常见）。这让我们回想起上述美国跨国公司的局限性，这些局限性基本上是美国问题，而非其他问题。这个特征在这里并不普遍，但它仍然存在。

美国存托凭证的第二个问题是，它们往往代表大公司，这些大公司会呈现与美国市场高度相关的跨国公司的特征。像索尼、巴斯夫和联合利华这样的公司遍布全球数百个国家，而公司之所以要参与美国存托凭证，恰恰是因为它们致力于提高自身在投资者与消费者中的知名度，以及获得在美国交易所上市的声望。我们再次指出，如果您采取更具防御性的、不那么激进的方式来进行全球投资，美国存托凭证对您有益，但如果您希望从独特的、更加孤立的市场寻求激进的收益，美国存托凭证可能并不太适合您。

资产管理传奇人物路易斯·纳维里尔（Louis Navellier）在其著作《巴菲特的选股真经》（*The Little Book That Makes You Rich*，John Wiley&Sons，2007）中一度指出，他喜欢美国存托凭证（我们推测他指的是交易所上市的美国存托凭证），它们代表着保守且常具有政府高度所有权的公司，这些公司的特征往往能让全球投资者感到安心。虽然我们尊重纳维里尔先生，但我们的立场是，全球投资应该少一点保守，更多地发挥利润丰厚的市场的优势，毕竟风险可以通过积极的资产管理策略加以控制。对于包括我们自己在内的许多投资者来说，美国存托凭证具有"大型"和"政府所有"的特征，这可能促使我们忽略对潜在可投资公司的考虑。

外国普通股与美国存托凭证的场外交易

场外交易（OTC）市场以布告栏市场（OTCBB，即美国场外柜台交易系统）、粉单市场和灰色市场为代表。较之跨国公司和交易所上市的美国存托凭证，它为全球投资者提供了一个独特的机会，来购买那些规模更小、目标更明确的偏远经济体公司的外国证券。让这个特定市场如此具有吸引力的是，这些证券中有许多实际上是在外国公司的本地交易所交易，但以美元计价的相同证券；它们是外国普通股。您在场外交易市场上也可以获得美国存托凭证，但这些美国存托凭证大多数并不是在交易所上市的大型外国跨国公司。总的来说，这些美国存托凭证代表了更小、更本土化的公司，理想情况下，您希望将您的国外专用资金投资于此。归根结底，提及场外交易市场时，证券的确切形式，无论是普通股还是美国存托凭证，并不像场外交易市场本身那么重要。在场外交易市场上，您可以获得比跨国公司或交易所上市的美国存托凭证更具增长机遇的公司证券。

在我们继续叙述之前，让我们先弄清楚什么是普通股。从技术上讲，普通股是您可以在美国购买的最纯粹的外国证券，且您无须亲自在国外市场对此进行直接交易。场外交易市场，乃不受监管的市场，其上有成千上万的普通股。之所以通常不受监管，是为了便捷生活、降低成本：一些公司想避免萨班斯—奥克斯利法案[1]的繁重要求，而交易量较低的小公司则希望豁免交易所上市的费用（纽约

---

[1] 2002年，美国立法机构基于安然有限公司、世界通信公司等因财务欺诈事件破产暴露出来的公司和证券监管问题所立的监管法规。

证券交易所上市费用为 5 万美元一年）。进行场外交易的众多外国公司都曾在美国交易所上市，但它们不想这么麻烦了。尽管布告栏市场的公司必须符合美国证券交易委员会（SEC）文件的要求，但布告栏市场没有设置最低市值标准，没有最低股价门槛，也确实没有提任何其他要求。粉单市场和灰色市场的门槛实际上更低，因为粉单市场或灰色市场并不要求您真正满足任何实质性的标准。进行场外交易的公司，尤其是进行粉单市场和灰色市场交易的公司，是承担最高投资风险的公司类型，不过情况也并不总是这样。完全稳健的公司往往只会转而求助于场外交易市场，因为它们不想应对成本高昂、管理烦琐的上市要求。

从理论上讲，普通股与公司自然市场上交易的股票是同种类型，本质上也是如此。它们的差异通常体现在定价上。当您在美国交易时间通过美国交易所购买普通股时，您得支付额外的费用，其中包括为方便当地代理商交易而付出的费用、货币折算费（记住，您在这里买的是以美元计算的普通股）以及与保管和结算相关的其他管理费用。

此外，场外交易市场上也有美国存托凭证。有些公司是普通股，有些公司是美国存托凭证（甚至在少数情况下，有些公司两者兼具）。场外交易可用的美国存托凭证和交易所上市的美国存托凭证之间的差异通常是规模方面的差异；进行场外交易的证券通常规模较小，这是作为资本积累投资者的您所希望看到的。寻求场外交易的优势在于有机会找到脱离美国及其市场的低相关性证券，无论是普通股还是美国存托凭证。

这并不是说所有进行场外交易的外国股票都是小型不知名的股票。乐于进行场外交易的知名公司不少，雀巢、巴斯夫和阿迪达斯便是其中三个，它们都以美国存托凭证和普通股的形式进行场外交易。原因是什么？这些公司只是觉得，为在更"有声望"的美国交易所上市而负担更为烦琐的监管要求是得不偿失的，而且它们的品牌意识是，投资者无论身在何处都能找到它们的股票。

例如，巴西的美妆巨头 Natura，其化妆品的生产和销售在拉丁美洲和法国（但不在美国）日益增加，如果您青睐它，在场外交易（而且 Natura 主要在灰色市场上交易）中，您只能以外国普通股形式将其买入。或者，如果您想投资亚洲最大的金融服务公司之——星展银行（DBS）[1]，您可以通过投资 DBS 泰国达努银行（DBS Thai Danu Bank PLC）来进行场外交易。这只是通过场外交易市场投资外国证券的两个小例子，它们并不影响美国市场的命运。

在布告栏市场、粉单市场和灰色市场上，作为普通股和美国存托凭证的公司成千上万，您在研究过程中可以用到一个很好的工具：www.pinksheets.com 上的搜索功能。具体来说，如果您进入"OTC Company Search"（场外交易公司搜索），您可以利用多个页面搜索公司和市场。理想情况下，此工具最好与其他研究机制协同使用。也就是说，随着您开始缩小地区、国家、市场和行业的投资范围，您可以使用粉单市场网站资源来帮助您确定最终投资的特定公司。

还有几点需要注意：当您进入场外交易页面，普通股的股票代码末尾会有字母"F"，而美国存托凭证的股票代码末尾会有字母"Y"。简单示例：在场外交易中，BASF 既是美国存托凭证也是普通股，它作为美国存托凭证的代码是"BASFY"，而作为普通股的代码是"BSASF"。您一旦熟悉粉单市场网站，就会很快认识到这一点，不过我们还是想提醒一下，这并不是一个至关重要的细节，但我们希望您能格外注意到这一点，这样您才能准确地注意到您正在购买的股票：同一公司中普通股和美国存托凭证之间存在着不小的价格差异，所以要清楚地进行区分。此外，我们有时会被问到，如果有那么多新兴国家可以进行场外交易，为什么会有人愿意在海外市场直接进行交易？原因有几个，但主要原因在于其存在流动性、定价和公司及时信息缺乏这几个方面的相关风险。流动性低常常是较小型场外交易证券会遇到的问题，但对于鲜为人知的外国证券而言，这一问题的确是雪上加霜：这些证券大多数成交数量有限，当您想买入的时候，您可能找不到卖家，更糟糕的是，当您想出售的时候，您找不到买家。而如果在自然市场中进行证券交易，您通常不需为此所困扰。

至于定价，我们在前文中提到，通过场外交易购买普通股和美国存托凭证可能会导致您支付的金额超过直接购买股票时的金额。这种情况经常会发生。最后，购买外国股票通常还存在的风险是，因您远在美国而可能无法及时（或根本无法）

---

[1] 原名新加坡发展银行（Development Bank of Singapore），是新加坡最大的商业银行。

从投资公司的投资者关系部获取到信息。我们建议，如果您决定在任何此类证券上买入股权，您就得养成经常访问该公司专有网站的习惯，以确保不会错过任何重要信息。

集合投资

集合投资工具常常被专业投资者戏谑为不那么成熟的工具，但我们相信在明智的投资组合中它们肯定占有一席之地。明智的投资组合想要投资全球的某个市场或全球某个地区时，不需要在这些市场中看上去鲜为人知的公司之间进行辨别和选择。此外，集合投资免除了投资者在某一市场上零碎地拥有大量股票的问题——尽管在历来的偏远市场中进行个人证券交易变得越来越容易，但对某些投资者来说这种交易仍然运作麻烦，当然也存在费用方面的问题。

这就是为什么我们会推荐更老练的投资者使用基金：基金让老练投资者有机遇更加得心应手地管理投资组合中的特定组成。有了这个机遇，如果他能够关注自己所做之事，他可以放心地把基金配置当作值得信赖的执行工具，与其他控股相比，这些基金可能很少让他获得显著收益，但它们也不会是投资者夜里失眠的原因。

开放式共同基金是普通投资者的救星。我们这么说并不是因为我们认为它们是最好的股权工具，事实上远非如此。我们这么说，是因为美国人通常最喜欢那些操作简便的事物。在投资界，开放式基金完美地符合了这一标准。对于集体股权投资整体而言，开放式基金的唯一替代品是交易所交易工具，但交易所交易工具并非适合所有人。开放式基金使普通投资者能够以简单、相对具有成本效益的方式进入股票市场，并且使普通投资者为了获得此时所需的财务自由和保障，除了依靠微薄的银行储蓄账户和社会保障的不明朗前景以外，还可以切实做一些事情。我们喜欢基金的这种特征，也乐意看到这种特征。

尽管如此，如果您或者您所爱的人正倾向于以开放式基金为核心进行全球投资，请悬崖勒马。进行全球投资组合的任何投资者都不可能每两周自动与雇主参与401(k)计划[1],这意味着,如果您正在为投资做额外的付出,那还不如来点实际的。至于开放式基金,不要误解我们,我们认可它们有一席之地——我们只是认为它们不应该占据所有的地盘。

如果您偏好买入并持有,您或许还未受到本书的启发。如果您已经将投资组合的一部分配置了无须太费心思的投资标的,那么它很有可能是开放式基金。我们归纳了开放式基金的优点:操作简便、交易成本低。开放式基金的核心"劣势"在于,它们大多是主动型管理基金。大多数专业投资者常常不太喜欢主动型管理基金,因为他们不想猜测投资组合经理会做什么。可以合理地假设,由于您不知道基金经理可能会做什么,对管理型基金进行技术分析的效率可能会降低。主动型管理基金往往不受主动型投资者青睐的另一个原因是,基金经理在跟踪基准指数方面往往表现不佳。如果您听从基金经理,您要确保他至少会达到他自己所设定的目标。

如果您真的选择将开放式基金纳入您的投资组合中,您对股票和其他交易所交易工具做何种分析,我们便支持您对开放式基金做何种分析。因为我们不知道此基金的价值,您必须做万全准备,显然您得对它们进行研究。去往晨星(www.morningstar.com)开始探索您的开放式基金宇宙吧。

至此,我们已经对开放式基金做了很多论述。实际上,在追求全球投资成功的过程中,交易所交易基金与封闭式基金构成的集合基金,更有利于构建您真正想要的投资组合。

让我们先谈谈封闭式基金。对寻求基金投资的专业投资者而言,交易所交易基金(ETF)是集合投资的真正选择,但在这种基金出现之前,封闭式基金才是合适选择。封闭式基金资产只有开放式基金总资产的3%左右,封闭式基金与开放式基金同用"共同基金"这个名称,但它们之间的相似之处仅此而已。

除了资产的巨大差异之外,封闭式基金与开放式基金还有其他重要的不同之处。两者之间的另一个关键区别在于投资组合资产的基础构成。开放式基金有一

---

[1] 401(k)计划是指美国1978年《国内税收法》新增的第401条k项条款的规定。该计划也称401K条款,是一种由雇员、雇主共同缴费建立起来的完全基金式的养老保险制度。

个带给基金经理巨大压力的特征,但该特征也为此基金带来广泛吸引力——连续发售和回购基金份额。这对消费者来说是件好事,但对那些试图表现最佳的经理来说却是一种持续的烦扰。由于所处的市场环境,开放式基金经理必须始终以满足回购要求的方式进行交易,而封闭式基金的上司知道自己没有必要出售更多的非流动性持股以补足退股,这意味着他可以首先获得流动性较低的证券。因此,如果您正在寻找管理基金期权,封闭式基金值得一试。事实上,针对更偏远的全球市场的基金总是会碰到一些机遇,这些机遇要求它们能够坚持持有封闭式基金,从结构的性质来看,封闭式基金能够比开放式基金做得更好。此外,开放式基金以资产净值(NAV)(基于标的资产价值的简单、透明的股票价值评估)进行交易,而封闭式基金则以"资产净值溢价/折价"来进行交易。二者的这一区别在此不再赘述,只是您得了解封闭式基金,并在合适情况下把它纳入您的交易决策考虑中。为了对封闭式基金及其交易的溢价和折价做简单快速了解,我们最喜欢使用的工具之一是交易所交易基金关联公司(ETFConnect,www.etfconnect.com),尽管它的名字与交易所交易基金相关,但它提供了封闭式基金的良好数据。

所有这些均表明,当经营共同基金时,不管是开放式基金还是封闭式基金,您都是在经营主动型管理投资组合。不过,值得注意的是,多年前支持共同基金人士鼓吹购买基金的其中一个显著原因,即"专家"对该投资组合进行监管,近年来已被揭穿。许多投资者都认同,虽然可能有基金经理表现优于指数的年份,但显然,他们表现劣于指数的年头太多。自从这个事实被揭开,许多投资者决定,尽管他们欣赏在投资组合中有标的集合投资的想法,但他们更希望这些集合投资本质上是非托管的,即投资者能对自己的个体股票选择明察秋毫,用不着"专家"管理监督。

Powerhouse iShares 交易所交易基金公司公布了一些数据,这些数据证明了共同基金经理在连续几年中表现优于基准指数的能力,他们将此定义为"技能维持"。根据 iShares 在《挑战传统智慧——主动型基金经理在无效率市场中是否表现更好?》(*Challenging Conventional Wisdom—Do Active Managers Perform Better in Inefficient Markets?*)这一报告中公布的数据,当年在标准普尔 500 指数经理人中,有 43% 的经理人表现优于基准指数,次年该比例为 23%,第三年则降至 12%。相对来说,摩根士丹利资本国际(MSCI)新兴市场经理人表现优于基准指数的比例较高，但该比例也并未高出多少。在摩根士丹利资本国际中，当年有大约56%的基金经理领先于基准指数，次年有大约32%的基金经理超过了该基准指数，而第三年只有19%的基金经理优于基准指数。这一数据不仅表明，即使在"看好"的年份里，也只有50%的基金经理超过了他们的基准指数，而且还充分说明，基金经理这一集体也难以保持有限的良好态势。

我们再来谈谈交易所交易基金。交易所交易基金可能是集体基金自然演变的最后阶段。对众多投资者而言，交易所交易基金提供最好的开放式基金和封闭式基金。像开放式基金一样，交易所交易基金以资产净值交易，但像封闭式基金一样，它们整个交易日内都在交易，且为标准的专门交易（如限价订单和止损订单）留有时间；它们也可以像封闭式基金一样卖空证券。最重要的是，它们通常是不受管理的。越来越多的管理型交易所交易基金已经扎根，但在交易电子屏上显示的交易所交易基金依然是不受管理的。假设透明度、税务效率和流动资金方面没有变化，使用主动型管理的交易所交易基金而不是非管理型的交易所交易基金，取决于基金经理是否有能力超越基准指数，以及个人投资者是否希望凭借自己的分析能力与基金经理竞争。

如果您想成为技术人员，请注意，许多交易所交易基金以溢价或折价的资产净值交易，但大多数情况下，其交易价格与资产净值的偏差还不到1%，所以这个问题可以忽略不计。

再者，如果您想全面了解您可能正在考虑的非管理型交易所交易基金，请访问ETFconnect（www.etfconnect.com），这是一个有用的网站。

最终，您必须决定集体基金在您的对冲基金投资组合中占据的分量。如果您希望将管理团队所使用的基金包含在您的对冲基金投资组合内，从而找到某种独特的投资路径来提升业绩，也许封闭式基金——甚至特定的开放式基金——对您来说都是有益的。如果您乐于将集体基金当作无争议的、可靠的、低维护的投资组合，那么非管理型的交易所交易基金很可能是可行之道。这些集体基金不会剥夺您对它们做可靠分析的机会，但在某些情况下，尤其是在分析管理型集体基金时，分析的有效性可能会被减弱。

第三章 股票投资工具箱里的投资工具
Chapter 3 The Tools in Your Equity Toolbox

基于美国经纪公司平台的国际投资

曾经，美国投资者在促进国际交易方面似乎无能为力（多年前就是如此），美国经纪公司在其业务的各个方面进行改善，并借助相关的经营实体来追求外国市场的投资机遇，由此它们开始真正吸引美国许多具有全球视野的投资者。全球化的趋势越来越明显，促使更多的经纪公司将全球准入当作重要的优先事项，包括寻求更深入和更广泛的国外市场渗透，并优化其与全球本地市场以交易为基础的良好关系。最后，与美国经纪公司的正式关联会是您投资工具箱里最重要的工具之一，无论您已经建立或是想要建立这种关联，该关联让您有机会在外国证券中进行数量合理的交易。

在本国市场购买外国股票的一大优势体现在流动性上，我们在讨论通过场外交易购买普通股时也涉及流动性相关问题。如果您还记得，我们曾说过，普通股的一个问题是，其市场规模可能太小，以至于您永远不知道下一笔交易什么时候发生，不管您多么希望它发生。拥有在各种外国市场上直接交易的能力让您有机会以投资的流动性进行交易，这是您一直想要的理想条件。要做到这一点，唯一可靠的方法是开立美国经纪账户，予以您特定市场的直接准入，或者在个别标的国或世界相关地区开立经纪账户（后文会有相关讨论）。最终，您可能需要或希望两者兼得，因为美国经纪公司虽然为其客户获得了更高的直接市场投资比率，但它通常没有对全球某些偏远市场的交易准入；对于这些类型的市场，您可能会意识到自己在其他国家设立账户的想法。就像我们在本章开头所说的，您需要一系列的工具来帮助您构建最好的、最有效的全球投资机制。

在这方面，让我们来了解下三家高效率的美国国内经纪公司能够为您提供的机会。我们恳请您在开立账户前开展研究，这是谨慎之举，因为这类信息有着迅速过时的永恒风险，但更重要的是因为，随着境外投资越来越被认为是未来几十年里成功投资的关键，我们完全期待全球投资者队伍的扩大和发展。也就是说，我们可以合理地假设，这些经纪公司目前已经成为外国市场的优秀参与者并为您提供赚钱的机会，在未来也很可能会致力于保持这样的地位，所以我们希望这里关于这些公司的描述仍然对您有用。令人诧异的是，在授予及时和有用的全球市场准入方面，一些有着良好声誉的知名公司，仍然远远落后于形势。例如，尽管嘉信理财公司（Charles Schwab and Co.）能够提供完备的全球交易平台和全球市场准入机会，但是，进入21世纪差不多整整10年了，令人奇怪的是，它始终步履蹒跚。这就是嘉信理财公司，它所有的全球交易都是通过经纪公司协助完成的，而且其价格并不是很有竞争力。其中一个证据就是，嘉信的任何在线网站上，有关全球投资的信息都相对匮乏，而接下来我们提到的三家公司都提供了大量的信息，以供您在联系它们获取进一步的信息之前做参考。简而言之，显然，嘉信和其他一些像亚美利交易控股公司（TD Ameritrade）这样的大公司，尚未完全致力于全球投资（这当然是它们的权利），但随着全球投资变得更加主流，这无疑会导致市场份额的损失。至于那些把自己打造成最前沿的国际准入的公司，实际上，它们只是进行场外交易的美国存托凭证和普通股的造市商，我们不想误导你们，把它们说成是直接准入的美国经纪公司。它们的工作没有任何问题，但我们这里特别提到的样本公司是那些提供外国市场直接准入的公司，这些公司允许您使用本国货币在外国市场直接进行交易。

EverTrade 直接经纪

直接经纪（EverTrade Direct Brokerage，www.evertrade.com）是总部位于佛罗里达州杰克逊维尔的金融服务公司 EverBank 的下属公司。EverTrade 多年前就认识到，鉴于全球经济趋势，境外投资期权市场已经存在，而且在未来还会增长。为了满足这一需求，EverTrade 通过其经纪业务带来了高度的国外市场直接准入。关键是，您可以以每笔50美元的价格交易外国股票，但必须通过电联 EverTrade 的经纪人完成这些交易。除了向世界上大多数发达市场提供市场直接准入外，EverTrade 目前还向墨西哥、南非和泰国等新兴市场国家提供股票市场的准入。

E*TRADE 亿创理财

通过亿创理财（E*TRADE）的全球贸易平台（www.etrade.com），您可以使用本国货币在线进入世界上六个发达的外国市场：加拿大、法国、德国、中国香港、日本和英国。在线市场准入意义重大，因为直到最近，提供外国市场直接准入的经纪公司只得借助经纪人进行交易。亿创理财在设计完整的在线账户网页方面做得很好，它在单视图页面上清楚地展示出您的美国账户和全球账户。您可以以美元查看您的全球证券价值。在这个单视图页面中，有管理全球投资组合的选项，由此您能进行交易、兑换货币和转移资金等。在每一个亿创理财的全球贸易服务平台上，您也可以通过经纪人协助的交易直接进入各种各样的其他市场。

Interactive Brokers 盈透证券

如果您正在美国寻找一家综合经纪公司，能让您直接在相当数量的国内外市场上交易各种金融工具，盈透证券（www.interactivebrokers.com）可能是为您量身定制的。通过盈透证券，您目前可以在线获得 14 个外国国家的股票、14 个国家的期权以及 17 个国家的期货。通过盈透证券的基准账户产品——全能账户这个单一交易账户，您能轻松管理您所有的全球交易。当您打开全能账户时，您可以选择一种"基础货币"，它表示您持股价值的货币，也是用来确定保证金要求的货币。为了获得您规定的交易货币的资金，您需通过基于"基础货币"的贷款来交易以另一种货币计价的工具。盈透证券似乎热衷于吸引尽可能多的以全球为中心的投资者，但与所有美国经纪公司一样，为了客户利益，构建对较小市场的直接准入，它还要下很多的功夫。在您可以直接交易股票的 14 个外国国家中，11 个国家是发达市场。不过，相对而言，在美国经纪业务和功能性全球证券准入方面，盈透证券遥遥领先，并且它似乎致力于开发能够有效覆盖全球市场的工具和技术。

在国外开立交易账户

到目前为止，我们大致谈到了您可以交易外国证券的每一种方式，只剩一种还未做介绍。我们已经研究了一些最不令人兴奋的方式，比如开放式共同基金，并由此讨论了一些其他基金。实际上，如果您就此停下，不再给您的投资工具箱增添任何工具，作为全球股票投资者，您可能会取得很好的成效。从交易所交易基金，到交易所上市的美国存托凭证，到开放式共同基金，再到所有可用的场外交易证券，以及一些更先进的美国经纪公司（如亿创理财和盈透证券）提供的所有资源——您可能拥有了作为全球投资者成功所需的一切或部分资源。不过，这可能还不够。

至于直接在国外开立经纪账户，我们想告诉您的是，开立账户的程序是一个简单的交钥匙系统——您可以浏览一个中央网站，这个网站涵盖全球所有对美国投资者友好的、能让美国投资者投资的经纪公司，循着这个线索，就可以很容易做您想做的。但不幸的是，事实并非如此简单。尽管与10年前相比，情况显然要好得多，但在外国开立账户也并不是那么顺畅和简单的。不仅有几个有趣的国家（从投资的角度来看）不允许外国投资者在其内部开立账户，而且即使在允许外国投资者开立账户的国家，该国家的一些经纪公司对此也不允许或者根本不想自找麻烦。因此，找到一家吸引您的、能在国外开立经纪账户的公司，通常会是个费劲的活儿。您得先用谷歌搜索，或许还得用纸笔记录，您需要输入搜索词汇或短语，比如"波兰证券交易所""波兰股票经纪人"，以及所有与此相关的词汇，以得到一份您可以独自调查的波兰经纪公司名单。尽管下面列表（参见表3.3至表3.6）中的国家理论上允许您进行投资，但其实暗藏玄机。在一些国家，关于在什么情况下它们可以为您开立账户，不同经纪公司设立的规则有很大差异。

表3.3 对美国投资者直接开放的新兴市场国家（地区）

巴西	中国	捷克共和国
埃及	匈牙利	印度尼西亚
马来西亚	墨西哥	摩洛哥
秘鲁	菲律宾	波兰
俄罗斯	南非	韩国
中国台湾	泰国	土耳其

表3.4 对美国投资者直接开放的前沿市场国家（地区）

巴林	博茨瓦纳	克罗地亚
爱沙尼亚	约旦	哈萨克斯坦
科威特	黎巴嫩	立陶宛
阿曼	卡塔尔	罗马尼亚
斯里兰卡	突尼斯	乌克兰
阿拉伯联合酋长国	越南	

表3.5 新兴市场国家举例

国家	经纪公司名称	公司网站
巴西	阿格拉	www.agorainvest.com.br
中国	宝盛证券	www.boom.com
捷克共和国	全球经纪人公司	www.globalbrokers.cz
匈牙利	协和证券	www.concordesecurities.hu
马来西亚	肯纳格投资银行	www.kenwealth.com
波兰	道马克拉斯基	www.dmbzwbk.pl
南非	博易证券	www.boe.co.za
泰国	凯基证券	www.kgieworld.co.th

此列表并非旨在也不应被解释为对任何列出的经纪公司的推荐。以下任何一项的未来可用性和/或访问都没有得到保证。

表3.6 前沿市场国家举例

国家	经纪公司名称	公司网站
博茨瓦纳	博茨瓦纳股票经纪公司	www.stockbrokers-botswana.com
克罗地亚	阿巴库斯经纪公司	www.abacus-brokeri.hr
爱沙尼亚	瑞珩证券	www.orion.lt
哈萨克斯坦	维萨资本公司	www.visocap.com
立陶宛	瑞珩证券	www.orion.lt
阿曼	麦地那金融	www.almadina.com
卡塔尔	卡塔尔证券	www.qatar-securities.com
罗马尼亚	特拉德维尔公司	www.tradeville.eu
斯里兰卡	阿莎辉立证券	www.ashaphillip.net
乌克兰	龙资本	www.dragon-capital.com
阿拉伯联合酋长国	麦克沙拉夫证券	www.mac-sharaf.com
越南	西贡证券公司	ssi.com.vn

作为一名专业交易员，您的目标之一应该是设法找到地区性公司，能让您

通过一个交易账户直接进入多个所需市场。比方说，通过中国香港宝盛证券（www.boom.com）的单一交易账户，您可以直接进入澳大利亚、中国内地、中国香港、印度尼西亚、日本、马来西亚、新加坡、韩国、菲律宾、中国台湾和泰国市场；瑞珩证券（www.orion.lt）在瑞典、挪威和立陶宛设有办事处，您可以直接进入这三个市场，也可以直接进入拉脱维亚和爱沙尼亚市场；因此，如果您在亿创理财、宝盛和瑞珩等平台上开立交易账户，您就可以直接进入美国以外的20个外国市场，其中包括7个新兴市场和两个前沿市场。这也不错，可是如果您关注一下联合体，会得到更好的服务。您可以在吉布拉特欧洲投资公司（www.investorseurope.com）上开立一个交易账户，在线或电话交易，进入24个欧洲市场、1个非洲市场和8个亚洲市场，也可以视情况而定进入其他市场。这才是市场准入。

在尽可能现实的程度上，您的目标应当是获取一个更具区域性的外国经纪账户，而不是狭隘地专注于单个国家内经营的单一公司及其相关的本金交易所，您的研究应探索那些有全球视野的公司，以及那些寻求在经纪方面更具有区域性的公司，这些公司得在世界各地的几个关键交易所拥有席位。如此，您的全球投资组合，尽管的确比只包含美国证券的单一国内账户涵盖更多内容，但对此投资组合的监管却要容易得多。除了地区性交易账户之外，您是否愿意开立单一国家交易账户，将取决于您如何看待这个国家的市场机遇。

尽管当今的主流是在线市场准入，且在线市场准入越来越普遍，但使用电话这种传统的方式来帮助您开立海外账户，并不是个坏主意。使用电子邮件有其好处，坦白讲，作为忙碌的专业交易员，我们中的大多数人更喜欢电子邮件而不是实时电话联系。也就是说，当涉及在更偏远的市场运作时，尽可能地将您与经纪公司的关系个人化会是个好主意。我们在这方面就是这样做的，当问题出现时，我们建立的人际关系对我们有很大帮助，当您在美国之外的国外市场交易时，这些人际关系也会给予您帮助。

需要注意的一点是，世界其他地区在您投资于其国家或区域时，往往会有不同的要求，有时这些要求会比较特殊。例如，要投资斯里兰卡的证券交易所——科伦坡证券交易所，您必须通过证券投资境外卢比账户（SIERA）进行投资，而SIERA账户必须在商业银行开立。经纪公司知道您是外国公民，无疑会告诉您这

第三章 股票投资工具箱里的投资工具
Chapter 3　The Tools in Your Equity Toolbox

项重要要求，但任何事情都不是理所当然的，您得主动去问。还有许多其他有趣的市场都有其"特殊"要求，您要自行了解是什么。在克罗地亚的前沿市场，开立交易账户的条件是您必须在克罗地亚中央存管处（www.sda.hr）开立一个监管账户。同样，经纪公司很可能会通知您这一要求，而且我们可以告诉您，我们代表克罗地亚股票经纪人审核的开户文件清楚地表明了该要求，但重点是每当您试图打入新市场——如果您还有其他需要的话，请随时询问交易代表。

我们不想在可供您选择的不同股权上用一堆细枝末节让您绞尽脑汁，但我们确实想介绍一下您很可能使用的核心工具和平台的具体情况。这是一个重要的话题，正如我们在开篇所说的那样，虽然您的对冲基金可能包括多种其他工具，但我们可以放心地假定股票（无论是单独的还是组合的形式），将是您的投资组合中的一般常数。话虽如此，运用对冲基金投资策略时，我们并不寻求建立静态的投资组合，而是寻求那些能在国内外轻松地进行双向交易的投资组合。因此，您不应该致力于"盯死"这些证券类型或经纪期权中的任何一种，而应在必要时强迫自己保持恒定的多样性。重要的是，随着我们现在进入到战略应用阶段，您可以将投资策略运用到您选定的股票上去，而您能更好地了解供您使用的工具和基础平台。最后，对您的外国证券进行基础分析和技术分析的应用，以及运用有效的投资组合管理技术，将成为您构建高效对冲基金机制的重要工具。

第四章　全球股票市场盈利技巧

对于新手投资者而言，分析一家跨国公司的基本步骤是：访问雅虎搜索引擎，查询公司股票的市盈率，再基于此决定是否青睐这只股票。而对于对冲基金经理来说，分析跨国公司是个较为复杂的过程。您不仅需要参考经济数据和公司具体信息，还需要对所涉及的国家之间的政治差异和文化差异做出裁定。若想有效应用本书中的经验，您未必需要成为全职的货币经理人，但是，与普通投资者相比，作为全球投资者，您需要投入更多的时间去建立投资质量体系和控制系统并正确地分析每一只股票。

在着手研究之前，首先需要根据关注的分析对象，确定分析方法的类型。从全球投资角度来看，股票选择有两种不同的研究方法流派："自下而上"分析法和"自上而下"分析法。

"自下而上"分析法是这样一种投资策略：它不太重视经济周期和市场周期的重要性，而更强调对个股的分析。在"自下而上"的投资行为中，投资者将注意力集中在某一特定公司上，而不是该公司经营的行业或经济总体趋势上。"自下而上"分析法假定，即使是在表现欠佳的行业内，个体公司也可以良好运营。根据"自下而上"的投资策略做出正确的决策，需要对公司进行彻底的审查，包括熟悉公司的产品和服务，弄清其金融稳定性，以及了解其研究报告。

"自上而下"分析法是这样一种投资策略：它涉及对全球经济大局的考量，以及对经济成分的细致研究。在考察了更广泛的世界经济状况后，对国家及产业部门进行分析，以选择那些预计业绩将优于市场的公司。在此基础上，进一步分析特定公司的股票，并为您的对冲基金选出"最优股"。对于"自上而下"的策略是否优于"自下而上"的策略，虽存在争议，但许多投资者发现，在确定哪些国家和这些国家的哪些行业更具优势方面，"自上而下"的策略要略胜一筹。

正如您可能猜想的那样，"自下而上"并不是我们在本书中关注的投资分析类型。当然，它有其优点，但如果您想成为一个全球投资者，首先您必须在宏观层面上分析世界经济，以便找到业绩优于世界其他地区的经济体和市场。而后，您将更深入地发现该经济体内正在最迅速扩张的行业和产业。最后，您将进行基本面分析来确定这些产业中的最佳投资标的公司。这就是我们要引导您使用的方法。

需要指出的是，在本章的末尾，我们将深入研究一些技术分析。我们所做的图表分析，大部分都是从"自上而下"分析法中一方面到另一方面的变通分析，但无论如何，学习投资的技术分析是很重要的。作为一名对冲基金经理，如果您只关注收益和比率，您会错失重要的、更宏观的经济格局。如果您能够同时掌握基本面分析和技术分析，那么您获得高于平均水平收益的机会就会大幅增加。

全球经济分析

构建最终股票头寸的第一步是考察全球经济整体局势。总体来看，全球经济趋向于相同方向的变动，但是实际上，全球一些国家的经济运行方向会与全球其他经济体的运行方向背道而驰。这种情况从来没有像2008年以来的全球经济变动情况那么明显。该年初，美国股市下跌，投资者察觉到美国经济走向衰退。这一认知是无误的，资金从美国市场流出，流动到各种国际基金、股票和各个国家中。投资者确信，全球经济体已经取得足够进展，即便没有强劲的美国经济支撑，他们也足以维持自己的实力。因而，投资者没有将其资金全部移出股票市场，而只是将资金转移到世界各地的新兴经济体中。到2008年中，运用这种资金再配置策略的投资者意识到，他们大错特错了。实际上，美国经济衰退会放缓全球经济，而且它迅速席卷了全球。的确，全球许多股市的下跌速度远远快于美国股市。重要的一点是，全球经济状况并不等于单个国家的经济状况，因此对于全球经济分析未必就等于对单个国家的经济分析，作为一体化的全球市场分析只是一个起点。

我们可以把经济分析分解成无数不同的分析指标，但说到底，为了掌握全球经济，我们需要分析的指标主要有三项：预计增幅、通货膨胀和利率。大多数其他指标往往是这三项指标领域内的附属部分。

增幅

经济体的发展为市场中的公司创造了积极的盈利势头,而盈利推动股票市场。因此,在分析之初,首先要了解全球经济的增长状况,这一点至关重要。请记住,这部分分析是由工业化国家在宏观层面上推动的;如果您想要了解全球经济的及时现状,那就把重点放在规模更大、经济建设更强的国家。您可以进行谷歌搜索,并找到一些可以为您提供全球增长预测的网站,以下是我们分析时喜欢使用的一些网站:

- **经济合作与发展组织** 该组织编制了《经合组织经济分析》报告,您可以通过 www.oecd.org/oecdEconomicOutlook 这一网址链接找到该报告。它提供了许多有用信息,其中包含一些全球经济预测。另外,当您访问该网页时,在该网页右上方您能看到"Macroeconomic Links"(宏观经济链接)。点击此链接并加入标签,它给您提供了很多关于各个国家的优秀信息资源,这在您开始进行国别分析时是很有帮助的。

- **纽约联邦储备银行** 纽约联邦储备银行的网址是 www.NewYorkFed.org。当您登录该网站时,点击网页上端的"Research"(研究);进入该页,点击左上角的"Global Economy"(全球经济)链接;再由此,点击"Global Economy"(全球经济)下方的"Global Economic Indicators"(全球经济指标)链接。该网站并不提供经济整体分析,但它将全球经济分解为各大版块。这些版块足够宏观,能让您以此拼凑出全球经济的整体概貌。

- **国际货币基金组织(IMF)** 国际货币基金组织(IMF)的网址是 www.IMF.org。该网站的一个独特之处在于,IMF编写了一份名为《世界经济展望》的报告。点击标题版右上角的"Data and Statistics"(数据和统计),您可以找到当前和历年的《世界经济展望》报告。此外,如果您想更仔细地了解某个特定国家的经济展望概况,请访问此链接:http://www.imf.org/external/Country/。点击进入,您能可以看到左上角的"Projected % Change"(预测变化百分比)下列出了它们的预计增长率。

我们会用到的另外两个网站的网址分别是 www.DismalScientist.com 和 www.Worldbank.org,这两个网站也是值得收藏的,它们均是投资分析的独到的信息资源。此外,我们不失时机地向您推荐我们自己的网站:www.InvestorsPassport.

com。我们的网站提供的信息服务与本书中您能够读到的信息是一致的，同时，我们也提供许多经济研究。

对全球经济做整体分析时，不必太在意具体国家的经济运行状况。首先尝试了解全球经济整体上是在增长还是放缓，以及其总体方向或趋势如何。您可以用到我们在本节提供给您的网站来进行分析。同样，对全球经济进行初步分析时，您并不需要做过多批判性思考，只需尝试去感知一下全球增长态势。

通货膨胀

通货膨胀是指经济体一段时间内商品价格和服务价格总体水平的上升。在现代经济学中，通货膨胀被认为是一种完全不利的特征，但事实上，在增长型经济体中，可控的低水平通货膨胀是常态现象，其作用未必都是负面的。恶性通货膨胀是有百害而无一利的，因为它吞食了资产和经济的实际价值。例如，如果您居住在西班牙，2008年您买一条面包花了一欧元，2009年您买同样一条面包花了两欧元（即通货膨胀率为100%），尤其是当您的收入只增长了3%时，您面临的问题会极为严重。举个真实的例子，从1986到1994年，为应对巴西军事独裁时代最后几年的通货膨胀，巴西曾三次调整其基本货币单位。为适应多次贬值和币值变化，调整过后，一个1967年的克鲁塞罗[1]在1994年的价值还不到1美分的万亿分之一。1994年，巴西使用了一种名为"雷亚尔"的新货币，最终控制住了恶性通货膨胀。有趣的是，1690—1942年巴西也使用了"雷亚尔"货币，但1994年后使用的"雷亚尔"价值相当于那些旧"雷亚尔"的2.75×10^{18}倍。这是一个令人震惊的概念，但这也是个很好的例子，此例说明了为何世界各国政府都如此狂热地控制通货膨胀（再次强调，它们并不想完全消除通货膨胀，但它们确实希望将其控制在合理范围内）。在受到控制的情况下，通货膨胀可以成为经济稳定增长的标志。根据国家的不同，增长率在2%~4%的范围内时，通货膨胀可被视为"正常"。

在进行经济分析时，您会听到人们谈论一个经济体的"实际"经济增长率。实际经济增长率指一国的国内生产总值（GDP）经济增长率与通货膨胀率的差值。

---

[1] 巴西的曾用货币单位。

不剔除通货膨胀率的 GDP 经济增长率被称为"名义"经济增长率。例如，如果日本经济以每年 5% 的速度增长，而通货膨胀率达到 3%，因其经济增长率比商品和服务价格增长率超出 2%，日本的实际 GDP 增长率为 2%。在同一个例子中，如果日本通货膨胀率为 8%，那么其实际经济增长率将为 –3%。这是一种糟糕的局势，因为经济增长不足以抵消商品和服务成本的上升，因此按实质计算的话，该国及其消费者正落于贫困。

查找全球通胀率最便捷的渠道是美国中央情报局的网站 www.CIA.gov。在该网站上挖掘经济数据似乎有点奇怪，但它确实为全球投资者提供了大量有效信息。当您访问该网站时，请单击页面右上角"World Factbook"（世界概况）版块。在下一页的左边，您会看到"Search World Factbook"（搜索世界概况）的链接。点击进入，在搜索术语框里输入"inflation rates"（通货膨胀率）。单击网页弹出的第一个链接，您便可以看到全球大多数国家的通货膨胀率列表。同做增长率分析时一样，您需关注规模较大的工业化国家，尝试去感知全球通货膨胀的概况。

通货膨胀与经济增长密切相关。在常态经济体中，经济增长放缓将导致通货膨胀放缓。因此，如果您看到经济增长率正在骤降（就像我们在 2008 年末所看到的那样），那么您应该在实际看到低通货膨胀率之前，调整对通货膨胀的预期。

利率

在多个层面上，利率是推动全球经济增长的关键因素之一。首先，稳定的利率促进经济健康发展，而健康的经济发展又会吸引外商投资。如果美国的政府债券收益率为 3%，而澳大利亚的同等政府债券收益率为 6%，那么在其他条件相同的情况下，资金将流向澳大利亚债券。资金流入澳大利亚债券也将使澳大利亚货币走强，对此我们将在第五章固定收益章节中做更多说明。其次，利率水平也至关重要，而且利率和经济增长之间存在明显的相关性。当利率水平高或上升时，借贷成本就会上升，从而抑制贷款，而这又进一步减缓了经济增长；利率水平低时，我们会看到相反的效果，此时公司能够获得其偿还得起的贷款来发展业务和进行资本投资。我们在第二章市场互动交易中已向您展示了这种关系如何作用于资本市场。

在经济整体分析中，您会发现利率走势比利率水平更加重要。例如，如果 Z 国的利率约为 8%，但您认为未来几年利率将大幅下降，这可能是一个可观的投资机会。8% 的利率，水平并不低，但倘若利率如您所预测的那样下降，这将有助于刺激经济增长，并且很有可能激活股票市场和固定收益市场。利率走势对债券产生的影响更为直接，不过随着趋势的持续，它同时会对股票和债券产生更为重大的影响。

我们在跟踪全球的利率趋势时使用了几种免费资源，此处列出部分：

- **www.FXStreet.com** 这是一个面向货币交易的网站。然而，正如我们在第二章市场互动分析版块提到的，这些经济因素都是相互交织的。具体而言，如果您访问www.fxstreet.com/fundamental/interest-rates-table/，您将看到超过20个国家及其相关地区现行利率水平的列表。如果您点击某个国家的名称，网页将呈现该国家利率趋势的扩展图。请记住，这些利率并非自由市场利率，而是国家监管机构所设定的利率。

- **经济合作与发展组织** 经合组织的统计和数据网站信息全面、实用、有效。登录该网站，在"*General Statistics*"（一般统计）上方左侧的搜索框中输入"interest rates"（利率）。再单击双箭头，网页将展开"*Finance*（金融）"的子部分并突出显示"interest rates"一词。点击"interest rates"，页面将转到按国家划分呈列的现行利率表。您会看到能将数据下载到Excel中的链接，以及显示多个国家利率走势图的链接。

在经济整体分析中，这三项指标是相互交织的，每一项指标都会对另外两项指标产生重大影响。例如，如果巴西的通货膨胀率很高，那么巴西政府很有可能为了减缓经济增长、抑制通货膨胀而提高利率。如果加拿大经济陷入衰退，加拿大政府可能会降低利率以刺激经济增长。再次，谨记，对这三项指标的分析，应基于它们的趋势而非它们的绝对水平。如果您只是了解2000年的指标水平，您会认为这一年是投资的好时机。然而，这些指标的趋势预示着投资者将面临糟糕的投资环境，而时间证明，事实上，他们面临的投资环境的确非常糟糕。

国别经济分析

我们很多次看到这样的情况：当其他所有国家的经济处于水深火热之中时，有那么一两个国家的经济蒸蒸日上。因此，国别经济分析是您研究中的重要组成部分。来看下面的走势图（见图4.1）。在该图所示时间内，世界上大多数国家遭受着旷日持久的经济衰退。在美国，从2000到2003年，熊市吞食了投资者50%

的财富,大多数个股的命运更为糟糕。该图中下降趋势线表示的是标准普尔500指数;走高线表示的是中国基金(CHN),它是中国股票市场的交易所交易基金(ETF)指标。如您所见,在大多数全球股票市场出现大幅亏损的时候,中国市场涨幅超过60%。在此时间内,中国经济迅速发展,经历了规模宏大的基础设施建设,这正推动了其经济列车全速前进(而这个时候,大多数其他国家正处于经济紧缩状态)。中国经济的成果得益于1978年政府为摆脱中央计划和政府所有制而进行的改革。就您而言,对全球经济和国家经济的深入研究将有助于您在构建对冲基金时识别出那些"未经雕琢的璞玉"。它们并不常见,但当它们出现苗头时,您得做好准备。

图4.1 20世纪90年代中期至2003年,中美证券市场业绩的比较研究[1]
资料来源:esignal.com。

在进行国别经济分析时,您必须评估许多基本面因素,但从宏观的角度来看,最重要的因素是特定国家的经济环境、文化环境和政治/法律环境。倘若您发

---

[1] 该图中深色线条表示的是中国基金(CHN)走势,浅色线条表示的是美国标普500指数走势。

现一些国家的这三大环境都是可观的、稳定的，那么您很可能逮住了很好的投资机遇。

经济环境

我们首先要说明的是，谈及国家经济前景时，假定全球世界各国财富水平大致相同是不保险的做法。我们最近和一位客户谈论了全球几个国家的前景，在谈话过程中，我们意识到他假定了我们所谈及国家的财富水平大致相同，这是一个严重的错误。当时，我们正在讨论像加拿大这样的国家与像印度这样的国家的投资优势。他的论点是，印度人口的绝对优势将使其成为比加拿大好得多的投资地点。我们表示，在人口实力的单一基础上进行国与国之间的比较是有缺陷的分析。是的，印度人口众多，但是以人均 GDP 衡量，印度是中低收入经济体，而加拿大是高收入经济体。这并不意味着，作为国家经济，投资加拿大要比投资印度更好；实际上，正如我们所知，作为一个积极发展的新兴市场国家，印度日益增长的经济影响力还有很多值得关注的地方。然而，两个具有经济影响力的国家可能拥有不同的财富特征。如果人口基数大、收入水平低，那这类国家的经济由何驱动？驱动因素不少，例如，较为繁荣的经济体的信贷基本上已经达到极限，相比之下，此类国家有着相对可控的债务比率。不过，重点是除非您愿意利用多重标准化的测量方法严格评估每项指标，否则您无法确定某个国家是否是肥沃的投资热土。

经济分析

让我们首先概述一下我们如何进行国别经济分析。在我们的分析中，我们像研究个股一样研究国家。像股票一样，各国都有可用于分析的基本面数据，因此您可以利用这些事实和数据，来对某个特定国家与其他国家以及该国自身的历史经济状况进行对比或比较分析。我们评估一国经济主要有五项指标：市盈率、市账率、贝塔值、股息率、预计增幅。我们将每项指标的当前测量值与 10 年平均值进行比较。如果一个国家当前测量值大幅低于 10 年平均值，那么这个国家排名靠前。如果它当前测量值远高于 10 年平均值，那么该国家排名靠后且甚至可能是空头候选国。我们稍后会举一个数值例子，但最终我们尝试辨别哪些国家排名最靠前，且将它们的估值与摩根士丹利资本国际欧澳远东投资基金（MSCI

EAFE）进行比较。出于比较目的，您可以从基础面和技术两方面分析 iShares MSCI EAFE 交易所交易基金。该基金以代码 EFA 进行交易。一旦我们找到了基本面数据，我们就会进行图表分析。根据 iShares MSCI EAFE 的相对衡量，我们试图确定哪些国家的业绩优于全球市场。比方说，我们的研究筛选出 10 个国家，从我们先前提到的比率来看，这些国家似乎为我们的对冲基金提供了良好的价值。然后，我们可以将这些国家与全球市场以及我们图表上的其他国家进行比较，以确定哪些国家业绩更佳且具有积极发展势头。现实告诉我们，仅仅发现一个国家的价值是不够的。如果投资界其他人也没有看到该国的一些价值，买家将不会竞出高价，而您根本就无法盈利。因而，技术分析也很重要。

从这五项指标的角度来分析一国经济，最简单的方法便是分析该国的交易所交易基金。以一国的交易所交易基金为例，一国的交易所交易基金持有的是这个国家内一批公司的股票资产。例如，代表德国的交易所交易基金以 EWG 这一代码进行交易。如果您研究一下该基金，您会发现该基金在西门子、拜耳、德国电信和大众等公司都有持股。因为此基金是德国的交易指标，我们可以像分析个股一样来分析该交易所交易基金。我们获得的估值并不能很好地代替分析德国 DAX 指数中的每只股票，但该基金将是便于我们做经济分析的良好指标。当您面临大量分析操作时，您不要总是排斥"合理的权宜之计"。

我们以 iShares MSCI 德国交易所交易基金（EWG）为例进行分析，并访问 www.iShares.com。iShares 公司隶属于巴克莱全球投资者公司，在整个交易所交易基金领域，它是不同国家交易所交易基金最大的发行商之一，因此是一个良好的数据来源。进入网站后，在页面左上角的搜索框中输入"EWG"，页面将呈现 iShares MSCI 德国交易所交易基金相关信息。在页面的左侧，您将看到进入 Fund Fact Sheet（基金事实表）的 a.pdf 链接。点击此链接，页面将显示该基金的相关信息。我们在此处引用了 EWG 和 EFA（我们的 MSCI EAFE 指标）基金情况说明书的局部。以 EWG 为指标，我们可以看到德国的市盈率为 14.91，市账率为 1.69，贝塔值为 1.41。在网站部分，它们还列出了 EWG 的收益率约为 1%，EFA 的收益率约为 3%。EFA 的市盈率为 12.69，市账率为 2.06，贝塔值为 1.18。由快速分析我们得知，德国可能不是我们最佳的投资标的国。与 MSCI EAFE 相比，EWG 市盈率较高，收益率较低，且衡量市场波动性和投资风险的贝塔值较高。虽然市账率略低，但终究 EWG 并不像 EFA 那样具有投资吸引力。此外，对比预计增幅评估数据，EWG 变得更加缺乏吸引力。目前，德国的增长预计将持平，而 MSCI EAFE 预计将增长 2%~3%。因此，我们并不希望在这个时候投资德国。当然我们可以投资的国家中有更糟糕的，但为了对冲基金的收益率，我们只希望能选到优中最优。另外，请注意，如果我们从 10 年的历史比较来看德国的估值，德国看上去有点吸引力，但全球市场正在下跌，在此情况下，还有可以代替德国的更具有吸引力的国家市场（见表 4.1）。

表4.1　MSCI德国指数基金（EWG）与MSCI EAFE指数基金（EFA）情况说明书局部

股市行情指标	EWG	股市行情指标	EFA
基金成立日	1996 年 3 月 12 日	基金成立日	2001 年 8 月 14 日
基金开支比率	0.52%	基金开支比率	0.34%
证券交易所	纽交所	证券交易所	纽交所
净资产	3.34 亿美元	净资产	320 亿美元
市盈率	**14.91**	**市盈率**	**12.69**
市账率	**1.69**	**市账率**	**2.09**
持股数量	52 只	持股数量	830 只
基于标普 500 的贝塔值	1.41	基于标普 500 的贝塔值	1.18

资料来源：www.iShares.com。

谨记，您很少会发现那些相比于 MSCI EAFA，其交易的指标估值更具吸引力且有着更高增长率和股息率的国家。然而，您正在寻找的是那些比 MSCI EAFE 更有投资价值的国家，这些国家的增长前景更好。例如，就估值而言，印度和中国目前正在接近 MSCI EAFE，但两者的增长前景均远高于世界其他地区。因此，我们将印度和中国纳入我们的进一步分析名单上，继续对此进行深入研究。

我们还想就评估一国的经济增长提出几点看法。预测增长率对分析至关重要，找到预测数据最便捷的渠道是世界银行网站（www.WorldBank.org）。例如，世界银行预测高收入国家的增长率约为1.2%，而预测发展中国家GDP增长率约为5%。此外，世界银行预测东亚和环太平洋地区的增长率约为7%。如果增幅是我们的唯一考虑因素，显然我们会将研究重点放在东亚和环太平洋地区高增长率的发展中国家。在东亚和环太平洋地区，我们发现中国国民生产总值（GNP）预计增长8.5%左右，而印度尼西亚预计增长5.5%左右。基于"自上而下"的分析，我们轻易而又迅速地锁定这两个国家。如果您在谷歌上搜索"World Bank Forecast Summary"（世界银行预测概要），您将看到一个链接，该链接为您提供了世界上这些区域以及这些区域内许多国家的全部预测数据。

当我们进行国别研究时，增长率固然重要，但这些增长数据的波动性同样重要。换句话说，我们必须分析这些数据，并考虑到有可能实际增长最终与我们预测中的估值大不相同；如果我们更加相信A国增长数据波动性较低而会实现增值，我们宁愿投资增长率为4%的A国，而不愿投资增长率为6%的B国。显然，我们更喜欢B国的预期收益，但该国较高的波动性意味着我们的投资组合可能会因投资失误而出现整体崩盘。

其他因素

基于基本面分析"精挑细选"之后，我们必须考虑国家内部的一些额外因素。在我们尽最大可能选出最佳投资标的国时，我们必须考量特定国家的因素，如通货膨胀、赤字/盈余、货币政策和债务。所有这些因素相互交织，总体上可以让您对某个国家的可投资性有一个很好的了解。让我们对这些因素逐一进行讲解，以便您了解在分析中该关注什么。

通货膨胀 正如我们在前文中提到的，通货膨胀是一个经济体在一段时间内商品价格和服务价格总水平的上升。即使您通常听到通货膨胀是负面的，但它本身并不总是坏事。在正常增长的经济中，总是存在一定程度的通货膨胀，但是当总体价格水平上升时，一国货币的每单位购买量就会减少；因此，如果高于正常水平，通货膨胀就会对经济产生不利影响。例如，未来通胀的不确定性可能会抑制投资和储蓄。如果消费者因担心价格将来会上涨而开始囤积商品，那么高通胀也会导致商品短缺。

通货膨胀是国家经济的一个方面，它还对国家经济生活中的许多其他方面有着重要影响。它影响到利率、汇率、生活成本以及世界其他国家对一个国家政治和经济福祉的信心。事实上,通货膨胀是大多数国家经济形势中不可或缺的一部分,为此,德国通过宪法赋予德意志联邦银行,即德国中央银行遏制通货膨胀的权力。1989年柏林墙倒塌,1990年通货膨胀率上升至2.7%,1993年达到4.1%的高位,德国中央银行为遏制通货膨胀,提高了利率(见图4.2)。

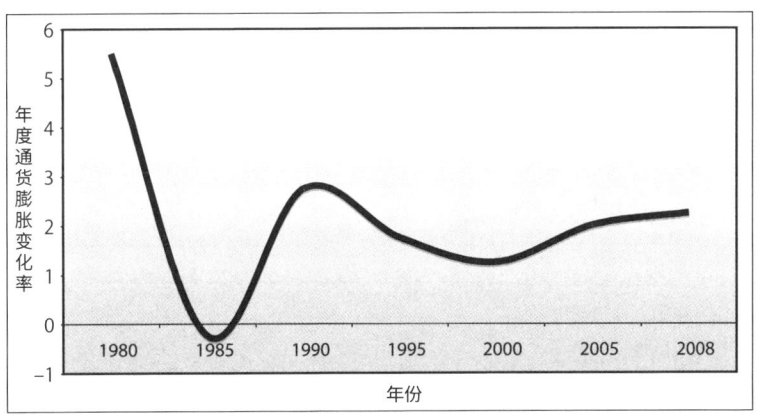

图4.2 德国:通货膨胀、平均消费价格
资料来源:国际货币基金组织。

高通胀往往会在达到令人不安的水平时迫使利率上升,造成这一现象的原因有两个。其一,利率必须高于通货膨胀率,只有这样,利率才能够反映生息资产的实际收益。实际利率简单计算为名义利率或报价利率减去通货膨胀率。因此,如果德国的利率为4%,通货膨胀率为5%,那么该资产的实际收益率将为−1%;当然,如果事先知道要赔1%,没有人会愿意购买这笔投资。其二,世界各地的货币当局倾向于把高利率用作降低通胀的主要工具。了解了这一点,投资者必须关注高通胀国家的政府,以确定其会采用哪些经济政策来平衡通胀。一旦一国经济增长幅度放缓,该国市场对商业活动的吸引力就会减弱。

在关于经济增长的上一节中,我们讨论了中国存在着同样的潜在可能性。不过,如图4.3所示,在撰写本书时,通胀上升的趋势或许是中国经济体制中一大不利因素。如果通胀继续上升,中国人民银行(中国的中央银行)将被迫提高利率，这将减缓经济增长。突然之间，前面我们所研究的 8.5% 的 GDP 增长率会下降为 4%，这将导致中国市场成为一个吸引力较小的投资标的（见图 4.3）。

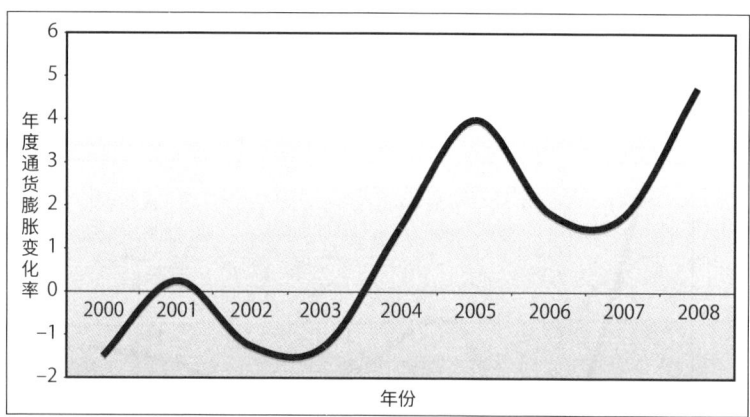

图4.3　中国：通货膨胀
资料来源：国际货币基金组织。

通货膨胀也可能是导致政治不稳定的主要因素。如果政府试图通过调节工资来控制通货膨胀，那么人口的实际收入就会下降，不安定的因素就会随之而来；如果政府采取"观望"态度，经济可能会恶化到实际收入下降的地步。此外，当政府已处于脆弱状态时，实施更严格的金融管制可能具有破坏性。正是由于这些原因，世界各国政府都在努力控制价格水平，避免出现不可控的通货膨胀。

赤字/盈余　一国的国际收支差额涉及一国居民与世界上所有其他国家之间的交易。这些交易中的每一项都属于出口或进口，所有这些交易的主要余额称为经常账户余额。

一国的盈余或赤字对该国没有直接影响，但构成国际收支信息的数据确实会影响汇率，而这显然会影响公司的经营计划。一国的赤字规模通常以 GDP 的百分比来衡量，但也可以用绝对值来衡量。表 4.2 显示了四大经常账户盈余和四大赤字的国家，以百万美元计。图 4.4 显示的是这些国家国际收支差额的变化趋势。

表 4.2 选定经济体的经常账户余额

最高经常账户余额（2007 年估计）	
国家	经常账户余额（百万美元）
中国	371800
德国	254500
日本	210500
沙特阿拉伯	86720
最低经常账户余额（2007 年估计）	
国家	经常账户余额（百万美元）
意大利	−57940
英国	−111000
西班牙	−126300
美国	−731200

资料来源：国际货币基金组织。

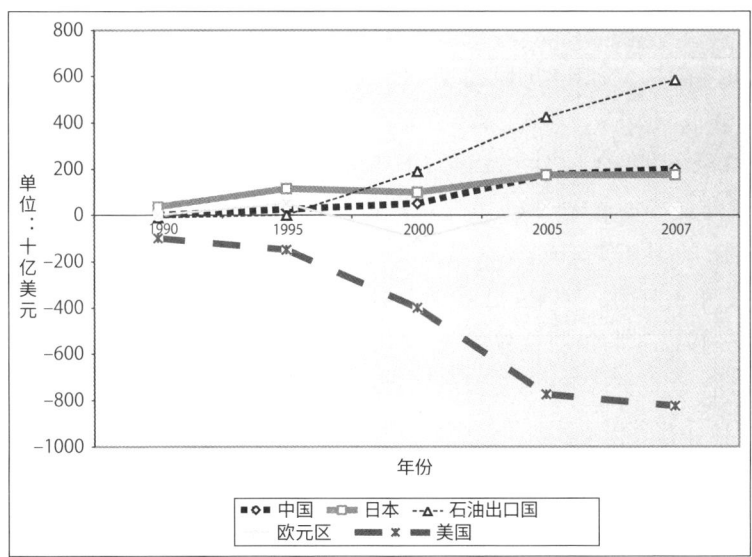

图4.4 国际收支差额趋势图
资料来源：欧洲央行和国际货币基金组织。

解决经常账户赤字只有两种方法，一是限制进口，二是通过提高利率来减缓经济增长，从而减缓进口需求。从投资的角度来看，这两者都不是特别优质的行动方案，因为它们都会削弱投资国对投资者的吸引力。例如，有着5%的GDP增长率和2%的低通胀率的A国可能看起来很有吸引力，但市场总是"向前看"[1]，如果政府计划通过提高利率来减少经常账户赤字，这可能会改变A国的经济格局，使其成为不具有吸引力的投资选择。作为一名对冲基金经理，您需要尽职尽责，不仅要了解一个国家目前的静态经济状况，还要关注它未来的可能趋势。

货币政策 货币政策是一国政府、中央银行或货币当局控制货币供应、货币可用性、货币成本以及利率的手段。政府控制这些因素，以实现一系列面向经济增长和经济稳定的目标。

如果一项政策减少了货币供应量或提高了利率，则该政策被视为"紧缩性政策"。增加货币供应量或降低利率的政策称为"扩张性政策"。货币政策也可以描述如下：如果中央货币当局设定的利率旨在创造经济增长，则是"融通性货币政策"；如果中央货币当局设定的利率既不旨在创造经济增长又不旨在遏制通货膨胀，则是"中性货币政策"；或者，如果旨在降低通货膨胀水平，则是"紧缩货币政策"。

谨记，如果一个国家的监管机构通过改变经济发展取向或采取反自然作用力的措施改变供求关系，那么它就会严重阻碍该国的经济发展。例如，1997年，日本国会在经济走出衰退之际，提高了日本的消费税，因为它担心不断增长的预算赤字会助长未来的通货膨胀。具有讽刺意味的是，这样做不但遏制了日本经济的新生复苏，而且还使该国陷入通货紧缩的困境。

在大萧条时期，美国也犯了类似的错误。在放弃金本位制之后，美国GDP在1934—1937年间以两位数的速度增长，失业率下降近10个百分点，降至15%。但是，美国经济仍然岌岌可危，自我持续的复苏还没有完全站稳脚跟。而且，随着1935年社会保障计划的建立，美国增加了税收。雪上加霜的是，美联储担

---

[1] 指市场信息反映明天和未来；经营决策立足当前、放眼长远，而非只顾当前；营销战略面向开放的国际国内市场，而非囿于巴掌大的本地市场。

心再次出现通货膨胀，将1935年的存款准备金率提高了一倍。结果造成接下来的两年里美国经济出现了深度萧条。

在货币政策方面，令人困惑的是并非所有国家的政策都有相同的目标。货币政策类型之间的差异主要在于货币当局为实现其目标而使用的工具和目标变量。表4.3概述了现行货币政策的类型。

表4.3 主要货币政策及其相关变量和目标

货币政策	目标市场变量	长期目标
通货膨胀目标制	隔夜债务利率	消费者物价指数特定变动率
价格水平目标制	隔夜债务利率	消费者物价指数特定数值
货币总量制	货币供应增长量	消费者物价指数特定变动率
固定汇率制	货币的现货价格	货币的现货价格
金本位制	黄金的现货价格	以黄金价格衡量的低通货膨胀率
混合制	通常利率	通常失业率加消费者物价指数变动率

资料来源：美联储委员会。

债务 一国的外债是该国债务总额中欠国外债权人的部分。债务人可以是公司、政府或私人家庭。20世纪70年代石油成本上升，致使许多国家的外债同步迅速增加。发展中国家向外国政府寻求帮助，为开发所需的进口石油和其他产品筹集资金，因而产生了大量的债务。沉重的债务负担不仅给这些国家，也给这些国家的个股和公司带来了问题。

衡量一国的外债情况有四个方面，但我们只关注两个方面：外债在GDP中的比重和该国的偿债比率，我们认为这二者是最具相关性的。

通过债务占GDP的百分比，我们能够估量一国的外债水平，并将其与世界其他地区的国家进行比较，同时也能对该国承担债务的能力做出判断。单看一国的纯外债规模，我们会觉得该国负债严重，但若将其与世界其他国家相比，该国的外债情况可能显得较为可控。如表4.4，您可以看到世界上债务负担最重的国家的绝对债务水平和占GDP的百分比。美国债台高筑，但从GDP中的占比来看，它比表中其他国家要合理得多。亚洲和太平洋沿岸国家的外债水平往往较低；日本外债占其 GDP 的比重约为 35%，且令人惊讶的是，中国（此表未显示）的外债占其 GDP 的比重仍是个位数（见表 4.4）。

表4.4　世界排名居前的负债国家（基于绝对债务与GDP占比指标）

相对债务负担（2007—2008 年）			
国家	外债（百万美元）	人均外债（美元）	外债占GDP的百分比（%）
美国	13703567	42343	99.95
英国	10450000	189855	376.82
德国	4489000	54604	159.92
爱尔兰	1841000	448032	960.86
日本	1492000	45287	34.93
瑞士	1340000	509529	441.95

资料来源：美国中央情报局世界概况。

偿债比率是利息支付加上本金摊销占出口收入的比率。世界上许多国家仅将其出口收入的 1/4 用于偿还其债务负担。这确实阻碍了经济刺激和经济增长。另一方面，一些国家正在逐步降低债务负担水平。由表 4.5，您可以看到玻利维亚的偿债比率。其百分比并非每年都在下降，但该国的债务水平总体趋势向低。如果偿债比率是我们唯一关心的因素，那么玻利维亚可能会是我们对冲基金不错的投资标的候选国（见表 4.5）。

表4.5　玻利维亚偿债比率

年份	债务额	变动率（%）	累积变动率（%）
1996	25.2	−0.40	−24.78
1997	23.3	−7.54	−30.45
1998	28.6	22.75	−14.63
1999	19	−33.57	−43.28
2000	18.3	−3.68	−45.37
2001	17.1	−6.56	−48.96

(续表)

年份	债务额	变动率（%）	累积变动率（%）
2002	17.6	2.92	−47.96
2003	20	13.64	−40.30
2004	12.6	−37.00	−62.39

资料来源：Indexmundi.com。

总的来说，一个国家的债务本身并不是该国的负面特征。事实上，一个国家对债务的利用可以是其实力的标志。但是，无法偿还的债务水平可能会造成不稳定的政治经济环境。此外，在这样的环境中，政府可能被迫采取各种措施来控制其债务水平，包括减缓经济增长。

文化环境

文化包括基于态度、原则和信仰的特定习得规范，它存在于每个社会之中。可想而知，文化因素是非常主观的因素。由于无法用任何有效方式来量化文化成分，我们甚至考虑过是否在本书中加入关于此话题的章节。不过，文化是分析国家及其业务活动或管理风格的重要数据集。您在分析位于世界不同地区的公司时，应首先确定对您来说正常的商业行为是否也适宜于他国。假若商业行为在实质上有所不同，必要时您得决定您的分析该做何调整。

让我们来看个例子。在不久之前，日本银行给公司提高贷款但不收取利息的举措并不罕见。银行以获得接受贷款公司的股份代替利息。而今，日本作为一个民族主义国家，银行仍采用这种做法来支持公司发展，并在公司利用贷款提高盈利能力的同时受益。那么这种做法的致命缺陷是什么？股市崩盘时，银行基本上破产了；它们没有现金储备，而是拥有大量的股票投资组合。在这样的商业环境下，许多投资者会损失大量资金，这是基于商业行为的文化特点可以被预见的。

如果您深入研究，您会发现国家可以被分组，同一个组别的国家之间具有文化的相似性。我们看到的是一条共同的主线，它们有着许多有助于塑造其文化的相同属性，例如语言、宗教、地理位置、种族和经济发展水平。图4.5便展示了根据大量跨文化研究得出的数据，各国是如何按照文化态度和文化理念分类的。地理相连、文化相接的区域内文化差异较小，在此种情况下，作为全球性对冲基金经理,您可以做出投资决策(见图4.5)。

图4.5 基于文化相似性的世界区域观

政治/法律环境

您应该注意到,政府部门间的行动并不总是一致的。例如,在美国,至少有三个政府机构共同负责监管非农业出口:国务院、国防部和商务部——然而,每个机构都有一个不同于其他机构的主要焦点,这意味着每个机构在如何管制出口方面会有与其他机构不同的观点。对全球投资者来说,评估政府行为的一个重要方面是密切关注那些似乎倾向于在私营公司持有所有权的政府。我们"一贯猜测"的那些国家并不经常发生公司国有化。事实上,2009年的美国就有案例可以证明,一些来自几个最负盛名的行业的公司正面临国有化。让我们快速看一看近代史上一些众所周知的国有化案例:

- 1946年:第二次世界大战后,波兰人民共和国将所有雇员超过50人的企业收归国有。
- 1947年:澳大利亚将该国领先的航空公司坎塔斯(Quantas)国有化。
- 1959年:古巴卡斯特罗政权逐渐对所有外国私营公司进行国有化。
- 1975年:加拿大萨斯喀彻温省将钾碱工业的一部分国有化。许多钾碱生产商同意向政府出售,未被国有化。

第四章 全球股票市场盈利技巧
Chapter 4 Key Strategies for Realizing Winning Returns in Foreign Equities

- 2006年：新当选的玻利维亚领导人埃沃·莫拉莱斯（Evo Morales）宣布将该国天然气工业国有化的计划，给予外国公司6个月时间重新协商其现有合同。
- 2008—2009年：为防止破产，世界各地无数的银行和金融机构部分或完全国有化，包括美国的房利美（Fannie Mae）和房地美（Freddie Mac）。

对冲基金经理投资国际市场时，其主要担忧在于无论公司基本面如何，政治环境都将发生变化，而在其变化之下，他们的投资股权会被弱化甚至消失。虽然没有数学公式可以用来确定这些变化的可能性或影响，但是，对政治因素保持持续的关注，包括密切关注全球性事件和政治意图，这至关重要。如果不把每天密切关注世界新闻纳入分析方案中，您就不可能成为一个成功的全球投资者。

国别技术分析

我们再来谈谈国家经济分析的技术层面，同时研读一些走势图。正如前文中提到的，我们在评估国家、行业和个股时运用基本面分析和技术分析。需要注意的一点是，在下面的图示中，我们使用 MSCI EAFE 指数作为基准指数并比较我们投资意向国的动向。

我们在 www.StockCharts.com 网站的"Sharpcharts"部分输入了交易代码"INP：EFA"，绘制出走势图4.6。该图反映了与以 MSCI EAFE ETF（EFA）衡量的世界其他地区相比，以 iPath MSCI India ETF（INP）衡量的印度业绩状况。如向上趋势箭头所示，显而易见的是，以 EFA 指数为参照，印度的业绩优于世界其他国家。

再来看图4.7。这是个简单的股票走势图，它以 iShares 日本交易所交易基金（EWJ）为指标，展示了日本市场业绩。从表面上看，该走势图传递出正面信息：该 ETF 趋向走高，两支移动平均线均向上，而异同移动平均线（MACD）近期出现正交叉。有什么不对吗？您被这个简单的图表迷惑了。该图的确传递了正面信息，但在该图显示的时间范围内，全球市场正在复苏，因而仅仅考虑一个国家的市场变化趋势是不够的。作为一名全球性对冲基金经理，您必须问问自己，是否应该将您的美元资金投资于该国。答案应该不只在对图4.7的分析之中。

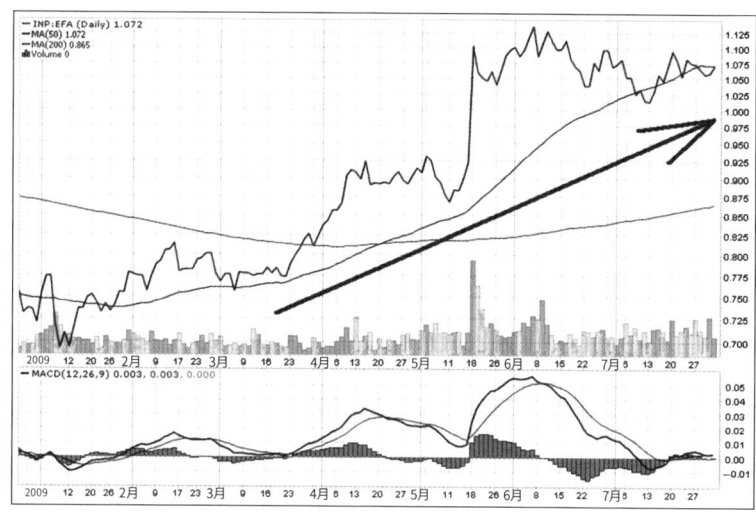

图4.6 2009年上半年印度股票市场业绩 vs. 全球股票市场业绩

资料来源：StockCharts.com。

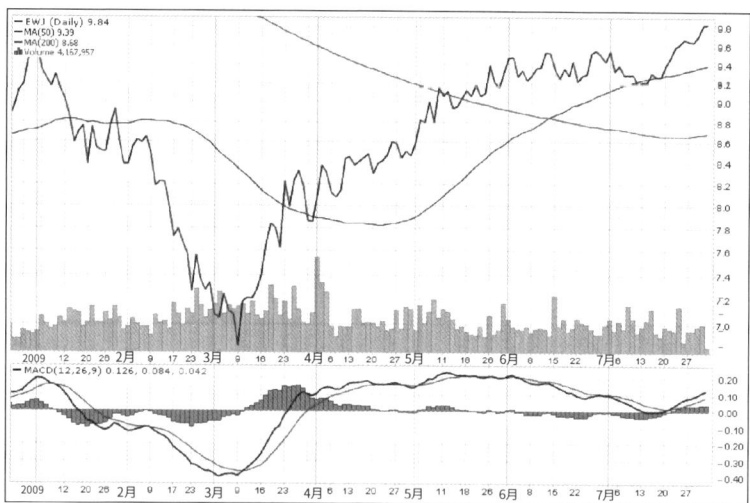

图4.7 2009年上半年日本股票市场业绩

资料来源：StockCharts.com。

再来看看图 4.8，并与图 4.7 做对比。图 4.8 反映的是以 iShares 日本交易所交易基金（EWJ）衡量的日本市场业绩与以 MSCI EAFE 衡量的全球市场业绩之间的对比情况。

键入交易代码"EWJ：EFA"，我们就可以得到这一图示。如向下趋势箭头所示，由于日本市场趋势与我们的参照基准并没有保持同向趋势，日本不是我们投资组合中会考虑到的国家。如果我们投资 EWJ，我们便会错过世界最具可能的投资地，而且与印度这样的国家相比，投资日本会产生机会成本。这便是该简单图示给您带来迷惑的地方。如果不比较这些国家的相对业绩，您可能会错失更大的投资格局。

产业/行业分析

作为对冲基金经理，您所做的产业分析也很重要。有些对冲基金经理会认为，产业分析比全球研究或者国别研究更加重要。如果您推测软件产业准备有经济大动作而且推测无误，即使您不是最佳选股人，也能够在该产业内获得巨额利润。个股的命运与其所在产业的命运息息相关。事实上，历史研究表明，多达 65%～70% 的个股变化都取决于它们所在的行业业绩，如果这样的数据在未来依

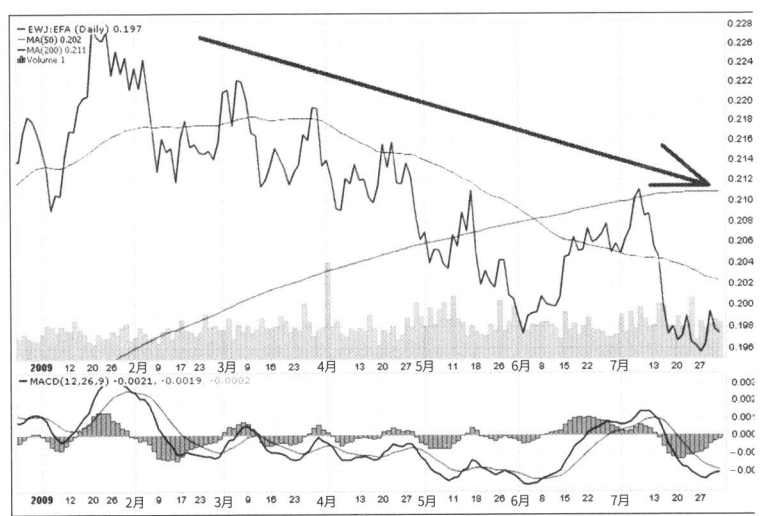

图4.8　2009年上半年日本股票市场业绩 vs. 全球股票市场业绩
资料来源：StockCharts.com。

然成立的话，就应该选择发展强劲的行业组别去投资，这样，即使不考虑一定时期全球市场的特点，也能够有机会成为成功的对冲基金经理。

同样，就定义而言，"产业"是一群以类似的方式创造收入的公司，在经济周期中往往同时涨跌；"行业"是我们通常用来描述下一级较小产业集群的术语。标准普尔跟进的产业有基础产业、金融业、技术产业、工业、能源产业、消费者日常用品产业、消费者服务业、公用事业和运输业以及周期型产业。

现今引领全球股市的行业和股票，在未来几年可能不会再成为领先者。比方说，日本电子产品制造商——赤井电机株式会社（Akai Electric Corp.），成立于1929 年，几十年来一直是世界上最大的电子产品制造商之一。在获利最多的年份中，它的产品涵盖磁带录音机、调谐器、录音卡带、放大器、录像机和扬声器。一般认为，赤井电机制造出了 20 世纪 70 年代最好的八声道单放机。由此您已经明白我们谈及这些的原因。如果您是 20 世纪 70 年代的对冲基金经理，您肯定会将赤井电机视为技术领域的投资标的。但如果我们快进到 2004 年，您会看到赤井电机因破产倒闭而被中国香港的格兰德集团（Grande Group）收购，而这一收购主要是冲着赤井电机这一品牌的名气。关键在于产业和行业都在变化，推动这些行业的齿轮也在发生变化。

我们经常在投资者身上看到的一个错误行为是，他们总是希望"吃回头草"，他们总想尝试购买过去获利的股票。这是人性的一方面，我们可以理解，这是一种"追求安逸的机制"，如果愿意的话，投资者可以回头购买此前获利的股票——但若不重新进行行业分析，这样做是要承担风险的。如果在 20 世纪 90 年代末，您对赤井电机的投资也屈服于这一行为本能，您会满盘皆输。

我们将从基本面分析和技术分析两个角度来研究我们的行业股。我们认为您应该将技术分析纳入您的研究，其中一个较少考虑但仍然重要的原因是，国家、公司和行业中都存在谎言。我们都很清楚，在投资界的各个领域都有一些不道德的人，他们的确会在各种基本面上欺骗投资者。我们真的需要通过世界通信公司或安然公司来证明一家公司的管理层是多么腐败和具有欺骗性吗？在这方面，请看一下安然公司的股票走势图。可怕之处在于，如果您只进行基本面分析，您可能会持续购买安然股票直到它跌入低位。管理层欺骗投资者，并提供不合理数据；在当时，从基本面分析您得出该股可买入，但通过技术分析，问题则会暴露出来

（见图 4.9）。

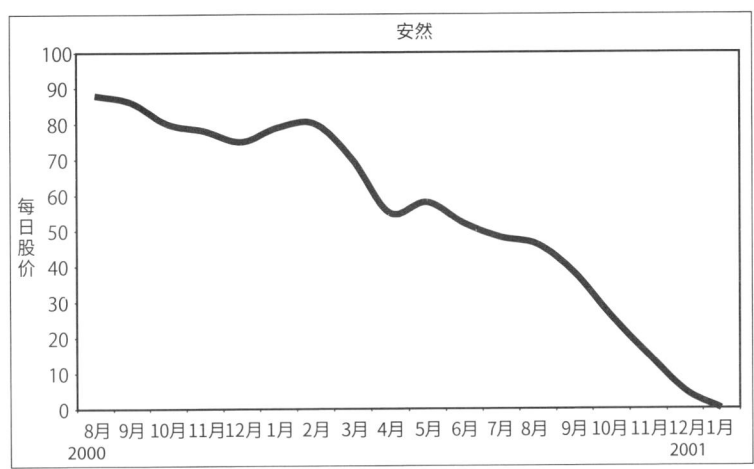

图4.9 安然公司倒闭期的股票走势图
资料来源：MSN Encarta网站。

现在，如果您认为公司存在欺骗行为，等着国家和联合企业为您提供信息，情况又会怎样呢？当我们面对石油输出国家组织（OPEC）这样的国家卡特尔时，您应该如何分析世界石油供应？它们设定了配额水平，但是，所有成员国都不遵守限产指标。解决这些问题的办法是将这两种分析方法结合起来，以便更全面地了解当下局势。我们进行行业分析时，要先从基本面分析入手，然后进入技术分析层面。

行业基本面分析

行业分析有多种方式，但对冲基金经理与机构分析师普遍采用下列方式（资料来源：特许金融分析师协会）：

- **行业类别分析**

  生命周期阶段

  商业周期

- **外部因素分析**
    技术
    政府
    社会
    人口统计
    外国
- **需求分析**
- **盈利能力分析**
- **国际竞争与国际市场分析**

行业类别分析

行业通常根据其生命周期和商业周期进行分类。生命周期是指一个行业从诞生到死亡的有机寿命，而商业周期涉及行业与宏观经济影响的关系及其对后者的反应。下面我们对每一项进行解释。

按行业生命周期定位分类　从一般意义上讲，行业是由它们生产的产品或提供的服务来定义的。银行、保险公司和经纪公司都属于金融服务业范畴，但每项都代表金融服务子产业或行业；行业只是整个产业的深层细分。书籍、报纸和杂志出版商都是广泛出版产业的组成部分，但每个都属于出版产业的特定行业。作为投资者，您会依赖广泛意义上的分类和关联，但在分析的过程中，您应当根据某些经济特征对这些产业进一步细分。

随便挑本公司财务手册，您会发现最广泛使用的细分工具是行业生命周期。它包括一个行业从出现到消失的四个阶段：幼稚期、成长期、成熟期、衰退期。

1. **幼稚期：**幼稚期是行业立足风险最大的阶段。在该阶段，行业正努力为其产品建立一个利基市场，未来的领导者正尝试为他们所相信的指数增长做好准备。巨大的上行潜力吸引着投资者，但作为其中一员，您最好记住，70% 初创企业都以失败而告终。

2. **成长期：**成长期是最激动人心的阶段，也是投资者通常会获得巨额利润的阶段。在此阶段，行业的产品为大众所接受，新产品层出不穷、增长加速。不幸的是，作为投资者／分析师，您几乎无法对产品的未来需求做出比较分析。那么，摆在您面前的一个重大问题是，该行业的发展前景和发展速度如何？大多数情况下，成长型公司不受商业周期的约束，这说明什么呢？如果您精通全球产业博弈，无论在怎样的全球经济环境下，您都能够获利。

3. 成熟期：在这一阶段，行业发展趋势越来越接近于全球经济增长趋势。如果经济增长 2.5%，该行业的销售额也会增长 2.5%。在成熟行业中，您仍然能够发现几家成长性强的公司，但这样的公司少之又少，且成长性并不十分显著。在该阶段，一家公司具有成长性，无外乎有两个途径：其一，它可以创造更好的产品，即该公司生产的产品优于其竞争对手生产的产品。多年来，我们看到在汽车行业就存在这样的情况。尽管福特和通用汽车收益平平，但丰田和本田的产品需求强劲。另外，在成熟行业，公司因面对更多竞争者，还会面临原材料涨价压力。

4. 衰退期：在这一阶段，行业面临消费者偏好和技术变化的压力，产品需求稳步下降。一旦这些行业中市场对公司产品不再有需求，许多个体公司都会倒闭，能够继续生存下来的公司都将前期获得的资金流投资于其他更有生命力的行业。在当今市场条件下，许多这样的公司都在进行跨国投资。在这个阶段，最终形成跨国公司海外投资，在海外设立投资银行的主要动机是，通过海外投资银行对它们过剩的美元进行理智投资。正是基于这样的背景，迪士尼、英特尔和微软等公司都有自己的投资银行业务。

按商业周期分类 除了行业生命周期之外，全球投资界还以行业对正常经济周期或商业周期的反应模式来确定它们的特征。商业周期是指一个经济体在很长一段时间内经历的经济活动循环波动现象。商业周期包括五个阶段，分别是增长阶段或扩展阶段、高涨阶段、萧条阶段或收缩阶段、危机阶段和复苏阶段。众所周知，全球经济并非永远呈现出直线的增长态势，通常在 5～10 年间就会出现一次典型的经济周期。在大多数情况下，全球市场特别是那些发达市场，都会共同经历经济周期的各个阶段。在这方面，美国经济是全球经济的标杆，大多数外国经济将其作为（此时）全球最具实力、最具影响力的经济体来追随。

看一下图 4.10，您就能够有一个初步的了解。首先我们要指出的是，股票市场变化总是超前于经济周期变化至少 6 个月。图中的中部隆起部分显示的是股票市场周期，右侧的隆起部分显示的是经济周期。就直觉而言，市场参与者并不关注经济周期，而是关注居于经济周期前面的股市周期。

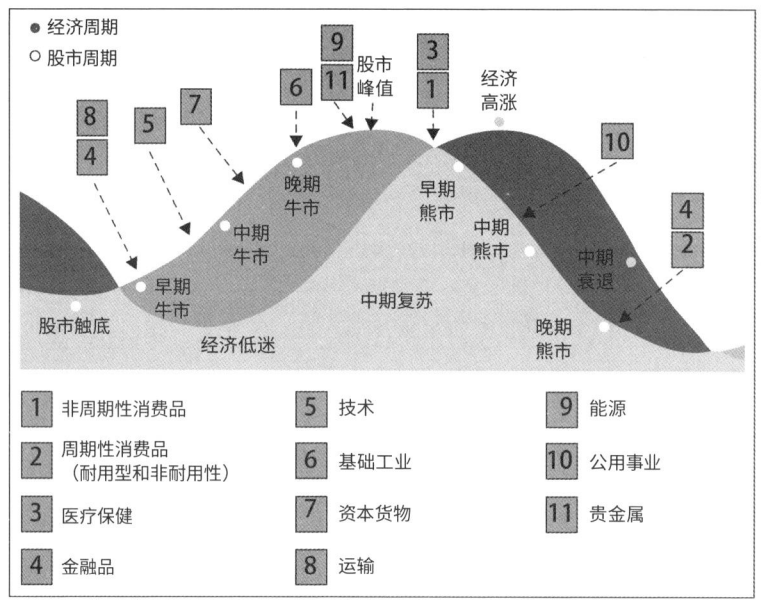

图4.10 股票市场与经济周期的关系
资料来源：标准普尔。

在经济周期的任何特定时刻，一些特定的行业或产业将引领全球市场。从图4.10可以看出，在熊市的早期阶段，最好的投资领域是非周期性消费品或消费必需品，以及医疗保健品。因此，如果您认为经济生活将进入全球萧条阶段，您就要研究美国强生、德国拜耳或日本武田制药等医疗保健行业股。此外，您应该考虑消费必需品行业股，如瑞士雀巢、比利时英博或美国金伯利—克拉克公司的股票。如果您是风险规避者，您可以选择投资涵盖了这些行业的交易所交易基金，也许还有像先锋日用消费品基金（VDC）这样的基金。

投资者大而化之地分析整个全球行业时，犯的是产业分析中常见的错误；而若分析师大而化之地对整个行业进行跨国界分析，那便犯了大忌。例如，在20世纪90年代末和21世纪初，无线公司使美国市场以及全球大多数工业化国家的市场饱和。斯普林特通信（Sprint）、美国电话电报无线公司（AT&T Wireless）和威瑞森电信（Verizon）等服务供应商都赚得盆满钵满，在此期间收入和收益实现了两位数的巨幅增长。然而，市场最终变得过度饱和，随之而来的是价格大战。这些公司经历了它们最好的时光。这个行业已经成熟。从 2009 年开始，全球许多新兴市场国家开始了它们的扩展周期阶段。看看下图中的对比：从 2001 到 2007 年，中国移动（CHL）和墨西哥美洲电信公司（AMX）的收益都增长了 4 倍多。在同一时期，威瑞森电信公司和新合并的斯普林特—奈科斯特（SprintNextel）通信公司使出浑身解数也不能阻止收益下滑（见图 4.11）。

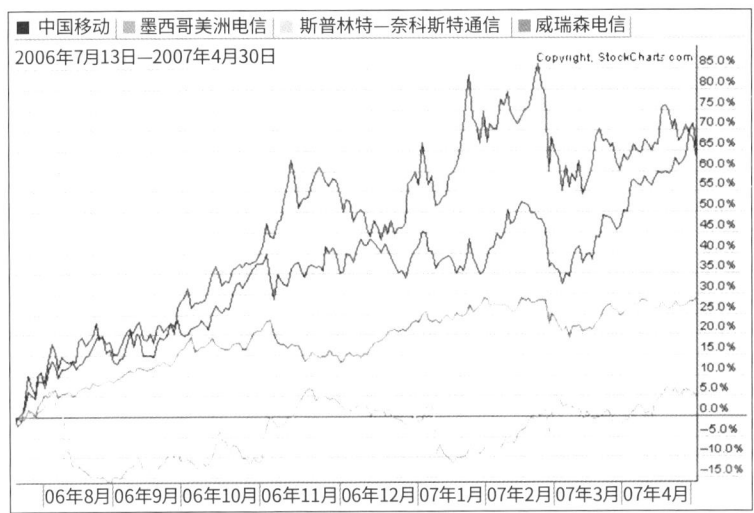

图 4.11　2006 年 7 月—2007 年 4 月中国移动、墨西哥美洲电信、斯普林特—奈科斯特通信公司和威瑞森电信的对比研究

资料来源：Fxaccucharts.com。

正如图 4.12 所示，全球许多新兴市场的领先无线服务供应商因其股票价格而获得了巨大的收益，而威瑞森电信和斯普林特—奈科斯特通信等公司却给它们的股东造成了亏损。

您或许可以研究一下工业化国家的历史趋势，并由此推断新兴市场走势；美国现在的高增长行业可能是未来全球其他地方的巨额盈利领域。在任何情况下，您都不希望仅仅因为某个行业不适合某个特定国家，而将其全球效应大打折扣。一个国家或地区的成熟行业在另一个国家或地区很容易成为高增长行业。

中国移动			墨西哥美洲电信			斯普林特—奈科斯特通信			威瑞森电信		
年份	每股利润($)	价格($) 高 低	年份(12月)	每股利润($)	价格($) 高 低	年份(12月)	每股利润($)	价格($) 高 低	年份(12月)	每股利润($)	价格($) 高 低
2001	0.91	33 13	2001	0.12	7 3	2001	1.05	26 16	2001	3.14	55 41
2002	1.03	18 11	2002	0.33	6 3	2002	0.40	18 6	2002	3.08	48 24
2003	1.09	15 9	2003	0.72	9 4	2003	0.63	15 9	2003	2.58	42 29
2004	1.28	18 12	2004	0.75	17 9	2004	0.94	23 14	2004	2.51	40 32
2005	1.65	26 14	2005	1.61	31 15	2005	0.95	24 19	2005	2.07	39 27
2006	2.08	45 22	2006	2.15	46 26	2006	1.18	24 15	2006	2.06	37 28
2007	2.85	104 40	2007	3.00	69 41	2007	0.88	23 12	2007	2.36	46 35

www.InvestorsPassport.com

图4.12　2001—2007年中国移动、墨西哥美洲电信、斯普林特—奈科斯特通信和威瑞森电信的股价对比研究

资料来源：www.StockCharts.com。

外部因素分析

没有一个行业是在真空中运作的，所有行业都受到外部因素的影响，它们可以显著影响公司的日常运营（并因此影响它们的收益）。外部因素主要分为五个类别：

1. **技术**：关注技术，因为技术是公司的生存之本。一家公司拥有先进的产品或服务并不一定意味着其技术永远处于前沿。一个明显的例子是，唱片机行业随着CD播放器的出现而过时。

2. **政府**：政府税收、法律和法规影响着全世界的每个行业，不同国家政府的干预水平有很大不同。重要的是，您不仅要了解某一特定政府当前对某个行业的干预程度，还要了解您所投资国家的文化，因为政府的干预水平可能会发生巨大变化。在英国和美国等国家，您看不到政府干预水平的突然变化，但在俄罗斯这样的国家，情况就有所不同了。2003年，俄罗斯政府控制了该国最大的石油公司之一——尤科斯石油公司。该公司的CEO，亿万富翁米哈伊尔·霍多尔科夫斯基（Mikhail Khodorkovsky）被送进监狱，公司的所有资产被重新配置。2006年8月，俄罗斯法院宣布该公司破产。鉴于政府"介入"的倾向，如果您是这样一个国家的公司债务持有人，您会有何感受？

3. **社会变化**：社会因素归结起来有两种类别：生活方式变化和时尚变化。这两者中，时尚变化的可预测性较低，您需要注意不要将短期时尚周期当成长期趋势。相比之下，生活方式的变化发生时间长，但仍会产生显著的经济影响。例如，

在过去 10 年中，我们看到了全球对健康意识的重大转变，这引起了人均烈酒消费量的下降。

4. **人口统计**：人口统计学是对所有人口的统计研究。人口因素的影响是如何改变投资格局的呢？根据人口统计资料，几年前的马来西亚，大约 50% 的人口在 21 岁以下，基于啤酒、葡萄酒和白酒消费增长预期，有一个领域是在马来西亚投资应该关注的，那就是含酒精饮料产业。此外，通过人口研究，我们知道许多新兴市场国家的人均收入稳步上升，人们对电子设备以及未来公共品的需求不断增长，这自然应当成为您投资分析的关注点。这两个例子很简单，但它们说明了要点。请注意，人口变化趋势是长期内才能显现的，因此，这种趋势很容易识别。

5. **外国影响**：随着全球贸易的扩张，全球经济流动性加强，各行业对外国影响变得更加敏感。例如，当前情况下，美国经济显然严重依赖石油进口。在 2007 和 2008 年油价大幅上涨时，美国经济明显放缓。尽管这只是开始于 2007 年的大衰退的部分原因，但它仍然是一个重要因素，而且不可能因为美国政府的行为而产生正面影响。

需求分析

如果您做过股票分析，您就会明白收益推动着公司发展，也推动着与公司相关的股票价格上升。如果您想在股票中获利，您需要了解其产品或服务背后的需求驱动因素。需求分析的主要方式有三种：

1. **"自上而下"的需求分析**：通过"自上而下"的分析，我们寻找与行业需求数据密切相关的具体宏观经济变量。例如，墨西哥水泥需求增长率历来是 GDP 增长率的 1.7 倍。因此，如果您正在分析全球第三大水泥生产商西麦斯（Cemex），您可以使用 GDP 增长预测来帮助您预测公司的需求数据。

2. **行业生命周期**：我们在前文中讨论了行业生命周期，并对其每个发展阶段进行了界定。在需求分析中，我们可以根据行业所在周期的不同阶段来预测需求。例如，法国的食品行业无疑是个成熟的行业。因此，我们预测它与 GDP 同步增长。如果我们预计法国 GDP 每年增长 3%，那么其食品行业每年增长也为 3%，这样，我们就可以进行需求分析。

3. 外部因素：许多行业的成长具有相当大的一致性和稳定性。因此，大多数外部因素的影响对它们来说是可预测的。在其他行业，外部因素往往有些不可预测，并可能对您的需求数据带来破坏性影响。

盈利能力和定价

作为对冲基金经理，您当然希望将精力集中在有利可图的行业上。实际上，如果销售增长强劲的公司盈利能力下降，为什么还要投资它呢？盈利能力是任何公司或行业增长能力的主要驱动力。此外，盈利能力趋势与盈利能力水平同样重要。如果预计某一特定行业今年销售额会增长，但盈利能力却在下降，那么该行业并不像简单的收入数据所表明的那样有价值。一个行业的定价权是其盈利能力中不可或缺的组成部分。

国际因素

国际行业分析不仅必须评估行业的世界供应、需求、盈利能力和成本要素的影响，还须评估会计惯例导致的不同估值水平的影响，最后还须评估汇率对整个行业和其下属公司的影响。

从商业和总体经济互动的角度来看，世界正迅速变得无国界。这一现实在石油、金属和食品等行业早已是老生常谈，在纺织、化学品和技术等其他具有高度影响力的行业也显而易见。事实上，标准普尔500指数成分股公司收益的40%以上源于国际业务运营，而且这个数字在未来几年只会增长。

成功投资跨国行业的关键是首先要对行业本身有深入的了解。您需要非常熟悉您投入对冲基金资源的任何行业，而且要高度熟悉您所投资的行业在外国市场的经营情况。为此，您的行业资讯的质量至关重要。接下来，我们将向您介绍一些用于研究全球行业的资源，以便为我们管理的账户服务。

行业出版物

《标准普尔行业调查》（*Standard & Poor's Industry Survey*）：这是一部两卷本的参考书，分为34个部分，涉及69个主要行业。

《标准普尔分析师手册》（*Standard & Poor's Analysts Handbook*）：该手册包含选定的收入账户和资产负债表项目，以及相关的财务比率。运用这个手册，就可以比较分析影响行业运动的主要因素。

《价值链行业调查》（*Value Line Industry Survey*）：该调查包含91个行业的资产及收益的统计摘要，并重点列出其他重要和高效用的比率。该调查还提供行业股票价格指数，以及为特定行业内的所有个体公司提供比较数据的表格，并根据及时性、安全性和财务实力进行了排名。其中的讨论考虑了影响特定行业的相关因素，并提出了对投资者的总体建议。

行业杂志　杂志似乎对某些人来说是一种不够严谨的资源，但它们实际上是数据和及时信息的绝佳来源。许多行业都以多种高知名度的期刊为代表，《计算机》《今日房地产》《汽车新闻》等杂志分别是计算机、房地产和汽车行业中主动型投资者的重要信息来源。

行业协会　行业协会是由与行业有某种内在联系的人建立的组织，旨在就教育、解决问题和游说等主题向从业人员提供信息。在追求这些目标的过程中，协会通常会收集大量的统计数据，而这些统计数据将在您的研究中非常有用。谷歌快速搜索一下，您便能找到代表不同行业的协会。我们总是尽可能多地获取行业协会信息，因为在这一方面的辛勤努力经常会让我们挖掘到宝贵信息，这些信息让我们了解某一特定行业下一步发生的事情，尤其是其在全球方向上的变化情况。

行业技术分析

从技术角度来看，我们的主要目标是直观地识别出世界各地目前正在引领全球市场或未来将步入领导地位的行业和产业。请注意，我们的技术经验在某种程度上是普遍适用的，因为无论您是在分析国家、行业/产业还是个股，它们都能为您所用。事实上，我们在关于货币交易的第六章中讨论的大多数模式也与个股有关；我们不想在整本书中重复相同的技术思想——其中许多技术经验普遍适用于不同类型的投资。因此，我们在做国别分析时所使用的业绩对比分析是我们在此重复讨论的内容，便于您能了解它在全球产业分析中的作用。产业技术分析有两种主要方式：趋势分析和对比分析。

趋势分析

与大多数类型的交易方法一样，趋势分析的方法也不止一种。但是，我们有一种辨别良好趋势分析的方法，它涉及一种主要技术工具，并结合了几个确认指标。让我们分别来了解下这些指标。

趋势线分析 我们的方法从趋势线分析开始。通过对图示的判断来揭示价格变动趋势。通常的做法是，在上升的市场图示中，将处于低点的上升趋势点连接成一条直线，用同样的方法，也可以将处于最高点的向下趋势点连接起来。这些直线被称为趋势线，是一种简单而有用的工具，可以用来揭示全球不同国家、不同行业的变化趋势。事实上，趋势线是我们分析方法的基础。正确的趋势线必须连接两个或多个高峰点或低谷点。通常，我们看到人们构造的趋势线只触及一个点。这是一个根本性的重大失误，因为每当您绘制或解读趋势线时，您都不能忘记真正的趋势线是表示潜在趋势的图形方式。因此，如果它只触及一个点，那么它就不是真正的趋势线。此外，趋势线由越多的峰值点或谷值点绘制而得，趋势线效用就越大。下个图示便说明了这一点。

看一看图 4.13 所显示的 iShares 全球能源 ETF（IXC）走势。如图所示，我们的全球能源产业经历了 5 年牛市。在这个案例中，趋势线由 5 个不同时间点的谷值绘制，这使其成为一个非常重要的长期趋势线。当 IXC 这一趋势线最终下行时，我们知道，2003 年低谷期后，一次重要的市场领导力变革由此产生。趋势变更前，一直是能源股引领着全球所有产业。这是能源产业中一个明显的市场变化，事实证明，这也是整个消费产业变化的前兆。同时也需注意，能源产业的基本面直到趋势变更都看上去很好。不过，精明的投资者知道市场表面之下暗流涌动，全球经济衰退将导致油价急剧下跌。此外，虽然在该长期图表上有点难以看到，但在 IXC 上升趋势变更之后，它的价格还在该区间巩固了一段时间。作为对冲基金经理，您可以使用这种类型的巩固来建立您的头寸，而在这种情况下您的持仓将会是空头。在分析了无数的走势图之后，我们认为可以准确地说，趋势变更的 80%～85% 的股票、行业和市场会在某个时候回调该趋势线。因而，您不必过于急功近利地确立头寸，可以运用检验的结果和统筹的投资方法来确立您的头寸（见图 4.13）。

图4.13 iShares全球能源ETF（IXC）走势
资料来源：Esignal.com。

下面两个指标是在我们的投资策略中所使用的确认性指标。这两个指标确认了我们基于趋势线的观察。将图示／趋势线与其他指标相结合，有助于证明行业是否真的发生了市场变化。

平衡成交量　平衡成交量（OBV，又称累积能量线，俗称能量潮）是衡量整个市场个股的最佳确认性指标之一。平衡成交量由约瑟夫·格兰维尔（Joseph Granville）在1963年提出，其著作《格兰维尔的股市获利新钥匙》（*Granville's New Key to Market Profits*，1963）对此有所阐释。

平衡成交量指标是一种动量指标，可测量正负成交量。通过对平衡成交量指标有关理论的阅读，可知格兰维尔显然把成交量看作市场背后的驱动力。该指标旨在预测股票和市场何时会出现重大变动，以及显示成交量的增减，设定平衡成交量指标趋势线的新高点或新低点，而该趋势线图示被形容为"发条紧密的弹簧"。格兰威尔接着解释了他的理论，他说，当成交量急剧增加或减少且基本发行的价格并没有显著变化时，市场价格会在某个时刻急剧上升或下跌。我们在这个颇有价值的理论中看到一些有趣的现象。看来，随着机构开始买入散户投资者仍在抛售的股票，价格在小幅下跌或趋于平稳，成交量在不断增加。一段时间过后，成交量开始推动价格上涨，随着机构开始出售其头寸而散户投资者开始再次累积头寸，价格又会反过来促进成交量。机构以底价买入普通投资者的股票或交易所交易基金，然后又以高价卖回给普通投资者，由此我们看到"行家投资"概念的实例，您还可以看到平衡成交量指标如何预示重大的趋势转变。

让我们来看个示例，了解下平衡成交量指标如何给您提供关于行业下一阶段价格方向的早期信号。图4.14是有关全球行业交易所交易基金和iShares全球金融交易所交易基金（IXG）的行情图示。如图所示，IXG多年来一直走高。诚然，自2000年熊市以来，全球金融服务业一直是最大的赢家之一。该平衡成交量指标线持续走高，证明了教科书所说的IXG的交易量上升的趋势，这种趋势一直持续到2007年中期。在该时间点上，IXG像是在触顶，而平衡成交量指标在IXG大量抛售之前确认了这一点。请注意，IXG在2007年4月达到了一个新的高峰，此时价格约为95美元，而平衡成交量指标正确认了这一新高。2007年底，IXG重新验证了这个新高，但平衡成交量指标并没有确认这一新高。在这种情况下，平衡成交量指标告诉我们的是，世界各地的机构投资者知道该行业市场正在走下坡路，正在悄悄将自己手中的股票倒卖给投资新手。下一个图示便显示了2007年中期至2009年初全球金融业市场的惨淡（见图4.14和图4.15）。

关于平衡成交量指标的基本假设是，平衡成交量变化先于价格变化。该理论认为，通过上涨或下跌的平衡成交量可以看到行家的投资资金（机构资金）流入或流出行业。当大众资金随后流入行业时，行业股和平衡成交量都将大幅上涨；如果该行业股的价格波动先于平衡成交量走势，则出现"非确认"，投资者这时便该谨慎行事。

相对强弱指数 总体来看，绝大多数行业都是不断向前发展的。然而，作为交易者，我们的资金只能投资于"最优股"。当谈到如何定义这些"最优"行业股时，很少有指标比相对强弱指数（RSI）更有效。RSI旨在比较一段时间内股票/指数收盘涨数与收盘跌数。这是一种相当简单的计量工具，任何人都可以使用，大多数软件都能生成这一指标。

RSI的取值范围是0~100。RSI大于或等于70，则该股票出现超买。这标准也并非一成不变，在牛市中，有些人认为RSI大于或等于80才意味着超买，因为在牛市期间股票通常以较高的估值进行交易。同样，如果RSI接近30，则股

第四章　全球股票市场盈利技巧
Chapter 4　Key Strategies for Realizing Winning Returns in Foreign Equities

图4.14　2003—2008年iShares全球金融ETF（IXG）价格走势和平衡成交量指标图示
资料来源：esignal.com。

图4.15　截至2009年初iShares全球金融ETF（IXG）价格走势和平衡成交量指标图示
资料来源：esignal.com。

票被视为超卖,您应该考虑买入(在熊市中该数值应调整为 20,因为熊市中大多数股票往往会被过度抛售)。此外,与许多指标一样,RSI 趋势线可用于确定股票或行业走强或走弱的趋势。

图 4.16 显示了 iShares 标普全球信息技术 ETF(IXN)的价格走势。您可以看到技术行业在全球经济低迷时期遭受重创,而相对于整体市场,该行业股也受到了影响。该价格走势线以一串较低高价点与低价点为特征。请看图示下方的 RSI 线。如图所示,IXN 已准备好接管市场主导地位,且这个时候该行业出现了市场行情逆转。如图 4.16 所示,您可以看到 RSI 线的下降趋势在圆圈中的突破

图4.16　2007年中期至2009年中期iShares全球信息技术ETF（IXN）价格走势和相对强弱指数（RSI）变化示意图[1]

资料来源：StockCharts.com。

---

[1] IXN（Daily）49.04：IXN（日成交价）49.04。MA（50）45.11：50日均线 45.11。MA（200）39.12：200日均线 39.12。Volume 20678：成交量 20678。

点上出现了转变。一旦这种转变开始，价格便会上涨，而那些能够"看得出征兆"的人便会获得丰厚的利润。

行业变化并不是交易中的新鲜事物。但是，这对成功的投资尤为重要。经过多年研究，实话说，我们这个时代的伟大投资者（无论是技术方面的还是基本面方向的）都有一个共同点：他们是行业市场变化的掌控大师。我们为您制定的系统提供了识别全球行业和行业变动的基础，这里提供的一些指标有助于印证您的发现。谨记，在交易中，要弄清楚的不是您是谁，而是您身处何种境地。

比较/对比分析

大多数机构投资者的主要目标是超越基准。如果您正在管理一只全球增长型对冲基金，您的目标将是超越 MSCI EAFE 指数的业绩。如果您正在管理全球贵金属基金，那么您试图超越的指数可能是标准普尔全球黄金指数。关键是，作为个人对冲基金的投资者，您需要为您的收益设立基准指标，不然怎么知道您投资业绩良好呢？

设立基准的另一个原因是为了进行比较/对比技术分析。作为投资者，我们总是希望投资组合中的头寸业绩优于我们的目标基准。看一看图 4.17。我们在 www.StockCharts.com 上制作了这一图示。这是 iShares 标普全球医疗保健 ETF（IXJ）与 iShares MSCI EAFE（EFA）的业绩比较图。它本质上是 IXJ 与 EFA 的比值图，以代码"IXJ：EFA"绘制而得。如果我们管理全球增长型对冲基金，我们的基准指数是 MSCI EAFE 指数。因此，从技术方面来说，我们只想投资那些业绩优于基准指数的行业。该图左半部分下降箭头所在的时间范围内，MSCI EAFE 指数业绩优于全球医疗保健产业业绩。因此，我们希望在这段时间内对该产业设定最小投资比率。2008 年初，情况发生了变化。您可以看到该比较图如何进入上升趋势并开始走高。右侧的向上箭头所在时间范围内，您会希望增加医疗保健行业股的投资权重。顺便指出，在这段时间内，通常具有保值性的医疗保健股业绩优于世界其他地区股票，这并非巧合。我们刚刚陷入全球经济衰退期，投资者纷纷采取行动支持更适应经济衰退的行业股（见图 4.17）。

我们来看下另外一个例子。图 4.18 显示了 iShares 全球金融品 ETF（IXG）与 iShares MSCI EAFE（EFA）的业绩比较。始于 2007 年秋季的全球熊市是由信

图4.17 iShares标普全球医疗保健ETF(IXJ)与 iShares MSCI EAFE ETF(EFA)业绩比较图

资料来源：StockCharts.com。

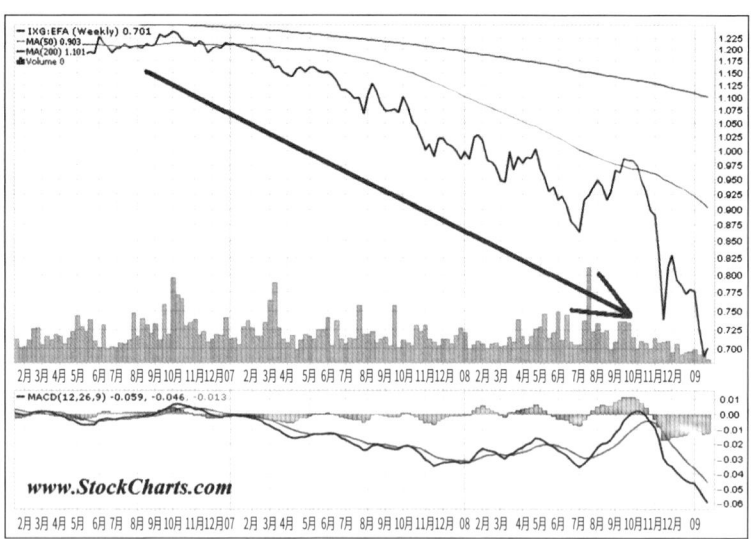

图4.18 2006年1月—2009年1月iShares标普全球金融品ETF(IXG)与iShares MSCI EAFE ETF(EFA)业绩比较图

资料来源：StockCharts.com。

贷危机推动的，我们大多数人此前从未见过这种情况。正如您能料到的那样，全球金融服务行业股崩盘。该行业股的相对业绩遵循银行和经纪人的基本收益趋势。在某些时候，金融股会反弹，不是吗（也许您不相信这一点）？即便您相信它会反弹，那也没理由去接这个"烫手山芋"。在对比分析将会告诉您何时买入时，为何要尝试自己挑选底部？在这种情况下，您要等待行业相对基准指数的对比业绩，才开始"正确行动"。

行业和产业的趋势方向不会在一夜之间发生改变。行业股中呈现趋势变化往往需要几个月、几个季度，有时甚至需要几年的时间。要有效利用波动变化来调整您的股权比重。在经营自己的对冲基金时，您最不应做的就是在紧张得汗流浃背时做出买入决定。

这里列出一些基金指数，可以用于业绩对比分析：

- iShares全球弹性消费品基金指数（RXI）
- iShares全球必需消费品基金指数（KXI）
- iShares全球能源基金指数（IXC）
- iShares全球金融品基金指数（IXG）
- iShares全球医疗保健品基金指数（IXJ）
- iShares全球工业品基金指数（EXI）
- iShares全球原材料基金指数（MXI）
- iShares全球技术基金指数（IXN）
- iShares全球电信基金指数（IXP）
- iShares全球公用品基金指数（JXI）

另外，如果您想查看当今市场上更加全面的关于交易所交易基金的列表，只需访问http://news.morningstar.COM/ ETF/Lists/ ETFReturns.html。登录后，请务必点击"Show Complete List"以获得完整列表信息。

公司分析

金融学术界认为市场是有效的。有效市场假说（EMH）认为金融市场"信息有效"，或者说所有已知信息都会反映到股票和债券等资产的市场价格之中。有效市场假说指出，除非运气好，否则不可能通过使用市场已知的任何信息来持续超越市场。美国市场便是该假说的示例，因为其大多数货币经理都无法持续超越基准。

令人激动的是，国际市场似乎并不吻合市场有效性假说。特许金融分析师安德鲁·威廉姆斯（Andrew Williams）与人合著了一本书，书名为《股票分析相关问题、经验和技术》（*Equity Analysis Issues, Lessons and Technique*，2004）。本书涵盖了威廉姆斯通过 MSCI EAFE 指数对国际市场效率的研究。威廉姆斯将 MSCI EAFE 指数按 EAFE 基线、EAFE 值和 EAFE 增长率进行了细分。从 1974 年 12 月 31 日至 2003 年 9 月 30 日的 28 年期间，他发现 EAFE 的年化收益率约为 12%。MSCI EAFE 价值指数中估值较低的股票年化收益率约为 14%，而增长型指数的年化收益率略高于 9.5%。根据这些信息，他得出以下结论：国际市场为主动型管理者提供了良好的投资机会。国际市场的研究结果与美国市场的历史研究结果形成鲜明对照，国际市场并不吻合有效市场假说。

威廉姆斯还进行了另一项研究，即对 MSCI EAFE 连续 12 个月的价值指数和增长指数进行对比，结论是相似的。从平均收益的角度来看，价值型股票指数高出增长型股票 4.3 个百分点。此外，价值型股票在 73% 的分析时间段里跑赢了增长型股票。作为对冲基金经理，我们喜欢这项研究。研究结论告诉我们，通过研究，我们能够在国际市场中获得高于平均水平的收益。

在分析外国公司时，我们要特别注意一些问题。其中一个最重要的问题是，不同国家和地区的会计原则存在极大的差异，这会导致所得出的数据并不能够反映您所要进行比较的公司的真实状况。比方说，使用德国一般公认会计原则与使用美国一般公认会计原则对同一家公司进行评估，得出的结果是不同的。根据德国会计原则，戴姆勒（德国汽车制造商）在 1993 年头 9 个月亏损 1.05 亿美元；但根据美国会计原则，该公司损失 11.9 亿美元。这样说吧，现金流数据是一样的，但结果完全不同，因此，在我们对大多数个股的分析中，分析的是公司的现金流数据，而不是盈利数据。能够通过量化公司的基本面，且根据某些有效的评估指标，来克服会计数据差异所造成的干扰，这一分析能力很重要。

看一下表 4.6。研究人员追踪了 1991 年 9 月至 2003 年 9 月 EAFE 指数多项估值指标的业绩，并由最高股票与平均股票确定了每项指标的月平均超额收益。

在股息率类别上,研究人员将 EAFE 指数中股息率最高的股票与指数中的普通股票进行了比较;对于市盈率类别,他们选择了 EAFE 指数中持有率最低的股票,并将其与指数中的平均市盈率股票进行比较。股息率的月均超额收益率为 0.73%,被认为是最佳的单项指标。注意,股息率、市账率以及市现率是对个股研判的最佳指标,因为它们不受世界各地会计惯例差异的干扰。另外,请看一下表 4.6 最下面的指标:最后一栏列出的是等权重组合指标,这个指标各项比值优于其他所有指标,表明了在评估国际公司时,运用多要素分析方法比基于任何单一指标的分析都要好。

表4.6 1991年9月至2003年9月欧澳远东指数股公司的估值指标

衡量指标	月均超额收益(%)	标准偏差(%)	收益/风险比率
股息率	0.73	2.43	0.30
市盈率	0.63	2.70	0.23
市账率	0.66	3.22	0.21
市现率	0.65	2.43	0.27
市销率	0.40	2.25	0.18
企业价值倍数	0.46	2.07	0.22
欧澳远东等权重组合指标	0.82	2.41	0.34

资料来源:基于PIA Investment Research & FactSet的数据。

多要素分析方法对任何一个国家的分析都是有用的,这种方法有助于克服其他方法因会计核算的不透明而产生的问题。值得注意的是,研究还发现,运用多要素分析方法,不同的单项估值指标在不同的国家表现不同:在加拿大,股息率指标会有较好的表现;在法国,市销率指标会有更好的表现;在英国,市盈率指标的倍数会有更好的效果。最后,使用多要素分析方法是更有价值的分析方法,而且通过这种操作,您可以确定对于一个国家来说最佳的单一衡量指标。

作为对冲基金经理,您会考虑长期或短期投资问题。您可能也有兴趣知道,研究结果同样适用于短期投资分析。如果您是股票的短期投资者,对股票进行现金流/价格比率的排序（对比最低比率与一般比率）是非常好的方法。再次强调，对于短期投资分析，多要素分析方法优于其他所有单一指标衡量方法。

既然我们已经明确了这样一个事实，即运用多要素分析方法有助于增加国际对冲基金的价值，那么让我们对多要素分析方法做进一步探究，了解它所涵盖的每一个单项指标。

股息率

公司的股息率是一种财务比率，它显示公司每年的总派息额与其股价的比例，用以衡量投资股票的每一美元所获得的现金流入。如果对冲基金经理正在从他的投资组合中寻求现金流，他可以通过投资满足股息率要求的股票来确保现金流。谨记，派息强劲且持续的公司往往价格波动较小。

派息额更高的公司更具吸引力，这似乎是合乎逻辑的。然而，除了看派息多少之外，与股息相关的第二个问题也非常重要，那就是股价的稳定性。稳定的股息是靠公司的现金流来保证的，股息稳定性表明公司经营不稳定性水平低和商业风险水平低。如果公司的股息不稳定且不可预测，它将增加持股人获得现金流的波动性和不可预见性。当前，我们发现世界上很多公司的股息率达到12%，但是，这些公司中有半数正在削减股息，因此，持股人正在承受现金流的不稳定性（事实上，许多高利率的派息者并不总是那些最具稳定性的公司）。最后，一定要分析我们给您提供的其他比率，以获得公司的"全局"观，而不是简单地在股息率分析的基础上进行投资决策。

在标准普尔指数信息中，可以找到具有高水平且稳定的股息率公司。我们搜索到了标准普尔公司的四种指数，分别是标准普尔股息贵族指数、标准普尔高息贵族指数、标准普尔欧洲350股息贵族指数以及标准普尔/多伦多证交所加拿大股息贵族指数。每一种指数都列出了至少连续25年来每年都不断增加股息的股票。历史研究表明，自1989年以来，这些指数一直在相当程度上超过了它们的基准。例如，自1989年以来，标准普尔股息贵族指数以每年1.3%的速度超过标准普尔500指数。如果您想查看这些指数，您可以访问www.StandardandPoors.com网站，也可以在谷歌上搜索"S&P Aristocrat Indexes"（标准普尔贵族指数）。我们最近考虑的一些强劲的派息者是：股息率为7.99%的意大利电信公司、股息率为 7.95% 的澳大利亚保险集团、股息率为 9.82% 的瑞典艾尼露 AB 公司以及股息率为 6.54% 的加拿大马尼托巴电信服务公司。显然，这个名单上的公司会经常变动，但它可以告诉您，世界上哪些公司的派息最具吸引力。

市盈率

市盈率（P/E）是很容易计算的指标，可以将股票的当前价格除以公司的全年收益来得到。不同的分析师会用不同的收益数据，但我们偏好使用以 12 个月为分析期的收益数据来代替年度收益数据。在经济紧缩的情况下，12 个月交易期间的数据比前一个年度的数据更能够反映经济状态，因为这样的数据变化是与经济变化紧密相关的。

将市盈率运用于跨国分析，可能具有欺骗性，原因有以下几点。正如我们先前提到过的，并非每个国家都遵循相同的会计准则，因而，如果没有认真地进行会计差异调整，在数据呈现上，同样的收益在一个国家（如中国）与另一个国家（如瑞典）是不相同的。展望未来，世界上许多国家正在努力制定统一的会计准则，以便在全球范围内进行更好的比较。事实上，2008 年美国证券交易委员会采取行动，允许一些大型美国公司开始使用 2009 年的国际会计准则，并且要求所有美国公司在 2016 年之前都开始使用这一准则。尽管实现全面的会计准则全球标准化还需一段时间，但相比于以前已经有所进展。此外，应该指出的是，在美国证券交易所作为美国存托凭证上市的外国公司需要根据美国公认会计准则报告其收益，因此，在这种情况下比较市盈率必然是合理的。

如果不控制几个基本变量的差异，比较不同市场的市盈率是有误导性的。以历史研究为基准，我们想到两个特殊因素：短期利率和预计增长率。历史表明，一个国家的短期利率与市盈率之间存在高度负相关关系。即使没有经验证据，从直觉上来说，这也是有道理的：短期利率高会使借贷成本增加，从而放缓经济增长；经济增长放缓应等同于市盈率下跌。历史证据还表明，GDP 的预计增长率与市盈率之间存在高度正相关关系。同样，即使没有经验证据，这也是有意义的：如果一个国家的 GDP 正在健康增长，那么预期的市盈率会增加。

让我们来看个相关例子。表 4.7 中列出了三家全球制药公司和相应的几个指标（这是为了达到解释目的而给出的简单例子，我们没有将其他指标放进来）。

看这个例子就知道，最佳的投资对象是美国的礼来公司。如果我们仅仅将市盈率用作指标，瑞士诺华将是最有价值的公司，因为它的市盈率最低。但是，美国礼来公司增长率更高，因为美国利率低，并且美国比瑞士的预期 GDP 增长率要高。如果在此分析过程中也涉入股息率，那么礼来公司比其他两家公司就更具有价值。最后，运用市盈率这一单项指标不足以分析所有国家，它与其他指标共同构成了基本面总体分析中不可分割的组成部分。

表4.7 诺华、葛兰素史克和礼来的描述性基础数据

公司	国家	预期两年增长率（%）	股息率（%）	市盈率	国家短期利率（%）	国家预期GDP 增长率（%）
诺华	瑞士	1	3.8	10	0.50	1.15
葛兰素史克	英国	8	5.9	13	1.00	1.30
礼来	美国	12	6.4	12	9.25	1.25

资料来源：IMF.org。

接下来，我们要谈谈市盈率的另一方面。我们可以从一家公司获得基本面信息，并利用其收益信息来估计这家公司的市盈率应该是多少。这种方法所获得的市盈率我们称之为"基础市盈率"，因为它是由我们根据基本面数据估计而得。有了这个估计数值，我们可以将其与公开市场的市盈率进行比较，以确定该公司是否被低估或高估。我们省去计算公式的理论推导过程，最终公式如下：

$$市盈率 = \frac{派息率 \times (1+长期股息增长率)}{期望投资收益率 - 长期股息增长率}$$

有些信息很容易得到，有些信息需要进一步挖掘，让我们来看个例子。特里芬尼卡（Telefonica，TEF）是西班牙最大的公司之一，在西班牙语和葡萄牙语国家提供电信服务。截至 2007 年，该公司公开市场市盈率为 9。此外，该公司的派息率约为 27%，长期股息增长率约为 7%，期望投资收益率为 9.50%。在进一步计算之前，我们要提示，所有所需信息都可以在谷歌网站上搜索到。我们搜索关

键词"Telefonica WACC",就发现了预期投资收益率,其中的"WACC"代表加权平均资本成本。股票和债券持有者预期投资收益率是经常被公司管理者所使用的指标,用以确定公司业务扩展与兼并的经济可行性。另外,通过访问您所交易的经纪商的网站,您可以得到派息率等变量。

因此,特里芬尼卡的"基础市盈率"应为:

$$\text{TEF基础市盈率} = 0.27 \times (1.07) / (0.0950 - 0.07) = 11.55$$

特里芬尼卡当前在公开市场的市盈率为9,但基于该公司的基本面,我们得知该公司的市盈率应该接近11.55,因此该公司目前被低估了。当您评估同一行业中的多家公司时,此方法的运用将变得更有价值。"基础市盈率"实质上是对市盈率的"第二次审视",这是一个非常有用的工具。

市销率

市销率(P/S)是相对容易计算的。市销率的计算方法是股票价格除以当年的每股销售额。这个特定比率有其自身的优点。首先,市盈率与市账率可能提供负面或无效价值,但与这二者不同,市销率甚至适用于处境最困难的公司。此外,市销率并不受我们有时在许多公司看到的"黑魔法"会计的影响。收入可以被操纵,但是当利润有诸如折旧、库存和特别费用等决定性因素(这些因素容易扰动利润数据)时,操纵收入要难得多。另外,市销率波动不同于市盈率。对于周期型公司而言,周期之间的波动使市盈率几乎毫无价值。按市销率计算,我们仍会看到波动,但波动幅度不大。

与市盈率一样,我们可以计算出基本市销率,并与实际市场比率进行比较。和之前一样,我们就不重温推导过程了。对于一个稳定的公司来说,基本的市销率公式如下:

$$\text{市销率} = \frac{\text{边际利润率} \times \text{派息率} \times (1 + \text{长期股息增长率})}{\text{期望投资收益率} - \text{长期股息增长率}}$$

我们来看下德尔海兹集团(DEG)的市销率。该集团是一家比利时食品零售商,业务遍及七个国家和三个大洲。在公开市场，DEG 的市销率约为 0.32。在互联网上快速搜索后，我们得到了以下数值：DEG 派息率为 23%，边际利润率为 2.4%，长期股息增长率为 3%，期望投资收益率（或加权平均资本成本）为 4.67%。因此，由基本面计算出 DEG 的市销率为：

DEG市销率 = 0.024 × 0.23 × 1.03/（0.0467 – 0.03）= 0.0057/0.0167 = 0.34

如此看来，市场信号是正确的。同样，没有出现差距很大的数值本身便证明了该市销率的有效性，而这有效性最终是通过比较来确定的，所以我们需要将这个数值与业内其他类似公司进行比较；反过来说，我们可以将该比率与 DEG 的历史比率进行比较，看看该公司在经济周期的此时是否具有价值。

有关市销率我们做最后一个提醒：历史研究表明，在预计公司价值时，市销率不如市盈率有效。不过，公式中加入边际利润率增加了市销率的价值。因此，如果您发现一组低市销率股票，且正在考虑将其纳入您的对冲基金，您可以通过分析这些公司的边际利润率来进一步缩小您的选择范围。高边际利润率的低市销率股票分析是一种非常有效的研究工具。

市账率

公司股票的账面价值仅仅是资产账面价值与负债账面价值之间的差额。市账率是我们使用的衡量指标之一，它会受到会计准则的显著影响。在美国，账面价值按资产的原价计算，扣除准予记列折旧额，但这在世界各地可能有所不同。因此，面临具有类似会计准则的公司，您最好不要使用市账率。

计算市账率很容易，只需把股票的每股价格除以公司的每股账面价值。尽管您可以在世界各地成千上万的网站上找到该比率，但我们也要会进行基本的市账率计算。省去推导过程，公式如下：

$$市账率 = \frac{股本收益率 \times 派息率 \times（1 + 长期股息增长率）}{期望投资收益率 - 长期股息增长率}$$

我们来看个例子。巴西航空工业公司（ERJ）是一家巴西国防承包商，为巴西空军和商业承包商研发和生产飞机。由网络快速搜索，我们得知 ERJ 当前的市账率为 0.90。该公司的派息率为 31%，股本收益率为 23.7%，长期股息增长率估计为 4%，期望投资收益率（加权平均资本成本）为 7%。因此，我们计算出的市账率如下：

$$ERJ市账率 = (0.237 \times 0.31 \times 1.05) / (0.07 - 0.04) = 2.57$$

根据上面的分析，我们可以推断出 ERJ 被低估了，因为网上其当前市账率为 0.90，但该公司的基本面证明了其市账率为 2.57。同样，这只是我们的指标之一，但这个特殊的衡量告诉我们 ERJ 具有很大的价值。

在上一节中，我们告诉您，在考虑利润率时，市盈率的有效性得到增强。市账率也有增强因子，那便是股本收益率（ROE）。历史研究表明，低市账率和高股本收益率水平的公司给投资者带来了价值。比较一组公司的一种简单方法是将市账率除以股本收益率，数值越低，与同行相比，公司的价值就越高。

市现率

股票的市现率与市盈率相似。然而，它不是股价与收益的比率，而是股价与公司营业现金流之比，现金流量即净收入减去折旧、摊销和其他非现金费用。现金流是了解公司业绩（排除会计信息失真）的一种流行方式。市现率可能是我们可以跨国界使用的最有价值的指标，因为它并不严重依赖统一的会计准则才能发挥作用——从一家公司到另一家公司，不论某一公司在哪个国家开展业务，市现率标准都是一致的，因为现金始终是现金。市现率的计算只是股票价格除以每股营业现金流量，全球有数千个网站可以免费提供这方面的信息。谷歌搜索"中国移动市现率"，我们会得知此时中国移动公司的市现率为 7.8。甚至不需要更多的链接，我们就能够得到这方面的信息。

企业价值倍数

企业价值/利息、所得税、折旧、摊销前盈余比率（EV/EBITDA）是一个倍数，通常与市盈率并行使用或作为其替代。它将无债务企业的价值与利息、所得税等摊销前盈余（EBITDA）进行比较。企业价值（EV）包括偿还债务的成本，而利息、所得税、折旧、摊销前盈余则衡量利息、非现金成本折旧摊销前的利润。

EV / EBITDA 的计算有点难，但您不一定需要计算该比率，因为您可以在互联网上找到它。谷歌检索一下，我们便能发现沃达丰（VOD）的 EV / EBITDA 倍数为 7.53。再提醒一下，单独研究该比率几乎没有价值，需将其与竞争公司的比率以及其历史比率进行比较，才能使其有实际价值。

EV / EBITDA 相对于市盈率的主要优势在于它不受公司资本结构的影响。考虑一下，如果一家公司发行股票并使用其筹集的资金偿还债务，会发生什么？通常情况下，收益下降，市盈率增加（即股票看起来更贵）。然而，在同样的情况下，EV / EBITDA 保持不变。因此，通过 EV / EBITDA 比率，我们能对具有不同资本结构的公司进行理想情况下的公平比较。

公司技术分析　　相比于前文中论述的国家分析和行业分析，与个股相关的这个版块没有太多拓展内容。您在前文中所了解的经验也可以运用到个股中。您可以用识别行业股趋势的相同方式来识别股票趋势。评估个股时对比分析同样重要，且其分析方法的制定模式与行业股一样。此外，您在关于货币交易的第六章中了解到的价格模式也适用于个股以及指数本身。

现在，我们再次提及对比分析，并向您展示它如何运用于个股。您可以用两种方法来比较一家公司的业绩。其一是将该公司与自己所处行业进行比较，其二是将该公司与行业中的其他公司进行比较。让我们来看个例子。假设您已经完成了整个"自上而下"的分析，得出的结论是全球经济将会放缓，并决定在对冲基金中不再做激进的投资配置。同时您又相信食品杂货行业的防御保值性意味着它现在是个良好的投资标的，而且您已经将您的潜在投资目标缩小到两家公司：比利时的德尔海兹集团（DEG）和美国的克罗格公司（KR）。我们还假设您已经完成了基础面研究，并确定两家公司都具有可比性。因此，您最终决定投资哪家公司将取决于您应用技术分析的结果。让我们看技术图示。

图 4.19 是德尔海兹集团（DEG）与道琼斯食品零售商和批发商指数（您可以在 www.StockCharts.com 上查找这些股票和证券的交易代码）的业绩对比图。从图 4.19 的右侧部分可以看出，DEG 的业绩优于该指数，这表明它是一个很好的候选投资标的。我们有意投资食品杂货产业，并确定 DEG 公司的整体业绩优于整个产业，那么我们就会对该公司投资。尽管该公司股票在图

4.19 的前半部分业绩不佳,但趋势是在变化的,而且 DEG 现在已经完全超越了其基准指数。

图4.19　2006年8月至2009年8月,比利时德尔海兹集团(DEG)与道琼斯食品零售商和批发商指数的业绩对比图
资料来源:StockCharts.com。

图 4.20 显示了克罗格公司(KR)与同一道琼斯指数的业绩对比。如图所示,与其基准指数相比较,KR 趋势长期向好,近期内 KR 走势逐渐下行。

最后,让我们比较 DEG 与 KR,看看两者中孰胜孰优。为此,我们在网站的 Sharpchart(夏普图)部分输入代码"DEG:KR"。正如您在图 4.21(见 127 页)中所见,对比图的前半部分中,DEG 落后于 KR,如向下箭头所示,但最近该趋势发生了变化,我们将选择 DEG 而不是 KR 作为我们的对冲基金。我们做出这个决定是因为,对比而言,DEG 比 KR 强劲得多,从对比图右侧急剧上升的向上箭头就可以看出这一点。

通过上述全面而综合的分析方法去管理全球投资,对于一个外国投资者来说,

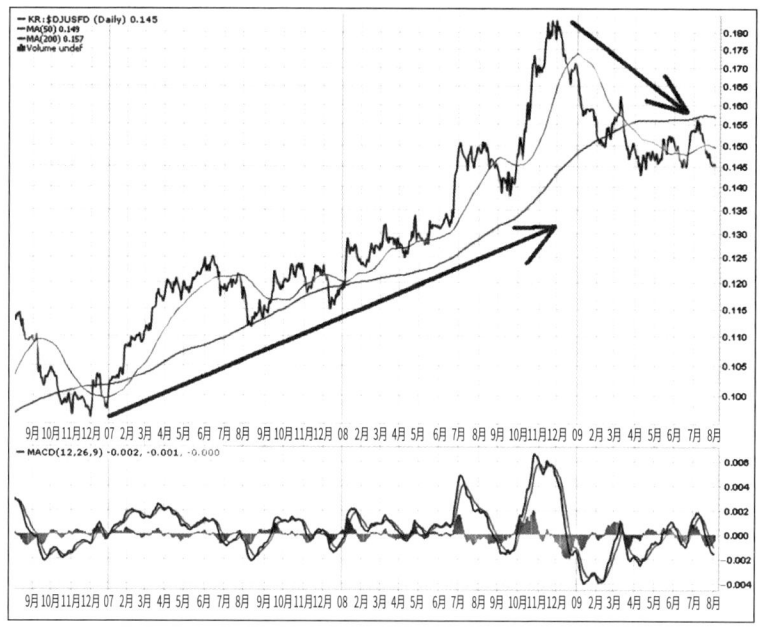

图4.20 2006年8月至2009年8月，克罗格公司（KR）与道琼斯食品零售商和批发商指数的业绩对比图

资料来源：StockCharts.com。

可以应对诸多风险。诚然，繁重的税收要求和不利的货币兑换风险，运用股票分析方法难以有效缓解，但在对地区、国家、产业和公司进行广泛投资评估方面，明智且持续地使用本书所述方法和具体技术，投资者能在很大程度上降低文化风险、信息风险和会计风险。由于我们在这些技术上花了许多时间做论述，我们未能扩展风险管理问题。坚持使用关键指标及技术分析来进行日常的全球投资分析，就能够克服对全球经济和社会政治环境不敏锐的缺点，这样一来，无论选择投资哪个全球市场，您都能管理好您的投资。

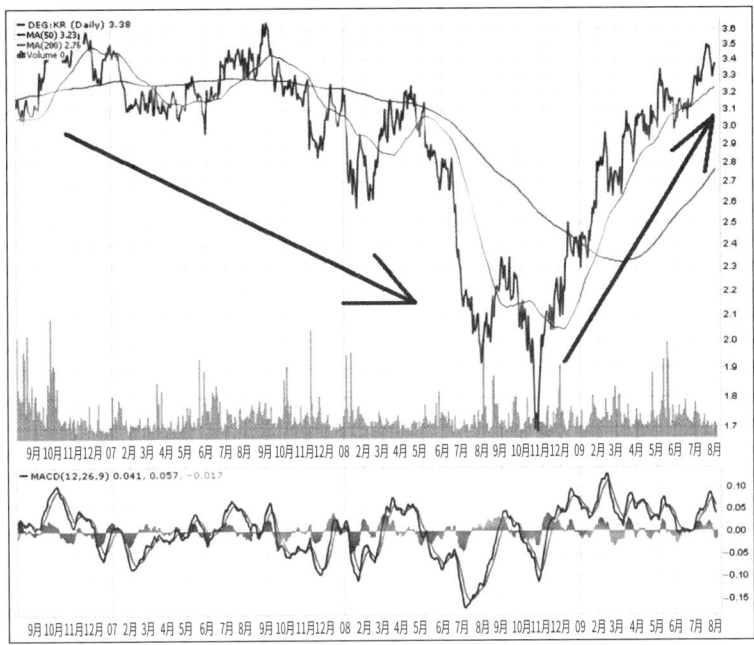

图4.21 2006年8月至2009年8月,德尔海兹集团(DEG)与克罗格公司(KR)的业绩对比图

资料来源:StockCharts.com。

第五章　全球固定收益市场盈利技巧

作为对冲基金经理，您可以考虑将各种投资工具纳入您的投资组合之中。虽然您很可能会把股票当作主要投资工具，但您也应该能够发现债券的有用之处。许多专门进行股票投资的人，除了债券的基础知识，对它知之甚少。我们始终认为，每一个投资者都可以投资的投资工具，便是值得考量的工具。

对大多数人来说，固定收益证券并不像股票一样令人兴奋，因为它们不具备后者一样高水平且快速的收益能力，但我们不可轻信这一观点。债券是能在适当的投资环境中获得股权竞争性收益的资产类别，是构成对冲基金的其他资产类别的绝佳补充工具。例如，在撰写本书之时，投资级公司债券业在全球范围内正酝酿着极好的机遇。我们所谈论的是高质量的优质债券，事实证明它是全球不同行业和公司提高估值的产物。与此同时，全球政府债券发行量显著增加，这反过来又为投资者从政府债务转移到信贷价值日益可观的高收益公司奠定了基础。事实上，我们所说的投资级债券的利差是理想状况下的，我们所关注的是业内具有8%可靠收益率的公司，正如前文中提到的，在可预见的未来，这些公司将是具有股权竞争性收益的资产类别。我们希望您从这部分的讨论中得出两个结论：（1）在整个经济周期中，债券确实可以在与股票不同的时期跑赢股票；（2）债券投资是适合对冲基金投资的完美表现形式，如您所知，对冲基金的总体投资目的是在任何及所有特定市场条件下规避风险、保存资本和收益最大化。

是什么使全球债券市场成为完美的对冲基金投资场所

或许"完美"并不是我们真正想使用的词，"典型"才是。重点在于，您在考察对冲基金应该如何配置时（如我们上文所说，在任何特定市场条件下，对冲基金用于抑制波动性和整体风险、优先保本和实现正向超额收益），全球债券投资的优势表明，这类资产是合适的对冲基金投资工具。债券为基金经理带来了三方面的利益，这三方面与实现对冲基金的目标直接相关：分散化投资利益——它对于经理人控制投资组合风险很重要；固定收入利益——它有利于提高投资组合的总体收益；广义的保护利益——它会影响投资者在弱势经济下的投资组合，也会影响投资者在全球经济中的投资行为。

分散化投资

投资的分散化是非常重要的。我们对投资分散化的重视让我们有时会忘记投资的终极目的是获得收益。对分散化投资的关注众多，以至于我们偶尔会认为，组建投资组合只是为了看看组合起来的资产类别运转模式有何不同，仅此而已。诚然，在任何特定市场环境中获得超额收益（正向收益）在很大程度上得益于分散化投资，反之亦然。债券固有的分散化因素是，它在很大程度上是以反周期的方式与其他投资组合要素，尤其与股票相对应。可靠的历史事实表明，债券市场与股票市场不具相关性，包括负相关性。全球债券市场（全球债券市场占固定收益市场总量的50%以上）的持续扩张，包括新兴市场国家固定收益机会的快速增长，增大了在全球范围内实现最大化的分散投资的机会。构成全球债券市场的不同国家和区域往往处于不同的市场周期中，这给全球债券投资者既带来了大量的研究工作，也提供了很多机遇。表5.1显示了债券市场与股票市场存在低相关性。它所提供的数据显示了一些关键股市指数与花旗集团全球（除美国外）政府债券指数之间的相关性。

表5.1　2004年9月30日至2007年9月30日期间几个股市关键指数与花旗集团全球（除美国外）政府债券指数的相关性

花旗集团全球政府债券指数非美元（未对冲美元）	
标普500指数	0.03
巴克莱美国债券市场综合指数	0.38
MSCI EAFE（美元）	0.33
MSCI新兴市场指数（美元）	0.21
道琼斯威尔希尔房地产投资信托基金指数	0.04

(续表)

花旗集团全球政府债券指数非美元（未对冲美元）	
道琼斯/美国国际集团商品指数	0.28
巴克莱高收益股市股指	0.16

资料来源：Morningstar Principia。

收益

债券投资是典型的追求固定收益的投资。如果在追求投资总收益最大化的努力中期望获得可靠的收益流，一定不能缺少对债券的投资。在令人兴奋到窒息的股票大涨时期，投资固定收益总是不合时宜，但幸运的是，对冲基金的方法要求您坚持组建投资组合，这将确保您不会完全偏离这一目标。与分散化投资一样，随着在全球偏远市场把握机遇的可能性增加，收益特征也大大增强。来自某些市场的弱收益流可以通过其他市场更强劲的收益流来弥补。有些投资者不把债券当作收益来源，而选择把派息股当作收益来源（以他们对股权的偏爱），但就依赖收益流作为总收益来源而言，基金经理也需要纳入债券。我们一直都知道，有时会出现暂停派息，2008—2009年的大衰退已经提醒我们，股票收益投资危机确实存在。除了尚未彻底消除股息的公司外，还有许多公司削减了股息。在撰写本书之时，2009年的派息预计下降22.6%（资料来源：标准普尔）。关键是，如果您想要获得收益，您需要真正的收益投资产品。长期以来，外国债券创造了美国国债无法创造的高质量收益记录，这是向海外寻求收益的极佳理由。

规避经济走弱带来的投资风险

我们前面提到，大衰退期间股票会遭受重创，在弱势经济环境下股市将受到某种形式的打压。基本情况是，股票走弱时，收益流和股票价格整体都会走低，这就意味着股票价值缩水，投资者被套住，其货币资产减少，但是债券收益能保持不变。广义的经济弱势还会在其他方面表现出来，但无论如何，债券投资都可以带来可靠的收益支持。例如，由于经济走弱形成的通货膨胀率低和通货紧缩，人们将更热衷于获得固定的债券收益，这导致人们更多地购买债券。对于那些持有债券投资组合的投资者来说，由于经济放缓导致利率下降，他便能够获得债券价值增加的收益。国际固定收益投资者可渗透到多个市场以获得有利的收益机会，从他们的角度来看，相比分散化投资及收益方面的好处，他们更容易获得这部分的普遍利益。

表 5.2 给出了一些关键的股票市场和债券市场指数的收益测量值和波动率测量值。您可以看到，2008 年全球政府债券以及这 10 年期间新兴市场债券和全球政府债券都反映了相对有利的数据。根据风险调整后的收益率（按夏普比率计算），如表所示，2008 年全球政府债券指数收益最佳，而这 10 年期间新兴市场债券指数收益最佳；此外，全球政府债券指数是唯一在 2008 年及 10 年期都获得正收益的指数。

表5.2　2008年及1998年12月31日至2008年12月31日10年期间关键指数的收益率及波动率

	2008 年		10 年期	
	收益率（%）	波动率（%）	收益率（%）	波动率（%）
全球政府债券指数	12.00	9.61	5.95	7.91
新兴市场债券指数	−10.91	15.00	10.17	10.56
高收益债券指数	−25.91	11.51	2.19	10.43
商品指数	−42.80	40.97	10.13	24.80
房地产信托基金指数	−37.57	76.00	7.73	20.32
MSCI 世界综合指数	−41.85	32.66	0.23	15.77
标普 500 指数	−37.00	41.29	−1.38	15.15

资料来源：彭博摩根大通。

注：全球政府债券指数由摩根大通全球政府债券指数表示；新兴市场债券指数由摩根大通新兴市场债券指数（全球）表示；高收益债券指数由花旗集团高收益债券指数表示；商品指数由标普高盛商品指数表示；房地产信托基金指数由道琼斯股票房地产投资信托基金指数表示；MSCI全球所有国家综合指数由MSCI世界综合指数表示。

建立或破坏投资组合的关键之一在于您是否愿意为所有适合的资产类别设立基准，并通过关联建立风险限制机制。相比其他方面，这对您的国际债券组合或许更为重要。如表 5.2 所示，全球债券有可能成为您控股之中高收益的一部分，但纳入全球债券需要我们非常注重细节，以应对各种有影响力的风险敞口（只盯着国内市场也有足够大的敞口），风险将抑制不倾向于资本积累的资产类别的收益。例如，货币管理可能是全球债券收益的重要决定因素，如何管理是一个重要的考虑因素。基于您的对冲基金风格，您可能将货币当作独立的资产类别，由此符合您对冲全球债券风险的需求，即使货币资产收益超出您持有的债券资产，但这并不意味着您需要完全抛弃纳入全球债券这一想法，故而您需要决定如何根据具体情况应付这类波动。

在我们展开讨论之前，我们想先说些注意事项。鉴于主题的范围太大，我们必须决定如何呈现我们的素材。透彻论述债券需要与一本书篇幅相当的章节，而我们的时间和空间并不允许。因而，我们必须做出决策，选择强调投资组合组建和管理的广泛理念，这些理念可以用作指南，帮助您选择和监管最佳固定收益投资。在这一点上，本部分概述的理念也许与个体债券投资者最为相关，同时也与那些通过共同基金、交易所交易基金以及其他集合投资计划获得全球固定收益投资机遇的投资者高度相关。这些原则是相似的，但您管理债券的方式可能会在一定程度上根据应用情况调节。例如，研究全球债券指数和封闭式交易所交易基金的一个方便之处在于，您可以看到管理层目前在做什么，并能方便地从基金资料的简介中获取信息。同样，我们经常访问晨星（www.morningstar.com）和ETFConnect（www.etfconnect.com）等网站，通过简单地参考其他投资者的做法来增强自己的分析能力，也从基金经理的角度了解全球债券的另一幅景象。

确定外国债券的投资目的

在组建全球债券投资组合之初，您必须做出的一个重要决定是，您投资外国债券的具体目的或者定位是什么。通常，您会有两个目标：投资分散化或获取收益。作为投资者，我们知道这两者非但不相互排斥，而且实际上是互为结果的。问题不在于投资者选择了投资分散化就不能选择好的收益，也不是选择了好的收益就不能选择投资分散化。问题在于，面对可投资的一系列全球固定收益期权，以及可以实施的不同债券管理风格，所确定的首要目标将决定如何构建投资组合。

如果您更乐意侧重对冲基金分散化投资以及降低总体波动性，您可能更倾向于买入反映全球债券主要基准指数之一的头寸，并长期持有这些头寸。另一方面，如果您对获取收益更感兴趣，您可能会持空头头寸，这些头寸有时会在您选定的基准指数参数之外下跌。归根结底，这很大程度上是个风险承受力的问题，倾向于规避风险的对冲基金经理将更加严谨规矩地选择基准，而以收益为目标的投资者，将需要必要的灵活性，根据投资工具或另类投资风格来追求收益。许多货币经理人（包括我们自己在内）选择外国债券投资组合中的混合型组合，这种组合在更广泛的基准导向战略配置下，呈现出一些策略性、以收益为导向的投资。我们稍后会对此做更详细的讨论。

制定投资纪律

全球债券投资充满波动，因而当您进行全球债券投资时，您需要有良好的投资纪律。在本章中，我们会以多种形式探讨投资纪律，在您着手选定参数并在几个关键领域做出不同投资选择时，投资纪律尤为重要。作为全球债券投资者，您必须确定投资参数的几个组成部分，包括可以考虑投资的国家和地区、即将投资的固定收益证券的种类、应对货币风险的计划以及期望评估债券组合的时间范围。

选择全球固定收益投资基准

专业投资者不只是简单地投资，他们以基准为参照，努力实现超过基准收益率的收益。因此，投资纪律的特征之一就是以基准为中心。基准的选择是投资者做出的最重要的决策之一，因为基准是投资者构建和管理投资组合的决策基础。基准对更加主动型的对冲基金经理及其他货币经理人尤为有用，因为从本质上看，基准指数是一种更加被动地买入和持有的投资方式。主动型经理人致力于通过各种战略管理和策略管理的方式超越选定基准。在全球固定收益领域，有两大基准指数使用最为频繁：巴克莱全球综合债券指数和花旗集团全球政府债券指数。巴克莱全球综合债券指数曾被称为雷曼全球综合指数，是全球债券领域内最受认可和被跟进最多的基准指数，而花旗集团全球政府债券指数由世界上最相关和最活跃的政府债券市场组成，它还给出了具体的投资评级。虽然这两大指数是全球债券专业投资者最常引用和跟踪的指数，但随着全球债券可投资规模的扩大，国际债券指数也在持续增加。例如，许多新兴市场的快速扩张和表现出的弹性，激起了投资者对新兴市场债券投资的兴趣。为此摩根大通创建了几个新兴市场债券指数：只包含布雷迪债券的标准指数——摩根大通新兴市场债券指数（EMBI）和衡量布雷迪债券、欧洲债券和其他主权债务工具的摩根大通新兴市场债券指数（EMBI+）。摩根大通也有其他几个新兴市场债券指数，包括企业新兴市场债券指数，该指数追踪新兴市场国家发行的以美元计价的公司债券。

让固定收益投资者满意的是，债券指数的研发呈现出与全球债券市场扩张同步的趋势，这样就不会出现基金投资找不到目标基准的问题。

选择最合适基准的具体考虑因素

正如我们所说，您有许多可供选择的指数，而且随着更多国家积极致力于投资海外，指数的数量会只增不减。作为对冲基金经理，正确选择基准如此重要，有几大原因：首先，一些基准较之其他基准更适用于基本投资目标。由期限较短的高信贷工具组成的基准，并不有利于主要寻求高收益且愿接受高波动性的策略性投资者。您选择的基准应该与您更广泛的风险／收益目标相匹配。无论是股票还是债券，一开始就需要建立适合的舒适区，即设置实现超额收益的功能参数。这就是之前提到的巴克莱全球综合债券指数和花旗集团全球政府债券指数为经理人普遍跟踪的原因。世界上更发达的市场为经理人提供了足够的空间，以便他们可以用更多的战术策略来为每个投资组合增加价值，且他们的持股并不会有太大风险。相对于常用的参照指标而言，跟踪企业新兴市场指数将不会提供这样的机会。此外，您还必须关注资本加权指数。在影响您分散化投资的参数和业绩低于标准的市场（如历史最低收益率的日本市场）中，您可能会发现自己跟踪的基准有更大的加权。这时您可能会选择2009年推出的太平洋投资管理公司全球优势债券指数，该指数是一种GDP加权指数，在快速发展的过程中有利于新兴市场，但其资本市场和市场资本化规模并未跟上步伐。另外，请注意，就对冲而言，基准有各种类型，您选择的投资目标重心是分散化投资、总体收益又或是两者兼具，将影响您以目标为导向形成的投资决策。

还有其他考虑因素，比如流动性要求。如果您想维持投资组合内高流动性的外国债券持股，您肯定会想使用短期的基准。相反，如果您对流动性债券兴趣不大，且寻求较高收益，那么您可以选择反映这种投资风格的基准。如果您对通货膨胀有顾虑，或者只是想跟踪由通货膨胀指数化债券组成的基准，那么您选择基准时便需要考虑到这一点。而今众多市场发行通货膨胀指数化债券，其中包括法国、德国、意大利、日本和瑞典等等；有几个相关指数可供选择，其中包含巴克莱世界政府通胀挂钩指数，还包含巴克莱新兴市场政府通胀挂钩债券指数，该指数使新兴市场债务投资者能够投资于通胀挂钩的债券，他们倾向于瞄准阿根廷、巴西、波兰、韩国和土耳其等国家。通胀挂钩债券的广泛可得性有助于基金经理人核算分散化投资成本，养老基金经理人会更加关注，因为他们对财富保值更感兴趣。

归根结底，一个好的基准有几大特征，包括：

低周转率——正如我们先前所述，基准指数通常是被动管理、买入并持有的投资风格的表现形式。这也是您要找的基准类型。投资频繁变动的基准不仅难以跟踪，而且它会妨碍您实现超额收益。

可投资性——所选定的基准指数中含有的投资工具应具有可投资性。这样，基金经理能够进入市场，实施各种投资策略。

在一定程度上，还有另外一些重要的特征，包括透明度和关键信息的可获得性。例如，一个有效的基准，其底层成分和根本特征是易于了解和评估的；基准中的证券，包括持仓和其他重要特点必须显而易见。有关基准的数据应易于获取，包括每日价格的历史记录以及丰富的历史收益数据，这将使您从中受益。

归根结底，最好的债券基准源于个人互联网检索并研究的结果，而这也是我们的工作所在。事实上，并没有真正全面的全球债券基准资源，一个平台也无法为您提供全部所需。环球指数公司网站（www.indexuniverse.com）不错，但要获取最新和最有用指数的即时信息，您可能还需利用各种资源。大多数平台只为其专有指数提供更加详细的信息，比如晨星（www.morningstar.com）和富时集团（www.ftse.com）。在这方面，我们还得根据我们对宏观经济基本面的初步评估，定期检索我们有初步投资兴趣的市场，并在此基础上深入研究。您还应该密切关注交易所交易基金市场的新动态，因为我们偶尔会碰上一只我们先前未曾意识到的新交易所交易基金突然变成了指数基金。您会发现，在债券投资领域，研究分析工作从不会有完成的时候。

货币管理

投资国外市场肯定会造成外币敞口，而债券投资者的货币敞口问题尤为重要。

虽然现在的基金经理会将货币视为一种独立的工具，从而在某种程度上缓解（倾向于对冲的人）债券头寸的特定货币管理需求，但债券投资的本质促使基金经理仍需持续决定是否或在多大程度上对冲投资组合中的外国债券。实际上，外汇市场的波动使债券市场自然发生的内在波动显得微乎其微，但无论经理人如何应对债券市场波动，波动本身仍是全球债券投资收益的重要动量。

在"孤注一掷"的投资世界中，如果您着眼于提高总收益且想管理全球债券，您可能更愿意不做对冲，以便利用货币之间的有利汇率变动。而如果您想优先着眼于降低投资组合风险，那您肯定会倾向于对冲。尽管乍一看，相比于未对冲的债券投资组合，对冲的外国债券投资组合与美国债券市场的相关性更高。对冲投资组合实现的较低标准差（与美国除外的债券投资组合相比）才是风险降低的根源。

您还可以选择部分对冲投资组合。分析表明，在收益方面，部分对冲投资组合的经理对分散化投资做出了一些次要让步。让我们看一下 1985—2002 年基于花旗集团全球政府债券指数汇编的一些数据，以便了解表 5.3 中的信息。（为了给出一个适当的描述，我们已从原始资料图表提供的数据中选取了部分数据。）

表5.3 1985—2002年花旗集团全球政府债券指数基金全部对冲后的收益、对冲50%后的收益和未对冲的收益

	花旗集团全球政府债券指数（未对冲），美国政府债券除外	花旗集团全球政府债券指数（全部对冲），美国政府债券除外	对冲50%
收益率（%）	10.66	8.49	9.69
波动率（%）	10.4	3.4	6.2
夏普比率	0.47	0.82	0.64

资料来源：由克里斯托弗·B. 斯图尔德、J. 汉克·林奇和弗兰克·J. 法博齐编写的《固定收益证券手册》（*The Handbook of Fixed Income Securities*，WcGraw-Hill，2005）的第四十九章"国际债券投资组合管理"中的表49-1。

夏普比率是对投资组合风险调整后收益的衡量。夏普比率的应用在先前的分析中表明，对冲 50% 的投资组合确实可以平衡波动风险与收益。顺便让我们花

点时间来谈一下夏普比率，因为在比较和对比投资组合中现有证券和待考量的证券时，夏普比率是个有用的工具。在不同程度上比较对冲过的资产绩效时，它也非常实用。简而言之，它的计算方法是，投资组合中超过无风险投资收益的超额收益，除以投资组合的标准差。夏普比率越高，表明风险调整后的收益率越高，但这些数值并不是绝对的，它们往往是相对的。

$$S(x) = \frac{rx - Rf}{StdDev(x)}$$

其中：x 表示投资

rx 表示投资的平均收益率

Rf 表示无风险证券投资收益率

$StdDev(x)$ 表示投资平均收益率的标准差

无风险收益资产的选择取决于您，但通常在这种情况下，最短到期日的 3 个月期国库债券会被选为基准。虽然这类工具的波动性确实较小，但请注意，如果您选择同一期限的工具与之进行比较，您可能会获得更精准的读数。

我们知道夏普比率存在缺陷，比如它使用历史收益率来做计算，但它确实是非常有用的工具，与其他各种分析方法结合使用时尤为如此。

让我们看个简单的例子。如果您有一个未对冲过的投资组合，其收益率为 15%，标准差（SD）为 12%；一个对冲 50% 的投资组合，其收益率为 12%，标准差为 9%；一个完全对冲后的投资组合，其收益率为 7%，标准差为 5%。您需要比较这三个投资组合，看看哪一个组合的收益率在调整风险的基础上更胜一筹。这时您便可以使用夏普比率，理想的无风险投资收益我们定为 5%（为了便于计算）。代入数字计算，未对冲的组合夏普比率为 0.83，对冲 50% 后的组合夏普比率为 0.77，而完全对冲过的组合夏普比率为 0.40。在我们设计的这个例子中，未对冲过的投资组合是更好的投资选择（而对冲 50% 后的组合平衡了风险与收益），不过关键在于，您能持续在不同的时间范围内，以不同程度来对冲您的投资组合以获取相对利益。

风险控制意识

风险因素的管理还涉及收益管理。本章在最大化收益版块也将涉及与风险管控主题相关的论述。债券投资者必须意识到大量风险因素的存在,而我们会花些时间讨论那些与全球债券投资者特别相关的风险因素。

为了在正确的投资纪律下进行管理,您需要针对全球债券投资组合存在的各种风险问题建立可靠的风险参数。我们在此提及10个风险类别,作为您需要考虑的风险类别的示例。其中有些内容可能有技术门槛,且一些细节不在本章主题范围之内,但无论如何,我们还是想介绍一下。

基准风险 基准风险是指在试图实现超额收益时,选择了错误的指数来跟踪和评估而造成的风险。举个简单的例子,选择由公司债务组成的新兴市场指数,将主要由发达市场政府债券组成的投资组合与之进行比较。这是个简单示例,用于说明目的,但请注意,全球债券指数越来越多,意味着您可以从更广泛的指数中做选择且获得更多的衍生指数。如果您的投资组合标的更具体,比如单独以亚洲企业债务为标的,那么使用像巴克莱全球综合指数这样更广泛的指数可能不是最好的选择,所以您要注意基准和投资组合是对应关系。如果有疑问,可选择一个范围更广、关注高质量债务的指数(比如花旗集团全球政府债券指数)作为您的基准,这样您就有更多的机会获得超越基准的收益。

利率风险 利率风险是固定收益投资中的一个常数,我们通过将实际收益(通胀后的收益)与全球及区域/国家投资行为的经济分析结合起来,对久期(持续期)做出决策,从而管控利率风险。管理久期让我们最终得以控制这一风险类别。久期是债券或债券组合收益流的加权平均值,是标的债券的价值加权期限。换句话说,久期是衡量债券价格由内部现金流偿还所需的时间。久期和到期日有时作为术语交替使用,这是不正确的,但就一般意义而言,由于折现率不断上升,较长久期/较远到期日的债券价格就会下降,所以,二者又是同一回事。

收益率曲线风险 收益率曲线是收益率与到期时间关系的图形表示。正向收益率曲线如图5.1所示,因为到期时间越长,收益率越低;到期时间越短,收益率越高。通常,如此处所示,曲线呈现相当均匀的弧形,基于存在明显差异的到期时间绘制了利率(例如,基于3个月、2年、5年和30年期美国国债绘制而得的就是最基准的收益率曲线)。

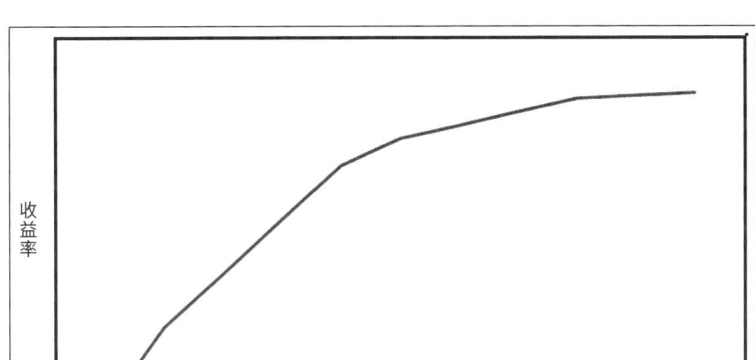

图5.1 正向收益率曲线

图 5.1 中的收益率曲线具有典型的外观。如果是从高到低的反向收益率曲线，收益率高，到期时间短；收益率低，到期时间长；收益率曲线平缓表明短到期时间与长到期时间之间基本上没有收益率差异，这意味着投资者没有必要为了相同的收益而持有长期债券。通常，反向收益率曲线和水平向收益率曲线都很糟糕：反向曲线表明经济衰退即将到来，而水平向曲线，虽然有时意味着向上的趋势，但通常预示着经济放缓和走向衰退。

我们稍后会对收益率曲线做更全面的讨论，但收益率曲线风险是利率的不利变动，由收益率曲线的形状反映出来（即非平行的收益率曲线变动）。这是利率风险的另一种表现形式。换句话说，利率的变化会对不同到期日的同类型债券产生不同的影响。控制收益率曲线风险大致有四种方法：经济分析、盈亏平衡分析、局部久期分析和主成分分析。

1. 经济分析：经济分析广义上是一种"自上而下"的分析方法，利用全球、区域和国家宏观经济信息来确定收益率曲线可能出现的变化。

2. 盈亏平衡分析：此分析用来了解不同投资工具的收益在何时相同，并基于此确定实现超额收益的最佳途径。例如，如果债券 A 一年到期亏损 5% 而债券 B 两年到期亏损 7%，我们选择哪个？如果我们由收益率曲线分析得知利率将会上升，我们可能会决定坚持选择存续期短的债券 A，并在第二年以更高的利率再投资，以跑赢两年到期亏损 7% 的债券 B。

3. 局部久期分析： 当收益率曲线不同点上有变动时，可用这一分析方法来衡量债券或债券投资组合的价值变化。使用局部久期做分析，对冲基金经理可以将久期当作常数，并根据收益率曲线的预期变化选择债券。

4. 主成分分析： 主成分分析（PCA）根据水平、斜率和曲率来测量收益率曲线运动，曲线的水平、斜率和曲率被视为收益率变动的信号灯。

以下是与收益率曲线相关，更广泛地说，与全球固定收益投资相关的更具影响力的风险类型。

凸度风险： 凸度衡量价格和收益率之间的曲率。该指标显示了利率变动时久期的变动，并通过期权调整分析和情景分析进行管理。

1. 期权调整分析（OAS）： 这用以衡量包含嵌入式期权（EO）（如提前赎回条款）的债券的相对价值。由于期权的行使机会，嵌入式期权往往会使预期收益变得更加困难，并带来更大的利率风险。期权调整分析试图通过考虑期权来评估债券的未来价值；根本上，它是通过考虑嵌入期权特性（因可赎回性，可赎回债券收益率较高）来用一个标准化的方法对债券收益进行比较。

2. 情景分析： 情景分析是在考虑预期通货膨胀率、增长率和地缘政治风险等因素的情况下，衡量估值在不同市场环境下的变动情况。为了使情景分析有价值，您要尽量考虑有限的变量，并确保这些变量能够自圆其说。例如，财政部通货膨胀保值债券（TIPS）在一个国家经济增长强劲的情况下将受到不利影响；该国央行将采取紧缩货币政策（提高短期利率），而收益率曲线将趋于平缓。收益率变高和通胀不断下降对 TIPS 来说并不是个好兆头。

产业/资产风险： 将基金投资于产业和（或）资产的相关风险，其程度与基准基金投资的风险程度不同。此外，产业风险还指与公司债券（代表经济的主要产业）投资相关的内在风险。例如，整个公用事业产业将受到政府监管和可赎回性的影响；工业产业将受到各种因素的影响，包括经济周期的广泛变动；而金融服务产业将受到一系列因素的影响，包括利率变动和失业率（高失业率通常会抑制抵押贷款的需求）。针对您正在考虑投资其债券市场的所有国家，以这种方式评估这些国家的产业风险至关重要。

第五章　全球固定收益市场盈利技巧
Chapter 5　Global Fixed-Income Investment Concepts

信用风险：信用风险主要被视为违约风险。对违约风险的担忧可能导致一些投资者只将政府债券纳入对冲基金，但由于非政府债务工具的增长导致一般市场份额增加，以及代表公司债务领域的新兴市场国家数量增加，这个问题现在对全球固定收益投资者来说影响更大。为了防范违约风险，您必须尽职调查，分析国家和公司的信用状况，而且您的分析还必须包括对国家政治稳定性的评估。

除了违约风险之外，信用风险还涉及较高风险证券的相对非流动性。这种非流动性会让作为基金经理的您更难以调整投资组合。

再投资风险：通常，再投资风险通过赎回风险分析进行管理，这涉及对您投资组合中的可赎回债券进行清点，并估算当利率下降时您期望收回的本金金额。

流动性风险：流动性风险仍是债券的一个特征，因为相比于股票市场，债券市场交易风险低得多，当您与全球不太成熟的市场打交道时，流动性风险自然会更加明显。计划持股至到期日的投资者并不十分担心流动性风险，投资级政府债券的投资者对此也不是特别担心，但那些较为积极的经理人，若寻求策略性头寸，且这些头寸的持有期较短，则必须关注流动性风险。当您在风险较高的债券和（或）市场中交易时，您可以决定在一开始先处理这个问题。

货币风险：我们会在本章的其他部分讨论货币管理，因此我们在此仅简单指出，货币管理是一种风险因素，在全球债券投资中较为明显。

政治风险：在全球投资的背景下，政治风险往往被更广泛地描述为国家风险。这是因为，我们通常从美国的角度考虑政治风险，但在涉及投资外国市场的潜在挑战时，特别是当这些市场不那么成熟时，范围会变得更广。从更狭义的角度来看，政治风险可能涉及政府对债券税收结构的调整或任何其他监管举措。随着您的投资走向全球，纯粹的政治风险为国家风险所取代，您必须考虑国家的总体政治状况和经济状况。这些风险将要求您关注更容易识别的信息线索，比如政府关于经济不稳定性的广泛报道，以及法律修改意见和文化因素这样的隐藏信息。

应该指出的是，与大多数类型的风险一样，政治风险也具有双面性，它也能带来机遇。例如，1999 年巴西货币贬值，陷入一场金融危机。在巴西发生的事情需要几页篇幅才能厘清，出于分析目的，我们在这里归结为一句话：巴西陷入了严重的困境。1997 年和 1998 年困扰亚洲和俄罗斯的金融危机造成了一种即将蔓延的气氛，促使投资者从巴西撤出资金。为了应对局势，巴西将利率提高到有吸引力的水平，以避免资金外流。

巴西最终恢复稳定，利率走低，那些在稳定之前买入高息债券的投资者大有所获。我们通常只会从负面的角度来看待国家风险，这是可以理解的，但您必须做好准备，要跳出固有的思维框架，做足研究，把握外国政治风险驱动的资金变动，获取潜在的收益。

当考虑到自由贸易区的兼容性时，这里概述的风险因素会额外清晰。自由贸易区市场是由全球债券市场细分为具有相似特征且具有高度相关性的国家形成的。最常见的贸易区是美元区（澳大利亚、加拿大、新西兰和美国）、欧元区、日本和新兴市场。您的全球宏观视角开始于全球，再到区域，然后到国家，这些区域应当得到您的关注和分析。

制定投资组合管理结构

以实现超额收益的目的管理基金是投资成功的关键，在当今这个时代，全球固定收益投资成功与否始终不是偶然的。正如我们之前提到的，超额收益表示超越基准的收益，实现超额收益有一些重要的方法，其中一些方法尤其有用。有效管理的关键在于投资纪律。如果您不愿意遵循既定的规则和范式，那么您就不能成功管理投资组合。我们在第四章中已经花了些篇幅讨论股票相关的投资组合管理，固定收益投资组合管理原则与此并没有什么不同。您可以随时更改您所建立的投资纪律，但您应始终恪守您选择的纪律。请注意，投资纪律的重要性更多地表现为避免出现"每况愈下"，而不是"锦上添花"。在涉及全球债券和债券市场时，这一点尤为重要。在债券市场上，各种变量和附带因素，包括货币问题，随时可能让您成为固定收益债券领域的失败者。

至于管理投资组合的方法，在债券市场中，需要将"自上而下"和"自下而上"的方法结合起来使用。理论上说，任何类型的全球投资都要优先考虑"自上而下"分析法，债券市场也是如此。投资者考虑走出美国、面向国际投资时，首先便要考虑全球宏观经济趋势，并将它运用到您所选择的投资资产分析中去。实际上，当重点关注一些国家和地区时，全球商业周期、全球地缘政治和社会经济意图都是需要首先考虑的因素。

第五章　全球固定收益市场盈利技巧
Chapter 5　Global Fixed-Income Investment Concepts

"自上而下"分析法之所以重要，是因为所考虑的宏观经济趋势不仅说明了当前和近期的经济状况，还表明了未来几年的情况。我们首先评估国家和区域内的政治风向变动以及相关的经济趋势，然后利用这些信息缩小选择范围，以确定我们青睐的国家（政府证券），再进一步向下分析信贷产业和工业产业（公司债券）。一旦进入产业层面，我们将完成"自上而下"分析法的剩余内容，那便是选择特定证券。我们"自上而下"的分析是在分析久期、收益率曲线和信用等因素的基础上进行的；从"自下而上"来看，我们考虑信用质量、供给和流动性等因素。让我们进一步深入研究这一点。

您必须养成的一个习惯便是不断了解全球活动对特定市场的影响。这要求您了解国际事务。如果您不这样做，您就不可能成为一名成功的全球投资者。例如，作为重视"自上而下"分析的投资者，您可能会注意到（您也应该注意到），在本书撰写之时，中国和其他国家已经购买了大量的美国国债。此外，我们也看到，他们的买入限制在收益率曲线的短期内。他们正在购买短存续期的美国国债，并出售长存续期的美国国债。也许这些投资者（中国不是唯一的投资者）不确定美国是否有能力继续偿还债务，但重点是这些外国经济体一直在支持美元，以保持本国货币和出口的强劲。尽管如此，为了实现更高的收益，现在资金更多地流向了其他国家的公司债券。从美国国债到非美国公司债券的这种趋势将降低风险溢价，这意味着您不会因为将资金投入到低质量公司而获得额外的信贷。因此，理想情况下，您会专注于高质量公司。为什么不呢？此外，大量抛弃美元意味着非美国货币将被看好。基于此，我们的研究将带您进入其他市场，看看哪些国家和产业是适合我们投资的债券。据报道，时任俄罗斯总统梅德韦杰夫的首席经济顾问阿卡迪·德沃尔科维奇（Arkady Dvorkovich）建议"金砖四国"（见第一章）相互购买债券。"金砖四国"拥有大量的金融储备，它们之间如果相互购买债券，其影响将是巨大的。在二代布雷顿森林体系下，越来越多的国家积极寻求替代美元的方式，这样的变动趋势将对旨在获得高收益的美国债券投资者产生深远的影响。

一旦宏观经济分析结果显示出有利于投资的行业，"自下而上"的分析方法将有助于判断目标行业内的公司价值。对各个公司的投资等级进行由高到低的排序，基于定价标准，您就能够制定出买卖决策。

供需也是"自下而上"分析的一部分因素。正如我们所说，一旦确定了我们看好的产业，我们就要进行下层分析，但在这之前我们必须仔细评估产业和公司。例如，产业方面，我们喜欢评估该产业是否具有能借贷以帮助扩张的有利因素，我们要确保注意到这一点。该产业现有债务情况如何？如果某个产业的现有债务即将到期，那它需要进行再融资。简而言之，产业层面的总体有利程度取决于其整体债务状况以及这一状况对供需因素的影响。公司层面也需开展同样的评估：这是一家短期内需要为其扩张活动融资的快速增长型公司吗？其债务是否即将到期而需要再融资？

正如您看到的，对全球债券潜在投资机遇的分析是广泛而深入的，原则上遵循"自上而下"的分析路径，但要做出最佳评估，同时也要进行"自下而上"的分析。

债券管理模式

大体上，货币管理方法仍属于基本面分析和技术分析的范畴。本书处处有技术分析，这里不做详述，但要说明的是，技术分析对债券投资者和股票投资者一样具有价值。技术趋势，辅之以相对强弱指标，可以成为债券投资者的可靠工具。尽管如此，我们仍将重点放在基本面分析上，因为这是我们隔绝对全球债务证券偏好因素干扰的主要方法。债券（和货币）价值变化取决于全球经济活动的变化，这意味着我们在寻找这类资产类别投资机遇时，应优先考虑经济总体的周期变化。对于寻求外国投资的美国投资者，从一开始，我们的投资环境就略为艰难。我们必须监测全球的宏观经济活动，也必须监测区域（尤其是贸易集团）和国家层面的经济活动。这就意味着，要密切关注发生在不同层面的大量的经济周期现象以及周期变化，包括对债券造成最大影响力的行为周期、利率周期等，这些周期变化往往是相互作用的。

我们发现，把握这些经济活动变化最有效的方法主要是基本面分析，尽管这不是绝对的。在实际运用中，我们首先进行基本面分析，同时基于债券投资组合的特点，将三种管理模式结合起来。我们还将技术分析运用到短期交易管理中去，也会运用到"预感交易"管理中去。"预感交易"表示依靠某种直觉来做出决策的交易。凭直觉进行交易并不是毫无根据的，执行基本面分析和技术分析视情况而定,如果发现大量的资金从某一头寸流出,我们或许会在一定程度上基于直觉来考虑这个交易——如果您这样做,这是一种逆向操作。归根结底,如果没有形成一定的基本面分析和技术分析基础,就不该做出任何投资决策。

让我们回到投资纪律方面。为了取得投资成功,我们必须愿意恪守我们在各个层面制定的投资纪律,这包括在交易决策方面纳入特定的投资纪律。当您根据您所选的基准进行投资时,您只需以基准作为参照。但是,在寻求超额收益时,您还需要坚持基于纪律的买入点位和卖出点位。

管理方法的应用

理想的债券投资组合由目前两个广义的资产配置模型组成。就我们而言,总体资产配置优势可归结为策略型配置优势。在做投资资产选择时,要有较长期持有资产的理念,至少要有几个月的持有资产的期限准备。基于这种配置方式的资产选择,我们可以运用本章不断提到的"自上而下"的分析方法。由于债券受不同层面的经济周期的支配,这些经济周期为我们提供了未来的可预见性,是我们资产持有期限的依据。至于策略型资产配置,在投资决策选择时,我们认可的是市场具有更大的波动性。当然,基本面因素在策略型资产配置中也起到一定的作用,特定国家大体上的利率变动趋势和其他宏观经济活动的影响应当被纳入债券持有期限的考量中。策略型资产配置决策主要基于技术分析,同时基于"自下而上"的分析。

还有一点重要的提示,我们不会花太多时间来预测利率变化。几乎没有证据表明,尝试对利率进行准确预测会给全球投资者带来价值。不过,我们会评估按国家划分的全球市场,并根据对特定市场投资环境影响因素的总体分析来进行资产配置。为了正确衡量全球市场潜在的债券可投资性,我们必须对那些初步激发我们好奇心的国家市场进行个别研究和严格评估。这一步骤基本适用于所有市场,一旦您参与其中并对考虑在列的国家进行排序,您便可以开始查看排名第一的国家的具体信息,我们稍后会对此进行概述。

作为全球债券投资者,您必须具有一些经济学家的思想,与其他资产类别打交道时您倒不必如此。这是由债券的特质以及影响债券价格变化的因素决定的。限定理想投资标的国名单时,需要考虑各种基本面因素。其中绝大多数相关因素都是宏观经济指标，包括货币政策、财政政策和国际收支差额，以及我们在政治风险内容中概述的政治因素。请注意，无论您是通过外国经纪账户购买个人债券还是选择不那么直接的债券，如共同基金、交易所交易基金或封闭式债券，您都应该完全掌握正确评估全球固定收益标的方法，不论您选择哪种特定方式来达成投资。

经济指标： 简单来说，经济指标是关于一个国家经济的统计数据。这些统计数据的最终目的是预测经济的未来表现，并着眼于做出任何可能的调整，以规避或抑制即将出现的经济疲软。"经济指标"本身是一个泛指术语，根据使用者和应用场景的不同，它的含义可能略有差异。但是，该术语通常指失业、工业生产、零售、消费者物价指数（衡量通货膨胀）、国内生产总值、股票市场估值和货币供应变动（主要是广义货币 M2，它是流通货币量的最广泛读数，是通货膨胀的预测指标，因为如果货币供应量超过其使用量，通胀可能即将到来）方面的不同数据。作为全球固定收益投资者，您要掌握每个区域和各个国家的这些经济指标成分。您对这些经济指标的解读，将大大有助于您在国外市场中寻得债券交易的沃土。在这个方面，世界大型企业联合会网站（www.conference-board.org）是个很好的资讯网站。该网站制定和发布领先经济指标、同步经济指标及滞后经济指标的相关信息，并提供美国、澳大利亚、欧元区（参加共同货币区的欧盟国家）、法国、德国、日本、韩国、西班牙和英国这些国家和区域的详细商业周期信息。

货币政策： 货币政策是国家经济中对货币供应、货币供应量和货币成本的管控和监督措施，由政府、中央银行或二者共同制定。货币政策的基本面动态是利率与货币供应的关系，旨在实现总体经济增长、通货膨胀、失业和货币兑换方面的有利环境。货币政策主要用于控制通货膨胀，这意味着大多数国家的主要货币政策是"通货膨胀目标制"。这一政策主要通过特定国家中央银行指示的利率变化来实施。您可以通过世界纸币系统网站（www.banknotes.com）上的直接链接找到世界中央银行名单。对于全球债券投资者而言，要关注货币政策的相关因素对每个国家利率的显著影响。

财政政策： 财政政策是利用税务当局和政府支出来控制经济，在商品和服务需求总量（称为总需求）、收入分配和资源配置方面，其影响最为明显。财政政策实际上源于英国经济学家约翰·梅纳德·凯恩斯（John Maynard Keynes）的观点。

他的凯恩斯主义经济学基本上表明政府干预市场和货币政策是确保稳定的最佳手段。理想情况下，财政政策和货币政策协调使用，能够始终如一地实现一个国家最佳的总体经济环境。美国和其他国家政府在大衰退期间提出的大规模经济刺激计划，就是对财政政策的运用简单而显著的例证。这些一揽子计划的预期结果是创造就业和提高工资，以促进经济发展并推动经济增长。扩张性财政政策（较大的政府支出）促使债券供应增长，而债券供应增长又抑制债券收益。全球投资者面临的挑战是，要认识到一个国家有时可能同时发生货币政策和财政政策的变动，比如利率下跌（货币政策方面）和支出增加（财政政策方面），在经济衰退期间，这可能造成收益率波动。

国际收支差额：衡量国际收支差额是确定一国资金流入量和资金流出量的手段。国际收支差额实际上是通过衡量商品服务进出口、金融资本（企业用来购买生产商品或提供服务所需货币）以及资本转移（非金融资产和未生产资产的购置/处置）来确定的。理想情况下，一国的国际收支差额应该为零，表明贷出与借入之间的完美平衡，但这在经济实际运行中并不存在。因此，国际收支差额的衡量揭示了盈余和赤字，同时也告诉我们失衡的根源在哪里。国际收支差额实际上由三个项目构成，分别是经常项目、资本项目和金融项目，每一项目都代表了该指标的不同组成成分。经常项目衡量商品和服务的收入/支出以及投资收益，资本项目衡量资本转移，而金融项目衡量与股票、债券、房地产和公司投资以及国有资产、海外私人资产和外国直接投资相关的收入/支出。国际收支顺差表示净流入，标志着一国市场较为稳定，货币较为强劲；国际收支逆差意味着一国货币估值过高，这当然是与全球债券投资者高度相关的问题。

寻求超额收益

主动型基金经理的核心焦点是实现投资组合的超额收益。虽然超越基准的投资方法多种多样，但这里我们提到的是为实现超额收益目标的五种方法：货币管理、久期管理、债券市场选择、投资产业转移和指数外交易。

货币管理

在所有可用来实现超额收益的机制中，积极有效的货币管理必然是最好的机制之一。事实上，货币变动可能比债券市场波动更具影响力，因此实施货币管理需要一个基准。实际上，货币走势很容易吞噬外国债券与美国债券之间的收益率差异，因此您必须保持"货币警觉"。

在对冲基金方面，作为基金经理人，有三个基本的选择：您可以不对冲，可以完全对冲，也可以部分对冲。一些经理人从不对冲，而有些则总是对冲。持"不对冲"观点的经理人指出，坚持不采取对冲措施经常依赖较大程度的分散投资来获得收益，而"总是对冲"的经理人则通过坚持保值美元投资来获得收益。对我们来说，任何方法都不是非黑即白的，投资领域不存在这类教条主义。我们认为，货币管理是个持续、积极的过程，它依赖于您愿意积极地做适当分析，以决定在特定时间更应该保持不对冲还是对冲。在外币升值的环境中，您最好保持不对冲，反之则对冲。总是对冲的问题在于，它有成本，而这些成本会侵蚀收益。当您进行策略性交易时尤其如此，策略性交易意味着交易更频繁、期限更短，对冲成本可能会变得过于高昂（尽管真正的策略性债券交易者也会倾向于分开管理货币变动）。归根结底，您选择对冲或是保持不对冲，都应视情况而定；很有可能基于货币环境，您会采取部分对冲措施，对此您应有所准备。对我们来说，决定一直对冲债券投资组合或从不对冲投资组合有点像是在纠结这样的问题："人们出门时，是该一直穿雨衣还是从不穿雨衣？"大多数人会认为这是个愚蠢的选择问题，应当根据当下的天气状况以及当天剩余时间的预期天气状况来做出决定。这也就是我们考虑对冲与否的方法所在。

成功管理货币的关键在于能够成功预测未来即期汇率。换句话说，要让货币管理增加投资组合价值，您需要掌握未来的汇率变化，但这种变化趋势存在特殊机制，无规律可循。您可以采取一些措施来帮助解决这个问题，包括对高于实际汇率的货币进行增持。我们希望这对典型投资者来说更容易管理，因而我们建议对冲货币期权或期货，我们在第八章中会拓展这方面的讨论。此外，货币变动也表现出以趋势为导向的行为，所以，应当运用技术分析结果作为货币管理的参考，我们将在第六章具体论述。在第六章中，我们会看到最好的对冲交易应当是积极的货币交易。

久期 / 收益率曲线管理

久期管理是实现超额收益的另一种工具。如果由经济环境分析得知利率可能会下降，那么您将延长投资组合的久期。收益率曲线形状的变化预示着久期的变动，正如价格敏感度受价格曲线陡峭或平缓程度的影响一样。正斜率收益曲线表明，随着债券久期的延长，比如从 2 年期到 10 年期，收益不断增长；而负斜率收益曲线表明，短期收益较高，到期日越长，风险敞口就越大。图 5.2 显示了反向收益率曲线。

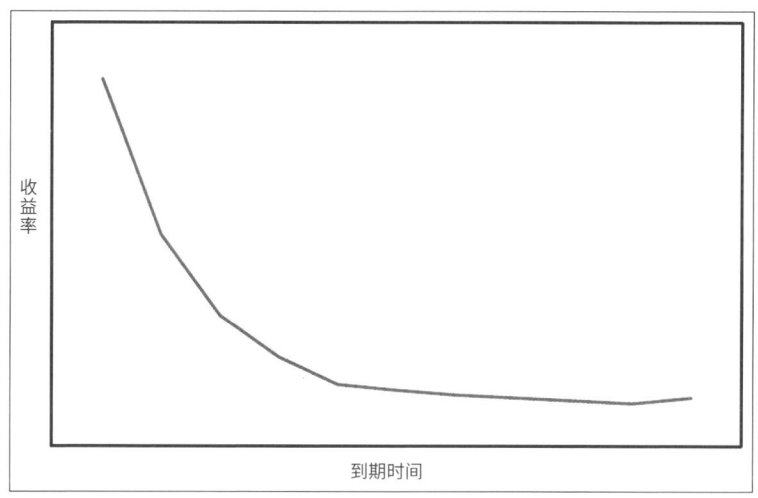

图5.2　反向收益率曲线

全球投资者能够有机会根据市场环境状况，以不改变投资组合总体久期的方式在国家内部调控债券久期。子弹式久期管理策略和哑铃式久期管理策略是应对收益率曲线变化的有效方法。针对一国陡峭的收益率曲线，子弹式策略会产生高水平收益率；而针对水平化收益曲线，应用哑铃式策略效果更佳。若收益率曲线向上陡升，短期收益率下降而长期收益率上升，便意味着随着收益率的双面损失，您的哑铃式结构（债券期限集中于短期、长期两个极端期限）正被压垮。

子弹式　子弹式持有期限管理策略旨在瞄准收益率曲线上特定到期时间 / 久期的固定点。通常，实施该策略，应以交错的时间间隔来购买债券，这可以让您规避利率风险。例如，标的投资债券是 10 年期债券，那么可以起初购买 10 年期债券，两年后购买 8 年期债券，四年后购买 6 年期债券（见图 5.3）。

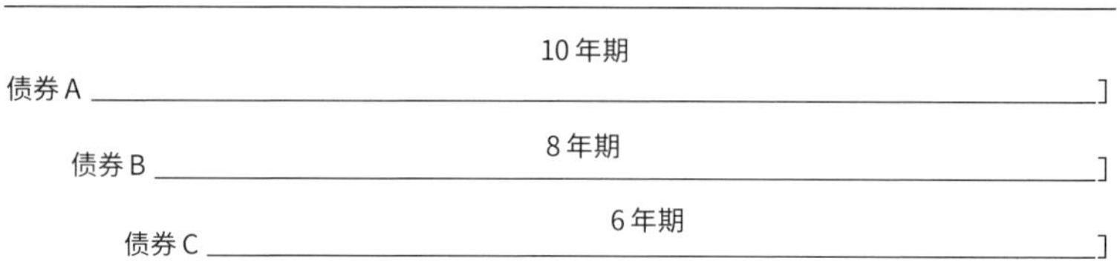

10年期
债券A
8年期
债券B
6年期
债券C

图5.3　子弹式持有期限管理策略图示

哑铃式　运用哑铃式持有期限管理策略，您可以购买长期债券和短期债券，而不购买中期到期债券。哑铃式长期债券表示您已获得有竞争力的长期收益率，而短期债券使您在债券市场受到冲击时可以灵活地转向其他市场（见图5.4）。

10年期
债券A
10年期
债券B
2年期
债券C
2年期
债券D

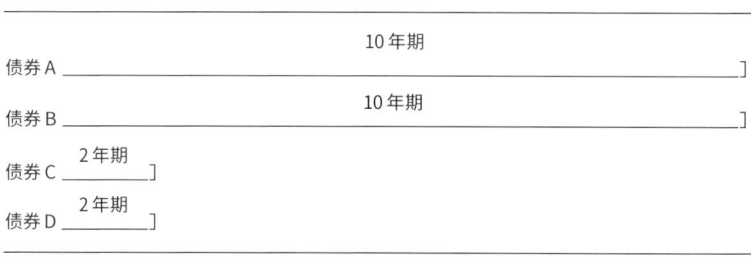

图5.4　哑铃式持有期限管理策略图示

债券市场选择

与货币管理一样，选择业绩表现最佳的市场，增持指数相关的债券可能是一种有利可图的策略。这既基于经验证据，又基于直觉；在那些操作空间最大的领域，实现超额收益的机会最大。在国别分析的基础上，能够进入任何功能性投资市场，将为您的基金增值带来巨大机遇。

投资产业转移

投资产业转移当然可以算是又一个重要方法，尽管我们将其对实现超额收益的贡献归因于该策略较低的投资权重。实际上，我们认为，各国和各区域之间只要持续存在重大差异，这些差异的影响将始终胜过各产业的影响。传统上，当我们讨论债券产业时，我们谈论的是其类型、质量和早赎特征，而债券产业的第二个适用定义是，进行固定收益投资的行业（工业品、公用品与金融品等）。就传统定义而言,全球可投资领域的增长已导致可投资产业的大幅增长。例如,自欧洲货币联盟(EMU)出现以来,公司债券市场已经显著增长。这种可投资性的提高自然增加了最大化收益的机会。您的产业分析必须包括密切关注可能产生重大影响的问题,例如杠杆和流动性问题。在不景气的经济环境下,杠杆率高且流动性差暗示着该产业很可能违约风险高。

指数外交易

投资特定指数以外的市场有可能大幅提高收益。表5.4显示了1993年9月至2003年9月摩根大通全球政府债券指数(美国除外)以及摩根大通EMBI、EMBI+和EMBI全球指数混合指数(这里称作EMD指数)的收益。

表5.4 1993年9月至2003年9月,摩根大通全球政府债券指数(美国除外)以及摩根大通EMBI、EMBI+和EMBI全球指数混合指数的收益

	1993—1998年	1993—2003年
摩根大通全球政府债券指数	4.63%	6.25%
EMD指数	16.86%	11.89%

资料来源:摩根士丹利投资管理公司。

新兴市场债券指数显著的超额收益表明,在这个时期,投资新兴市场债券将使投资级政府债券投资者享有超额收益。为了确定哪些外部市场最适合增值,你必须基于我们前述的分析方法,分别分析每个市场。首先要有一个全球景象概观;其次,审视区域和国家,并由此出发,确定哪些特定市场最有利于债券投资配置,进而进行更具体的投资策略分析。

作为一名基金经理,为了获得超额收益,您需要对两个市场进行"自上而下"的分析:一是不属于基准市场的市场,二是基准市场。也请不要忘记,您必须研判相关货币的变化趋势,要做到:首先,保证您的投资策略具有可行性;其次,决定是否需要在任何程度上对冲您的指数外交易。

第六章　全球外汇市场盈利技巧

外汇交易市场背景知识

我们永远不会忘记我们在外汇交易市场上的首次经历。我们管理投资组合大约有 15 年的时间，交易了超过 10 亿美元的可投资资产。我们的投资组合取得了良好的业绩，我们运用智慧成功应对了全球资本市场的不可预测性和复杂性。我们最初并没有计划直接拿客户账户里的美元来进行外汇交易，但是我们有拿自己的私人账户美元来交易。那次交易经历让我们大开眼界。要知道，影响全球股市的许多基本面因素也影响全球外汇市场，而我们用于股票交易的许多技术模式和指标也同样适用于外汇交易。然而，外汇市场上交易盈利或亏损的速度与股票市场全然不同。外汇交易中有杠杆作用，而这正是外汇市场巨大波动的原因。在进行外汇交易之前，您一定要做好风险防御措施。我们首次进行外汇交易时，在交易的头五天获利 40%，于是便想着这笔交易没有问题，不可能再发生错误。但接下来的 48 小时里，我们损失了 60% 的资金。外汇市场交易不适合胆小的交易者，且那些不恪守纪律的交易者会很快出局。后文中，我们将对交易策略、风险策略以及交易纪律的重要性做详细介绍。现在，让我们先对外汇市场做个大体了解吧。

对我们所有人来说，外汇交易都是令人兴奋的，因为它使投资者有机会在全球规模最大、流动性最强的市场进行交易。令人难以置信的是，外汇市场每天都能有 3.2 万亿美元额度的交易变动，它的走势变动异常迅速，价格也瞬息万变。除了一些外国央行的间接干预外，任何单一经济活动或机构都无法左右这个市场。由于规模宏大，外汇市场是真正"不可操控的"，这保证了投资者能在此进行公平交易。

第六章 全球外汇市场盈利技巧
Chapter 6 Making the Buck in Currency Trading

我们需要清楚的第一个问题便是："什么是外汇市场？"外汇市场（Forex）是全球规模最大、流动性最强的金融市场之一。大银行、中央银行、公司、政府以及像您和我们这样的投资者都能在此进行交易。我们今天看到的外汇市场发展始于20世纪70年代，当时世界各国逐渐从固定汇率机制（如布雷顿森林体系建立的以美元和黄金挂钩的固定汇率制度）转向浮动汇率机制。1944年的"布雷顿森林体系协定"是为了稳定二战后的全球经济而制定的，人们普遍将其视为外汇市场的起始。该协定创造了各国货币相互交易的理念，并建立了国际货币基金组织。全球各国货币与美元挂钩，而美元又与黄金挂钩，以期为全球外汇交易带来稳定。面对国际收支严重不平衡的情况，央行被允许对本国货币重新定值，但是，外汇交易价格变化有着严格的限度。然而，该协定最终失败了，但它达到了在其运行期间为全球货币市场带来稳定的目的。

外汇市场交易的目的是促进贸易和投资。之所以需要外汇市场，是因为存在多种国际货币（如美元、欧元等）以及交易这些货币的需要。我们假设有一家荷兰公司，想购买美国李维·斯特劳斯公司的李维斯牛仔裤，您能带上您的欧元，飞往旧金山（李维·斯特劳斯公司总部所在地）去购买牛仔裤吗？当然不能。您需要将您的欧元兑换成美元然后再进行采购。现在，您可以将这个简单示例运用到整个世界。每天有多少公司和政府跨境开展业务？这个数字是惊人的。这就是外汇市场不仅对交易者而且对企业如此重要的原因。

全球外汇及相关市场的日均成交量正在不断增长。据国际清算银行报告，2007年4月全球外汇及相关市场的日成交额超过3.2万亿美元（编者注：2019年9月已飙升至创纪录的6.6万亿美元）。自那时以来，该市场日均成交量便持续增长。据欧洲货币年度外汇调查，2007—2008年期间成交量增加了41%。这种增长很大程度上可以归因于交易员们对外汇市场日益增长的兴趣以及外汇市场可及性的增加。要知道，10多年前，大多数小型投资者甚至还没有进入这个市场。

在大多数股票市场，市场参与者都可以以相同的价格获得准入，但外汇市场与此不同，它划分了准入级别。级别最高的是银行间市场，由最大的投资银行公司组成。在银行间市场中，价差是重要的，通常圈外的投资玩家是得不到的。如果一个机构可以保证大量的外汇交易，它就能够在买入价和卖出价之间获得一个较小的或较大的价差。外汇市场的准入级别取决于实体交易的资金数额。顶级银行间市场交易额占所有交易总额的 53%。其次是较小型投资银行，再之后是大型跨国公司（需要对冲风险，并向不同国家员工付薪）和大型对冲基金。在表 6.1 中，您可以看到全球顶级外汇交易商的名单。

表6.1 全球排名前10的外汇交易商，以成交量占比为衡量标准（2008年5月）

排名	机构名称	成交量占总成交量的比例（%）
1	德意志银行	21.70
2	瑞士联合银行	15.80
3	巴克莱资本银行	9.12
4	花旗银行	7.49
5	苏格兰皇家银行	7.30
6	摩根大通银行	4.19
7	汇丰银行	4.10
8	雷曼兄弟投资银行	3.58
9	高盛集团	3.47
10	摩根士丹利	2.86

资料来源：欧洲货币局外汇市场概览，2009年外汇市场调查，www.euromoney.com。

外汇市场的一个特征是，它没有统一或集中清算的交易场所，而且也很少有跨境监管。实话说，由于外汇市场的规模太大，它几乎通过高度流动的供需来调节自身。在正规化市场之外，我们看到的是大量的相互关联的市场，在这里交易着不同的货币和货币衍生的交易工具。在外汇市场中，不存在单一的汇率，但存在着大量的不同汇率或交易价格，它们取决于是哪家银行或做市商在交易。实际上，大部分汇率相差不大，否则它们可能会为各种形式的套汇所利用。由于伦敦在市场上的主导地位，特定外汇的报价通常是伦敦市场价格。外汇的主要交易中心是伦敦，但纽约和东京也是重要的交易中心。此外，与大多数市场不同，外汇交易全天持续进行：亚洲交易时段结束时，欧洲时段便会开始，随后是北美时段，然后又回到亚洲时段（周末除外）。

经济指标的变化时常会引起汇率的波动。导致汇率波动的因素包括 GDP 增长、通货膨胀、利率变动和其他宏观经济条件等，这些因素会造成一国货币的升值或贬值。归根结底，投资者需不断估计资金流会从哪里流向哪里，并衡量哪个经济体会从主要的宏观经济变化中受益（或受损）。

风险

诚然，与外汇交易相关的风险是切实存在的。但是，如果您能够做到知己知彼，系好主动型投资者最重要的安全带——严格恪守交易纪律，风险也是可以管理的。

交易风险管理

在我们深入论述外汇交易的技术分析之前，我们先来谈谈风险。您将在关于投资组合管理的第九章中进一步了解到，我们认为投资中最重要的方面是风险管理，而不是收益。收益是投资的"终极"目的，但风险管理就是要在经济下行条件下保护收益并防止投资组合遭受灾难性损失。例如，假设您在一个新的外汇交易账户中有1万美元，您决定开始10单交易，每单交易额为1000美元。您下了单并持有头寸一个月。当您重新查看账户时，您会发现有8单交易取得成功，且这8单交易每笔净赚5%。但是，另外两单交易失败，每单亏损50%。这样到该月末您剩下的额度就为9400美元。您的交易取得80%的成功，却亏了钱。如果您控制了风险并进行下行保护（比如简单止损），您将在该月获得可观的利润。因此，缺乏风险防范意识将使您付出巨额代价。

如果我们告诉您，即便交易只成功60%，您也可以在外汇市场上获得可观利润，您会怎么看？您会感到惊讶，对吧？我们这样说实际上并不是无稽之谈，但前提是，您必须是个恪守纪律的交易者，而且必须将风险防范纳入您的投资组合考虑因素中，如此您才能做到这一点。彼得·林奇[1]（Peter Lynch）曾经说过："在这个行业里，如果你做得好，你十之有六是对的。你不可能十有八九是对的。"彼得·林奇主要管理股票，但他大体清楚风险管理理念和交易成功的原因。在进行外汇交易甚至现钞交易之前，我们建议您严格制定交易纪律。不要认为光凭直觉就足以让您在外汇市场上获利。这种"信仰体系"正是交易者的"死亡之吻"，也是为何他们

---

[1] 投资界的超级巨星，被誉为"全球最佳基金经理"的投资大师。

的实际失败程度会比理论上严重得多。我们事实上具有敏锐的直觉，但在第一次进行外汇交易时也大受挫败。要成为一名成功的外汇交易员，您需要培养纪律意识，并使其变得无意识化，即不受任何情感因素的影响。为了做到这一点，您要问自己一些基本问题：您要做个长期交易者、短期交易者，还是做个外汇剥头皮（赢点小利就开溜）？如果愿意，您可以集三者于一身，但在交易之前尽可能清楚地制定您的标准。在回答这个问题时，您可能会找到别的问题的答案，比如，亏损达到7%、10%、15%等时，您会斩仓出局，全面止损吗？实际上，当您进行交易时，止损水平可能是您调整策略、化险为夷所在。若没有预先确定止损水平，不要进行交易。我们无法告诉您，我们有多少次看到新手交易者开始一项交易，眼睁睁看它亏损10%，没有止损，随后是双倍亏损，并且，在此之后损失更多。要了解您的下行趋势并建立一个限制范围。在我们继续论述之前，我们会展示一些走势图，来向您说明如何制定止损水平。就目前而言，您只要知道您需要限制自己的下行趋势就足够了。相比股票，外汇更像是流通性极强的公交车：总有下一辆公交车会来，所以您没有必要只盯着一笔交易。

如果头寸已经让您获利，您何时将其抛售？这是交易者犯的另一常见错误所在。他们眼睁睁看着有利可图的交易变成亏损。如果您的交易纪律是在亏损5%时止损，那就在亏损5%时止损；如果您要自动卖出任何获利20%的头寸，那就卖掉吧——但不要在不知道何时"斩仓出局"的情况下就进行货币交易。同样，您也可以随时调整止损水平和触发价格——重点在于您的交易纪律要对此有所设定。

我们特别谈到了止损订单，但我们还没有界定外汇交易员可以使用的交易专用订单。让我们来做个简单介绍。

市价订单：市价订单是指按照市场当时最优的价格立即买卖货币的交易订单。如果您购买货币，您将按卖出价付款；如果您卖出货币，价格将设定在买入价左右。由于外汇市场波动性高，市价订单的价格不一定是最后交易价格。买入价和卖出价可能会有很大偏差，这取决于货币的稳定性。

限价订单：为了购买低于当前价格的货币，买入在当前价格之下的限价订单。另一方面，也可以卖出高于当前货币价格的限价订单，以确保卖价高于市价水平。在限价订单中，交易员可以指定买入/卖出货币对的价格，以及订单有效的持续时间。

从持续时间来看,限价订单有两种类型:撤销前有效订单(GTC)和当日有效订单(GFD)。如果没有被执行,当日有效订单将在交易日结束时到期,而撤销前有效订单一直处于有效状态,直到被交易员撤销。

当您同时进行止损和限价订单交易时,也应该下达二择一订单(OCO)。这意味着市场触发止损订单和限价订单的其中一个,另一个将会被取消。使用二择一订单,在运行其他任何一个订单后,另一个订单即失效。

止损订单:止损订单像限价订单一样以预定价格下单,但当市场达到目标价格时,它们就变成了市价订单。止损订单是一种限价订单,可作为抵御货币价格大幅下跌的保护机制。如果货币价格低于您设定的价格,它将自动在市场上出售。例如,如果您以 1.32 美元的汇率购买欧元 / 美元货币对,您可以决定以 7% 的价格止损,或者以 1.23 美元的价格止损。如果交易不如您所愿并且欧元 / 美元汇率跌至 1.23 美元,您的头寸将在市场上卖出。这可以抑制您交易的下行趋势,并且不需要经常监控头寸。

移动止损订单:移动止损订单实际上是以低于或高于当前市场价格的百分比设定的止损订单。随着价格变化,移动止损价格会自行调高或调低。移动止损订单也可以作为移动止损限价单或移动止损市价单。移动止损的优势在于,如果头寸对您有利,订单会自动跟随汇率"移动",在防范价格下跌的同时提供更大收益的潜力。

独有的全球货币风险

顾名思义,每一个精明的投资者都是风险管理者。他们期待市场交易价格的潜在上升趋势,而不满潜在的下降趋势,当他们试图把握市场价格上升带来的财富增长机遇时,必须坚持投资纪律。与股票、债券、房地产、银行存款、古董和贵金属等其他常见投资形式一样,外汇交易也有其内在风险和收益。我们在股票章节中已经讨论了诸多全球经济的影响因素,但请注意,有一些风险是全球外汇市场特有的风险,下面我们将对此加以论述。

杠杆风险

当进行外汇交易时,可以运用杠杆获得利润。所谓杠杆,就是运用借贷货币增加交易的潜在收益。在市场上使用杠杆的原因是,利润是以汇率差的方式获得的，而这种差异是以毫厘计算的，所以，必须使用大量的货币进行交易，才能够导致交易的微小变化，从而达到有价值的交易。虽然交易数十万美元可能听起来令人兴奋，但当您以如此高的成交量交易时，即使是一个小小的错误，也会让您满盘皆输，所以要保持对杠杆可怕力量的高度警惕。

新闻消息风险

这是相对直接的风险。面对这样的风险，绝大多数人猝不及防。如果您认为自己是长期的外汇交易者，对这种风险的重视就尤为重要。长久以来，投资者购买投资组合中的股票和债券，并在退休之前一直持有这些股票和债券。虽然我们并不偏好"买入并持有"的投资管理方法，但这在某些市场是可行的。在外汇交易中，"买入并持有"会变成"买入并遗忘"，这种方法最容易使您满盘皆输，因为您会对不断变化的国家政治和世界政治风向一无所知。货币的变动很容易受到整个国民经济内部变化以及政府和政府政策相关变化的影响，而这些变化的信息可以迅速颠覆您的交易。因此，如果您打算投资货币，除了全天候关注像CNBC这样的财经新闻网发布的新闻信息，也请确保有某种途径可以获得即时的爆炸性新闻。

顺便提一下，关于"新闻风险"有一个有趣的反转——当您在做外汇交易者的过程中了解到一些关键的、有用的消息时，这种风险就不存在了。让我们假设下，您有一个最大的日本客户，他碰巧和前日本央行行长白川方明打了一场高尔夫，某天午餐时他告诉您，日本央行计划在下次会议上下调利率；获得此消息，您便可以直接做空您青睐的日元。如果您的下注获得了收益，没有人会因内幕交易而起诉您，因为在外汇市场上没有内幕交易之说。事实上，许多欧洲经济统计数据，例如德国的就业数据，往往在官方公布前几天就被泄露了。这类信息可能对您有所帮助，您应该经常关注这类信息。

利率风险

一国中央银行的利率变动会极大地影响您的货币头寸。例如，每当欧洲央行决定上调或下调利率，欧元的价值就会受到影响。一般来说，当央行宣布利率上调时，货币也会升值。这是因为较高的利率增加了货币的需求。如果欧洲央行最近将利率上调至3.25%，而澳大利亚储备银行的基准利率设定为2.50%，您认为谁的货币将会走强？欧元将会走强，因为全球投资者都在寻求现有的最高利率。在这个简单的例子中，欧元会是更强劲的货币，因为欧洲央行上调利率，相对于澳元会升值。此外，请谨记，投资者主要根据预期的利率进行交易。因此，如果欧洲利率为 3.25%，但投资者认为欧洲央行在未来 6 个月内将下调 50 个基点，那么您肯定会看到欧元价格在实际宣布利率降低之前就会下降。此外，利率的下降很可能会导致欧元的抛售，因而欧元的价值就会下跌。

交易对手风险

每当您进行外汇交易时，都涉及两方：买方和卖方。与您交易的个人或机构称为交易对手。因此，您始终面临交易对手风险，即您交易对方的个人 / 机构不履行其义务的风险。

为规避这一风险，您可以决定只与信用评级优良和背景干净的知名公司进行交易。您需要充分调查作为您交易对手的机构，弄清楚是否有问题曾被报道出来，如清偿能力或商业道德问题。商品期货交易委员会（www.cft.gov）网站是您开始研究的良好资源。在不考虑交易是否获得收益的情况下，商品交易就已经很复杂了。

通用术语/交易员类型

我们了解完外汇交易市场的背景知识，也界定了一些必须防范的风险，那么现在让我们开始讨论外汇交易中涉及的术语。首先，我们要定义外汇交易领域中存在的交易员 / 交易策略类型。其次，我们要明确一些交易术语。如果您在其他资本市场交易过，您一定想跳过这一部分进入其他方面的分析，但我们想提醒您不要这样做。外汇交易市场有它自己的术语，您不该等交易了才开始学习。

首先，外汇交易有一个最令人费解的地方：似乎没有一个关于"交易员"的单独定义。正如您从其他资本市场的投资经验所知，交易员有各种类型。您可能尚未确定您在外汇市场上是何种交易员，所以让我们讨论一下现有的通用交易类别，由此开始您的交易。谨记，在外汇市场上交易，纪律乃重中之重。

剥头皮式交易：这是一种交易策略，交易员买进货币对并持有一小段时间以赚取利润。它通常涉及通过使用杠杆交易巨额资金，并快速获取利润。一小笔货币兑换便是可观利润的来源。剥头皮在一个交易时段可进行数十次甚至数百次交易。

日间交易：日间交易员就是指那些在一笔交易中交易时间不超过一天的交易员。他们可能会进行几分钟或几小时的交易，但交易时段结束时，他们便会结清头寸，并准备好第二天的交易。

动量交易：动量交易员寻找那些在高成交量方向上大幅移动的股票，并试图登上驶向预期利润的动量火车。动量交易员不会试图在最低价上寻找反向，他们也不会试图在最高价时抛售；相反，一旦掌握走向，他们就会试图利用中间成交量进行交易。

摆动交易：摆动交易处于日间交易和趋势交易的连续过程中。货币的日间交易员持有货币对的时间从几秒钟到几个小时不等，但从不超过一天。趋势交易员研究一国的长期基本面趋势，并持有货币对几个月、几个季度或几年。摆动交易员通常试图识别枢轴点（股票从下降趋势转向上升趋势，或相反），或者他们将以价格模式/形态，如通道、三角形形态、头肩顶/底形态和三角旗形态，进行交易。图6.1显示了6个月内摆动交易中枢轴点的变化情况。

基本面交易：基本面交易员根据基本面信息和基本面分析来交易货币，基本面分析考察公司事件、政府行为或全球经济报告概览等因素。他们不分析技术图表，而分析来自世界各地的基本面数据。

趋势交易：趋势交易员是长期交易员，他们关注的是一国或多国资本市场的长期趋势。趋势交易员的交易期限将持续数月、数季或数年。只要长期趋势或长期主要动向适宜，趋势交易员将保留头寸。例如，从2001年末到2008年大半年时间里，与美元相比，加元走强。由图6.2所示，您可以看到这二者的相应变动。商品繁荣为加拿大经济提供了动力，并因此促进加元走强。如果在这段时间里，您是交易货币对的趋势交易员，您可能已经做空美元/加元好些年了，并赚了一大笔钱。另外，图中阴影区域显示趋势最终转向有利于美元的走向。

谨记，您不可能完全吻合某种交易员类型，没有哪种交易类别会完美地适合您。您可能会决定成为一名基本面交易员，且通过研究图表来计算入市和退市的时间，或者您可能是个剥头皮的交易员，且只通过基本面经济报告来快速交易。重要的是，在进入外汇交易市场之前，您需要了解自己将成为什么类型的交易员，

第六章 全球外汇市场盈利技巧
Chapter 6　Making the Buck in Currency Trading

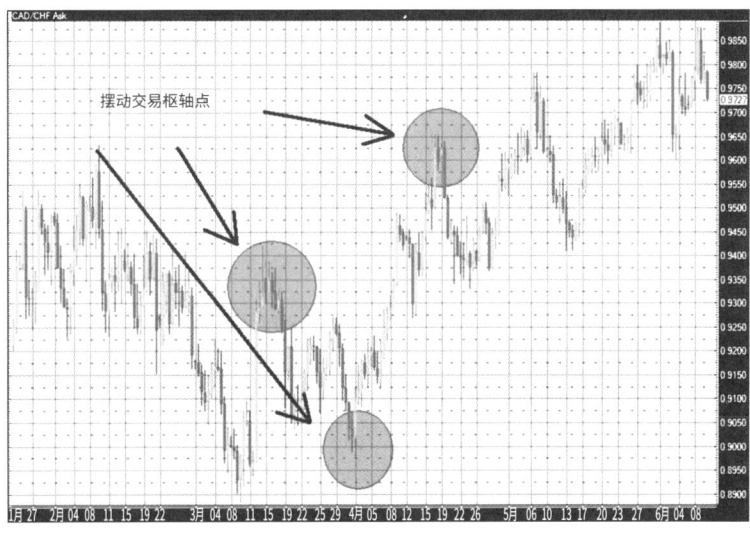

图6.1　摆动交易枢轴点示意图
资料来源：Fxaccucharts.com。

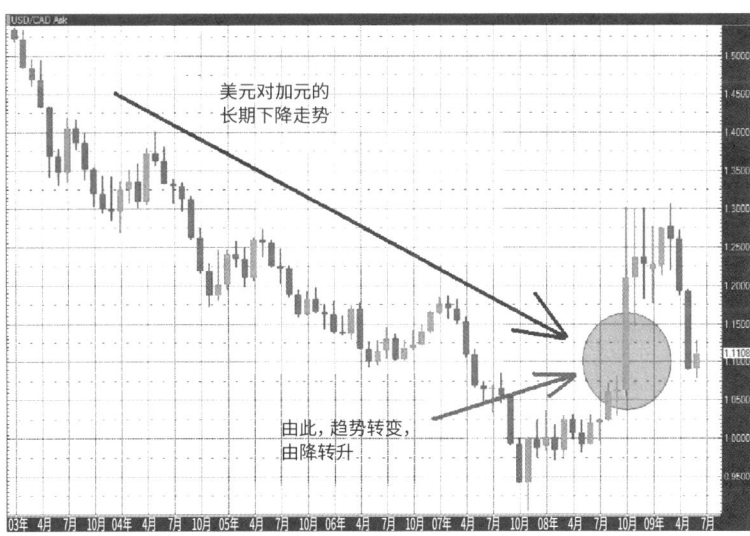

图6.2　2003—2009年中期，美元/加元货币对走势图
资料来源：Fxaccucharts.com。

因为外汇市场波动极大，而您是无法"边干边学"的。如果您没有设定自己的交易纪律，或不把交易纪律当一回事，那么，您就会轻易地遭受损失。

外汇交易专门术语

我们来看些与外汇交易密切相关的重要术语。其中一些您可能认识，但外汇交易市场有自己的运行机制，因而您要关注下这些术语的详细信息。

点

首先，货币是用所谓的"点"来衡量的。点是货币的最小变化单位。它可以用报价或基础汇价来衡量。点是标准单位，是货币报价变化的最小数额，美元相关货币对通常为 0.0001（通常称 0.0001 美元为 1 点）。请记住，您在进行外汇交易时会使用大量的杠杆，只需要小幅度的汇率变动就能获利。

假设我们的美元/欧元（USD/EUR）直接报价为 0.8745，该报价表示，1 美元可以购买 0.8745 欧元。如果该报价增加一个点（至 0.8746），美元将相对于欧元升值，因为 1 美元将可以购买略多的欧元。换句话说，美元相对于欧元走强了。

当交易员在外汇市场上进行交易时，他以通常被称为"手数"的单位买入或卖出货币。交易员将买卖两种主要类型的手数。一个 10 万美元的单位为普通手，1 万美元的单位为迷你手。当您买卖普通手时，您可以获得 10 美元的点，而当您买卖迷你手时，您可以获得 1 美元的点。

举个例子，假设您有兴趣将英镑/美元组合（GBP/USD）纳入您的对冲基金，如果您购买该货币组合的一货币手，那么每英镑兑每美元的当前汇率为 1.524。如果英镑对您有利且该汇率上涨至 1.528，这时您决定锁定您的利润，那您将锁定 40 点的利润。要将点数等同于货币价值，您需要记住，在一个 10 万美元的交易中，1 点约为 10 美元；在迷你手交易中，1 点约为 1 美元。如果我们获得 40 点，将 40 点乘以 10 美元，相当于 10 万美元交易账户收获 400 美元或 1 万美元账户收获 40 美元。

对于大多数公司而言，杠杆交易的平均最低存款为 1%，这表示每交易 10 万美元手，您的保证金交易账户必须有 1000 美元。至于迷你手，您存款保证金交易账户中至少需要有 100 美元。

货币对

在任何交易中，都有买卖双方。外汇交易也是如此，各种货币以相同的方式运行，并且总是成对交易。这意味着当一名交易员进行外汇交易时，他总是做多一种货币而做空另一种货币。例如，如果您的对冲基金卖出一个标准手的新西兰元/日元，那么本质上是把新西兰元兑换成日元，现在就是"做空"新西兰元而"做多"日元。

有些交易商将交易外来货币，如柬埔寨瑞尔或印度尼西亚盾，但大多数交易全球七种最具流动性的货币对。

四大主要货币对是：

1. 欧元/美元（EUR/USD）

2. 美元/日元（USD/JPY）

3. 英镑/美元（GBP/USD）

4. 美元/瑞士法郎（USD/CHF）

三大商品货币对是：

1. 澳元/美元（AUD/USD）

2. 美元/加元（USD/CAD）

3. 新西兰元/美元（NZD/USD）

这些货币对及其各种组合占外汇市场所有投机交易的 95% 以上。此外，外汇市场有少量的交易工具，这些交易工具只有 18 种货币对且交易员用此进行交叉盘活跃交易。外汇市场比全球股票或债券市场更加集中，这使得对冲基金更易于管理。我们建议您做好外汇交易，并专攻少数货币对。

套利交易

套利交易所依据的基础是，世界上每种货币都附有利率。套利背后的想法直截了当：交易员以低利率货币进行融资购买并做多高利率货币。2005 年，外汇市场上最好的货币对是新西兰元/日元（NZD/JPY）。在中国商品需求巨大和房地产市场火爆的刺激下，新西兰的利率上升至 7.25%，且这个利率持续了很长一段时间。与此同时，日本保持零利率。如果您的对冲基金做多了新西兰元/日元货币对，它将从新西兰的利率中收获725个基点的收益率。以10:1的杠杆率，不考虑资本增值的作用，新西兰元/日元套利交易将从利率差异中产生72.5%的年收益率。不过，在您匆忙买入下一个高收益货币对之前，请注意当套利交易自行解除时，可能会迅速产生严重跌幅。这就好比不断拉扯一根橡皮筋，橡皮筋最终会因绷得太紧而断裂。这一过程被称为套利交易清算，当交易员认定套利已经完成时，就会进行这一过程。随着每个交易员立即寻求退出其头寸，买入价消失，利差带来的利润远远不足以抵消资本损失。套利交易中的最佳持仓时机是在利率紧缩周期的开始，交易员在此时可随利差增大而采取行动。

选择经纪商

您可以通过数千家公司进行交易。只需在谷歌搜索"外汇交易"，您就会看到许多经纪商页面，这些经纪商都期待您交付资金。不过，像对待任何其他事情一样，还是小心为妙。

这些经纪商大多数会为您提供免佣金的交易服务，但谨记，天下没有免费的午餐。大多数经纪商获利的方式是基于买入价与卖出价之间的价差。因此，当您寻找经纪商时，请始终按偏紧的利差来寻找，如此来节省您真实的基础交易成本。

最重要的是，您需要找到一个老练且信誉良好的合作经纪商。在一些不寻常的市场状况下，您会发现一些经纪商根本不受监管。要离他们远点。要知道，任何一家机构都可以以外汇经纪商的身份自居，而不在监管机构注册。请使用美国国家期货协会的经纪商背景信息查询系统（www.nfa.futures.org/basicnet）来确保您的经纪商已注册。

以下是我们已经做过研究和实际合作过的一些公司，这些公司的信誉都是良好的。可以肯定地说，您搜索的经纪商越多越好，以便从中选出一个最合适的。例如，您可能更偏爱图形软件分析而不是其他类型分析，或者换个网站，您可能会发现偏小的利差。

盈透证券（www.InteractiveBrokers.com）：对我们而言，盈透证券是这一群体中最有价值的公司，因为它为您提供了极大的灵活性。您可以用一个单一账户交易股票、债券、货币和期权。大多数经纪商不具备这种灵活性。此外，该公司是公开交易的。作为免责声明，我们与该公司有客户关系。对于大多数个人来说，账户最低金额通常略高于1万美元。个人退休账户最低金额降至4000美元，21岁及以下的个人账户最低金额为3000美元。

嘉盛外汇集团（www.Forex.com）：嘉盛外汇集团是嘉盛集团股份有限公司的一个部门。该公司资本充足，具有巨大的网络影响力。其官网的通行语言有中文、英语和西班牙语。您只需花费250美元便可开设迷你账户。

外汇解决方案公司（www.FxSol.com）：外汇解决方案公司推广其专有的全球交易系统（GTS）。它是一种价格发现和交付系统，为个人交易和银行间交易提供高质量的服务。该公司已经连续三年被《公司》杂志认定为美国发展最快的私营公司之一。其官网的通行语言是中文、英语和西班牙语。您只需花费250美元就可以开设一个账户。作为免责声明，我们和相关人员在外汇解决方案公司中拥有个人外汇交易账户。

全球外汇交易公司（www.GFTForex.com）：全球外汇交易公司成立于1997年，并拥有一个独特的自营交易平台，名为"DealBook 360"。其官网的通行语言有英语、中文、法语、德语、日语、韩语、波兰语、葡萄牙语和西班牙语。您只需花费250美元即可开立账户。

交易纪律

从现在开始，我们将进入本章的分析部分。在股票投资一章中，我们大量论述了全球宏观经济和国别的基本面分析。如果您想简单地根据基本面信息来交易货币，那么基本面分析是合适的。不过，正如股票投资一章所示，我们认为您应该同时使用基本面分析和技术分析来交易货币。由于我们之前已经涵盖了国家基本面分析内容，这一章的大部分内容都将从技术分析方面开展。我们希望您了解如何有效阅读图表，并理解那些在外汇交易领域中最具价值的指标。

我们首先要讨论的便是您的交易纪律。外汇市场的走势变动如闪电般迅速，如果您没有严格的交易纪律，您可能会陷入很多困境。您有没有注意到，那些从小就恪守纪律的孩子在公众场合表现最佳？棒球界最好的击球手由于受过足够的纪律训练，往往等到合适的时机才打出曲球？美国国家橄榄球联盟（NFL）中最好的四分卫是那些纪律优良的球员，他们会在队友构筑的"口袋"中安分前进，并在对方尝试撞到自己之前将球传到达阵区域？在生活和追求的方方面面，纪律是成功之母，这并非巧合——外汇交易与其他任何交易一样，都受益于交易纪律。

汤姆·内勒（Tom Naylor）曾说过："现实生活中的问题越大，纪律就越倾向于退回到一个自我安慰的幻想世界——抽象理论和技术操纵的领域。"坦白讲，这像不像大多数投资者面对开始变得动荡不安的市场时的样子？您会变得茫然和困惑，交易下跌 50% 之前，您都试图证明持有"垃圾"外汇交易是正确的。这时，您的交易已经背离交易纪律很远、很远了。做出买卖决策是投资中最难的事情，这正是您需要投资纪律的原因。纪律可以彻底消除情感因素对您日常投资的影响。按照纪律行事，对于做出决定非常重要，它能够使您的投资有一个合理的机制，能够避免感情用事。

坚持恪守纪律的投资并不意味着您不能做投机性交易。事实上，坚持恪守纪律的投资才是您能够购买投机性更强的标的的原因。如果您的纪律是"买入并持有"，那就买入并持有，不要在货币对您不利时事后揣度该决定；如果您的纪律是使用 10 点止损订单，那么就使用 10 点全面止损订单，无须多做其他事情；如果您的投资纪律要求从众多交易类型中选择某种交易，那就选择该类型交易，并从众多货币对中选择合适的。事实上，您恪守的交易纪律，以及该纪律于您的适宜程度，需要一段时间才能得以显现。归根结底，一个人的投资风格是通过其个性及风险承受力体现出来的。要确定一个适宜您且让您安心的投资纪律，并完全遵循和恪守它来进行投资。这里有一个警告：波动性越大的市场，投资成功的概率越小，越要遵从纪律。切记！

支撑线与阻力线

支撑位与阻力位是容易理解的，也非常容易界定，不要忽视它们的重要性。根据我们的经验，分析交易中简单的支撑线和阻力线可能是最有效的策略，尤其在应用于外汇交易时。支撑线和阻力线代表了技术图示中的关键区域，是货币供给和货币需求双方力量的交汇区域。价格本身受供求影响，供给推动价格下跌，而需求则推动货币对走高。当对一种货币的需求增加时，该货币的价格就会上涨。类似地，随着供应的增加，其价格下跌。

支撑线可被定义为一种货币对的价格水平，在此水平上，需求足够强劲，足以防止价格的进一步下跌。换句话说，买家看到价值并以该价格支撑该货币对。逻辑上说，当价格下跌到支撑区，货币变得更便宜时，买家变得更倾向于买入，而卖方则变得不那么愿意卖出。当价格到达这个支撑区域时，需求力胜过供给力，并防止价格下跌到支撑位以下。

另一方面，我们看到的是阻力线。阻力线可视为卖方足以强势，可阻止价格进一步上涨的货币对区域。您可以把它想象成一个天花板。随着该货币对进入阻力位，卖家更倾向于抛出，而买家则变得不那么倾向于买入。当该货币对达到阻力位时，供给胜过需求，并防止价格上涨到阻力位之上。

我们来看几个例子。图6.3是欧元/澳元货币对（EUR/AUD）的周线图。如您所见，与澳元相比，欧元在近两年陷入困境。每当该货币对走向1.725区域时，投资者就卖掉了这对货币，汇率将回调。这一阻力区域表明供给过剩。此时，投资者认为欧元兑澳元的汇率过高，因此卖家进场，交易员更有可能做空。继续往前，发生了一些变化。欧洲经济体变得比澳大利亚经济体更有价值，该货币对有效突破阻力（阴影圈）。请注意那个骤升便发生在该突破之后。如果您在行情突

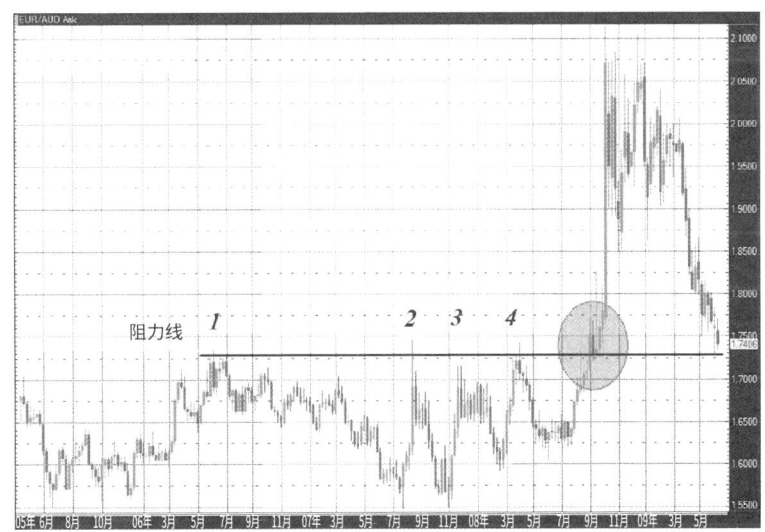

图6.3　2005年中期至2009年中期，欧元/澳元货币对走势图
资料来源：Fxaccucharts.com。

破阻力位的情况下买入该货币对，您就会收获可观的利润。一定要注意，在行情突破阻力位之前，该货币对曾四次击中该阻力线。货币对击中支撑线或阻力线的次数越多，该支撑位或阻力位就越重要。因此，当该阻力位最终被突破时，其后可能发生重大变动。

图6.4是美元/日元（USD/JPY）时线图，您可以由此很好地了解支撑位。同样，您所看到的实际上是供求关系图。美元/日元走强，汇率从96.70升至98.90以上。然后，该货币对进入了盘整期，如该图中所显示的水平支撑线。由于买家在该水平看到该货币对的价值并且买入该货币对，该货币对从该支撑位反弹了四次。一旦该货币对跌破支撑位并下行（阴影圈），货币份额大幅平仓，空头迫使该货币对下跌。先前的走势说明一个事实：每次该货币对从支撑位上反弹，它就开始设定一个新的"较低的高点"。高点变低表示，该货币对的卖家多于买家。此交易预示着下跌趋势的出现，并且这种支撑可能不会持续。在跌破支撑线之后，该货币对重新测试了该支撑线。一旦支撑被穿破，它就变成了阻力。在这种情况下，该货币对被先前的支撑线回挡，然后遭遇重大跌幅。

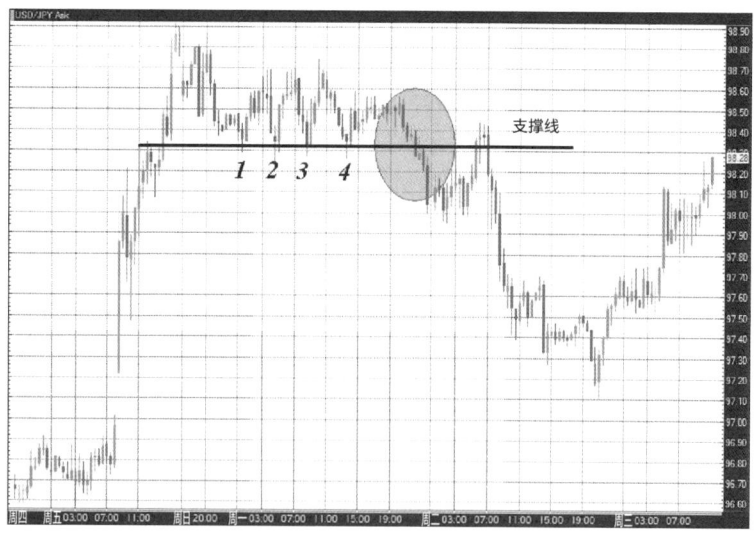

图6.4　美元/日元货币对走势时线图
资料来源：Fxaccucharts.com。

我们来看最后一个例子，它可能会让您对支撑线和阻力线感到惊讶。图 6.5 是美元/加元（USD/CAD）日线图。我们以此想向您展示的是，您会看到这里发挥作用的支撑线和阻力线经常是上升线或下降线，而不是水平线。由该图表上升的支撑线可以看出，这一年来，美元/加元升值。该趋势线被击中四次，如图中所标注的数字所示。最终，该货币对触顶并跌破支撑线（见圆圈位置）。您需要从该图表获得的最重要的一个信息是该货币对在跌破支撑线后，重新击中该支撑上升趋势线（如箭头所示）。请记住，一旦支撑线被突破，它就会变成阻力线（反之亦然）。在这种情况下，一旦该货币对突破支撑线，它成功在向下箭头处重新测试阻力线（这先前是支撑线）。如果您正在寻找做空的时机，向下箭头所指之处就是了。从这块区域来看，您有理由相信趋势将下行，并将这种认识作为止损策略运用的基础。正如您所看到的那样，在支撑线被彻底突破后，该货币对遭受了重创。

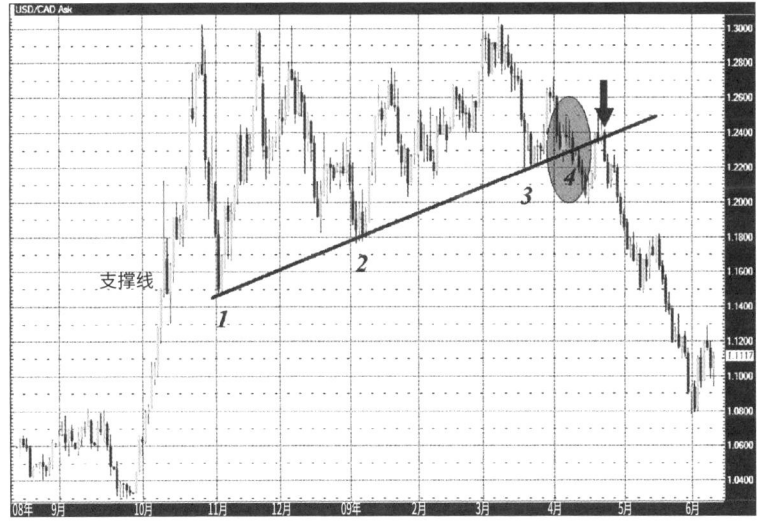

图6.5　美元/加元货币对走势日线图
资料来源：Fxaccucharts.com。

趋势线和通道

趋势线和趋势判断是技术分析的重要组成部分，成功的外汇交易员都尽可能地成为这方面分析的行家。为此，接下来我们将讨论两种趋势线，以及表明长期趋势的通道。

趋势线

我们在关于股票的一章中谈到了趋势分析，但是在这里我们想重新讨论这个话题，因为它在外汇交易中同样重要。学习如何判断趋势应该是投资者的首要业务。如果按照错误的走势进行货币对投资，那么您成功的机会就会大大减少。

揭示趋势的最好工具是趋势线。审视任何一个技术图示，我们很快就会得知价格通常随趋势变化。一系列上升的"低点"可以通过一条直线连接在一起，而一系列下降的"高点"也可以以一条直线连接起来。这些连接起来的线，被称为趋势线，是用来发现外汇投资变化简单而有用的工具。事实上，货币投资分析的基础在于认真使用趋势线。请注意，有效的趋势线必须是两个或多个高点或低点的连线。我们经常看到人们绘制趋势线时只触及一个点。这是一个需要注意的大问题，因为每当您绘制或解读趋势线时，您都不能忘记真正的趋势线是表示潜在趋势的图形方式。因此，如果它只触及一个点，那么它不算真正的趋势线。

我们来看几个例子。图 6.6 是欧元 / 美元（EUR/USD）的周线图。从 2006 年至 2008 年中期，欧元 / 美元一直在升值。这在当时是说得通的，因为那个时候美国经济正陷入衰退，而世界其他经济体仍然不相信经济疲软会蔓延到它们身上。如图中 5 个箭头所示，该上行趋势线被击中了 5 次。到了 2008 年中期，该货币对偏离该趋势线，不过异同移动平均线（MACD）发出卖出信号（底部所示），预示着乌云密布的欧洲市场前景。阴影圈部位是趋势被正式突破的地方，随之而来的是大规模抛售。请注意欧元 / 美元货币对是如何在突破趋势后再次击中趋势线的，您可以在阴影区看到这一变动。要记得，先前的支撑会变为阻力，反之亦然。当这种上行趋势的支撑线被突破时，它就变为阻力。如果该趋势线被突破时，我们对该货币对持有多头，那么我们应在货币对再次测试该趋势线，汇率为 1.465 时卖出，而不是在最初显现下跌趋势时卖出。

如图 6.7 所示，我们可以看到货币对趋势如何从负面变为正面。这是英镑 / 美元（GBP/USD）走势图。如向下箭头所指，依据四个不同的点，绘制出向下倾斜的趋势线。该图右下方的圆圈部位显示的是趋势被突破的位置，此时，该货币对趋势由负转正。正如我们之前所见，趋势线被突破后，阻力线转为支撑线，如向上箭头所指，货币对再次测试趋势线。如果您正考虑买入该货币对，那么您可以

第六章 全球外汇市场盈利技巧
Chapter 6　Making the Buck in Currency Trading

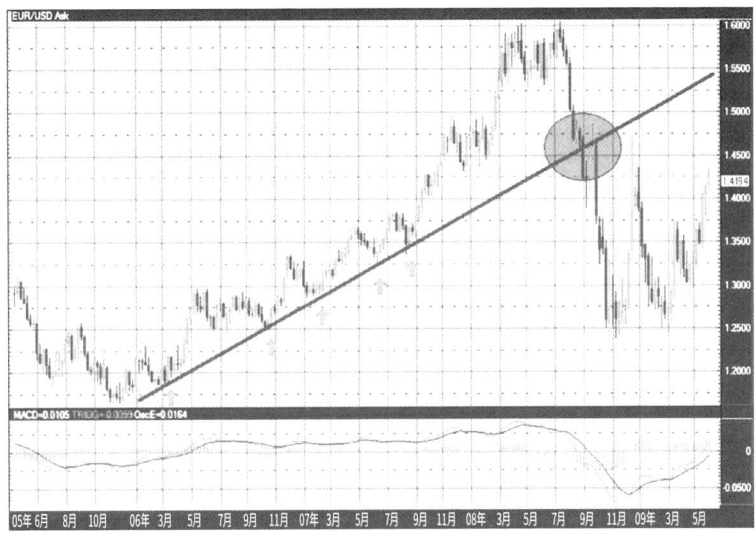

图6.6　2005年中期至2009年中期，欧元/美元货币对走势周线图
资料来源：Fxaccucharts.com。

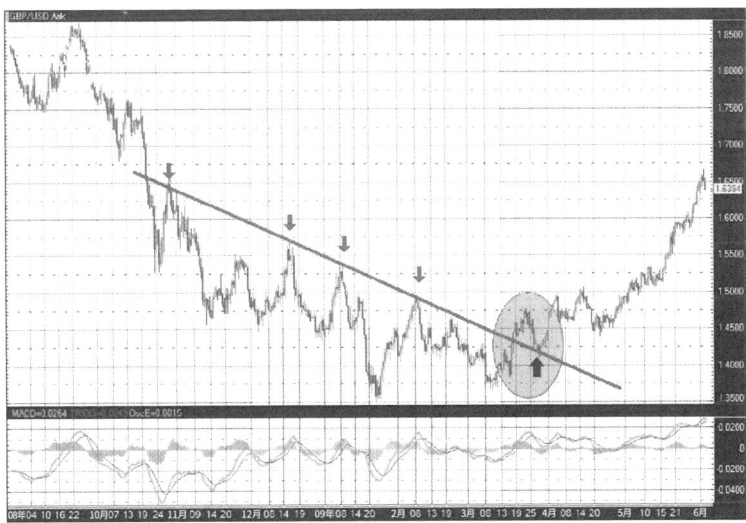

图6.7　英镑/美元货币对走势图
资料来源：Fxaccucharts.com。

在货币对重新测试由先前阻力线转化而来的支撑线时买入。请注意，即使该货币对高点不断降低，低点也不断降低，该图底端的异同移动平均线上高点不断抬高，低点也不断抬高，那么这是一个很好的早期迹象，表明趋势即将发生变化，英镑将取代美元的领导地位。

作为交易员，我们必须始终对宏观货币趋势有自己的见解。这并不是说您的认知必须总是正确的。但如果还未奠定趋势分析的基础，就试图通过挑选货币对来应对趋势，您会发现自己将不断吃亏。这也不是说判断趋势是件容易的事，但根据多年的研究经验，我们可以告诉您，我们这个时代的伟大投资者都有一个共同点：他们都是判断趋势的能手。记住，您可以在周线图、日线图甚至分线图上发现趋势线。无论所分析的时段是怎样的，趋势线都是极其有用的。

通道

对于技术分析师而言，没有比趋势研判更重要的单一分析成分了，而可以帮助您在短期或中期基础上研判总体趋势的技术形态之一便是通道。通道指价格在两条平行趋势线内波动。您可以将此技术形态想象成简单的水渠，水在渠道的两岸间流动，水流方向就是主体方向。如图6.8所示，通道在结构上可为水平通道、下降通道或上升通道。

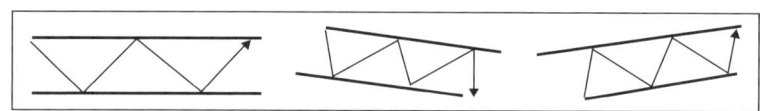

图6.8　通道示意图

价格通道自身并不能向我们提供市场潜在变化趋势的大量信息。脱离市场环境来看，它也不能被视为整理形态或反转形态，但现实之中它可能是其中一种形态。上方趋势线表示阻力，下方趋势线表示支撑，因此负斜率的通道视为看跌，正斜率的通道视为看涨。也就是说，这些规则应该更多地被视为指导方针，而不是"一成不变"的规律。例如，下行通道被打破转为上行，可以指示看涨事件（"看涨通道"指斜率为正的通道，而"看跌通道"指斜率为负的通道）。让我们进一步了解下汇价通道的一些特征：

主趋势线： 形成主趋势线至少需要两点。该线为趋势和斜率设定了基调。对于看涨的价格通道，主趋势线向上延伸。与任何上升趋势一样，该趋势线有一系列不断抬高的高点和低点，且它由不断抬高的低点连线绘制而成。绘制它至少需要两点。对于看跌的价格通道，主趋势线向下延伸至构成下跌趋势的较低高点。

通道线： 这是与主趋势线平行绘制的线，如果用河流的两岸比喻，它界定了河流的"另一岸"。理想情况下，通道线以两个反应高点或低点为基础。然而，在绘制了主趋势线之后，一些分析师仅使用一个反应高点或低点来绘制平行通道线。通道线表示价格看跌通道的支撑和价格看涨通道的阻力。

看涨价格通道： 只要价格继续上涨并在上行通道内交易，该趋势就被视为看涨。当价格低于通道线阻力时，会出现趋势变化的第一个警告。随后价格突破主趋势线支撑将进一步显示趋势变化，而且视时间范围而定，这可能是个重大转变。价格突破通道线阻力将看涨，并表明行情上涨加速。

看跌价格通道： 只要价格下跌并且限制在通道内，该趋势就被视为看跌。当价格未能达到通道支撑，会出现趋势变化的初步警告。随后价格突破主趋势线阻力将证实趋势变化。价格突破通道线支撑，行情看跌且趋势下跌加速。

作为一名已经判断出看涨价格通道的对冲基金交易员，您更有可能在价格达到主趋势线支撑时买入。相反地，若价格在看跌价格通道中达到主趋势线阻力时，一些交易员会卖出或做空。与分析大多数价格形态一样，您还需运用技术分析的其他方面来确认市场信号。如果您使用平衡成交量（OBV）指标或异同移动平均线（MACD），您通常能够从市场内在方面来确认价格下降。技术分析既是一门科学也是一门艺术，具有很大的弹性。

我们来看些现实中的例子。第一个例子见图6.9，这是英镑/日元（GBP/JPY）货币对的日线图。我们在该图左侧的第一部分看到的是英镑/日元的严重贬值。然而，由该图中间部分开始，趋势发生了变化，也产生了通道。通道两侧都是上升趋势线。下方的线表示支撑，上方的线表示阻力。作为对冲基金经理，我们的第一本能是，一旦碰到支撑线，就买入该货币对；一旦碰到阻力线，就做空该货币对。如果您这样做，您可以在交易价格的上下使用合理的止损，以便在该货币对突破通道时控制下跌。此外，请审视图6.9中的成交量水平。正如您所见，

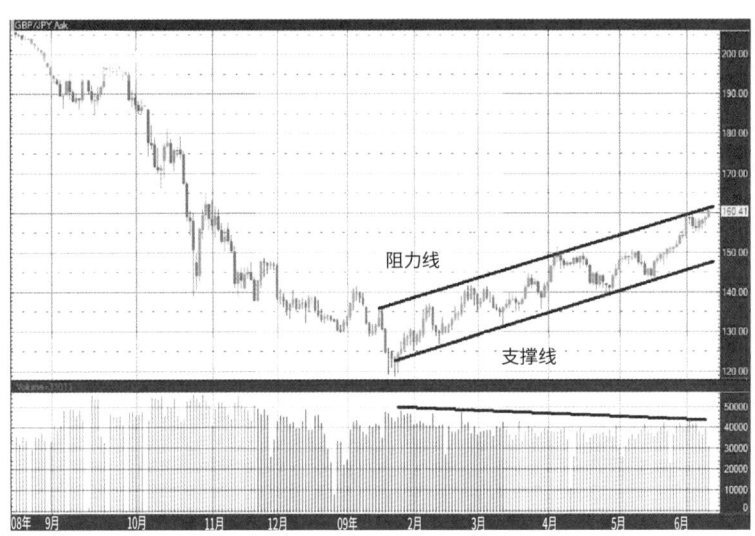

图6.9 英镑/日元货币对走势图
资料来源：Fxaccucharts.com。

随着交易汇率增加，该货币对的成交量却在下降。这对英镑来说不是好兆头。正如我们之前告诉您的那样，通道可以是整理形态，也可以是反转形态。在这种情况下，虽然英镑在短期内以看涨通道形态走强，但我们的数据也显示，在经历了巨量抛售之后，英镑的成交量增长乏力。总体而言，这种模式看起来更像是看跌形态，这意味着该通道最终将跌向下行。在英镑回落之前，"熊"只是休息一下。

图6.10显示了新西兰元／加元（NZD／CAD）货币对的时线图。这个特定的通道是个水平通道。同样，最简便的交易方式是在阻力位做空而在支撑位做多，且您设定的止损点就是高于或低于这两条线。您还需要注意到图示底端的异同移动平均线（MACD）指标。当该货币对背离支撑线时，异同移动平均线指标在两个不同的场合发出买入信号。在这个例子中，异同移动平均线指标分析与通道构造方法结合起来，是非常有效的手段。

看一百个技术图示，您会发现一百个通道。您可以在周线图、时线图甚至分线图上发现价格通道。关键在于，要将交易通道与特定交易纪律相结合，要了解许多市场内在指标（如成交量、平衡成交量、异同移动平均线），它们是通道分

图6.10 呈现水平通道的新西兰元/加元货币对走势时线图
资料来源：Fxaccucharts.com。

析有益的补充分析工具。与任何技术形态一样，通道研判的结果并非精准无误，但它利用的是支撑和阻力的初始规则，是您在当今外汇交易中可以信赖的技术形态。

价格形态——头肩、三角、双峰与双谷、杯子与柄形

在技术分析中，众所周知的价格形态是投资经理的最佳工具之一。在外汇交易方面，对极为波动的交易进行管理，其中一个自然要素便是利用这些价格形态。在此，我们将更深入地研究您应熟悉的关键形态。

头肩

头肩形态有两种模式，两者均产生于极端市场行情下。头肩顶形态形成于市场高峰，而反过来，头肩底形成于市场低谷。正如您想象的那样，它们是最为人熟悉的趋势反转形态。从视觉上看，该形态包含三个连续的高峰，其中中间峰（头）最高，两个外部峰（肩部）偏低且大致等高。每个峰的反映低点可以连接起来，

形成所谓的"颈线"。

顾名思义，头肩形态由左肩、头、右肩和颈线组成。与大多数技术形态一样，该形态本身并不仅仅是价格形态。这是投资者情绪的心理转变，涉及成交量、突破、价格目标和支撑转阻力。我们先将该形态分解成几个组成部分，然后再结合几个例子来理解。

先前趋势：因为头肩形态是种反转形态，确定先前上升趋势（或反向头肩形态的下降趋势）是非常重要的。如果没有先前趋势来反转，就不会出现头肩形态或头肩的反转形态。形成真正的反转形态是因为投资者关于特定货币对的心态发生了变化。这种形态只是向您展示这一转变的硬数据，但其形成是由投资者的心理认知及他们对货币对的买入或卖出所驱动的。

左肩：在上升趋势中，左肩形成一个峰，标志着当前趋势的高点。在达到这一高峰后，随后的下降将形成第一个肩。下降的低点通常仍然高于趋势线，保持上升趋势不变。左肩很重要，因为它有助于确定颈线。从反向头肩形态中，我们会看到完全相反的走势。在反向头肩形态中，左肩的形成始于一个新低点而不是新高点。

头：从左肩的低点开始，上升至超过先前左肩高点并形成一个头顶。在触顶后，随后下降的低点便是颈线的第二点。下跌的低点通常突破上升趋势线，使上升趋势处于危险之中。正如我们从技术分析的学习中所知，上升趋势由一系列不断抬高的高点和低点组成（反之，则是下降趋势）。在这一点上，我们确实不知道头肩正在成形，我们只看到一个上升趋势。然而，头部最终将是该形态的衰竭阶段。对于反向头肩形态，走势则完全相反。在反向头肩形态中，头部位于新低点，看起来下跌趋势保持不变。

右肩：右肩形成始于头部后的低点。其峰高低于头部（较低高点），而且通常与左肩高度一致。虽然对称性是多数情况，但有时肩膀可能会失衡。与大多数技术形态一样，完美形态是少见的。不过，右肩终归低于头部，而且不应以任何方式反弹到头峰之处。右肩峰值的下降将确认并确定颈线，反向头肩形态的走势完全相反。在反向头肩形态中，右肩将背离颈线，致使货币对高于头部谷值。同样，这给了我们一个早期信号，表明下行趋势可能已经结束。

颈线：颈线形成于左肩和右肩右侧低点与头部低点的连线。根据这些低点之间的关系，颈线可以向上倾斜、向下倾斜或是水平的。此外，颈线的倾斜将影响该形态的看跌程度：向下倾斜比向上倾斜更加看跌。有时可以使用多个低点来形成颈线。

成交量：随着头肩形态显现，成交量在印证该形态方面起着至关重要的作用。与大多数技术模式一样，如果您脑海里有"头肩形态"，您可以说服自己，头肩形态随处可见。但是，若要以此形态成功交易，您需要在合适区域配置成交量。理想情况下，左肩上升期间的成交量要多于头部上升期间的成交量，而且左肩和头部期间成交量都比较大，但这并不常见。这是该形态的衰竭阶段。当成交量从头部峰值开始下降时，就会出现警告信号（右肩部分在上升路径上成交量小，在向下跌破时成交量应会增加）。由反向的头肩形态，我们能看到全然相反的成交量走势：（在上升时）左肩和头部的成交量应该很大。到右肩时，卖方持仓见底。右肩左侧成交量偏低，随着汇价回落至颈线，买方成交量增加。

颈线突破：头肩（或反向头肩形态）不完整，在颈线支撑（或阻力）突破之前，趋势不会反转。理想情况下，令人信服的是，行情突破颈线，成交量也随之增加。许多技术分析师利用两到三倍的日均成交量作为基准，以衡量货币对突破颈线时的当日成交量。同样，在以该货币对至少低于颈线3%的价格平仓之前，一些交易员不会以该形态进行交易。我们没有坚持使用这一基准，但值得一提的是，不少交易员使用这个基准。

支撑转阻力：一旦跌破支撑线，支撑线将变成阻力，反之亦然。在头肩形态中，一旦颈线被突破，相同的支撑位也会变为阻力位（反向头肩形态中，反之亦然），这是常见的情况。较少的情况是，价格会回升至支撑位，让交易员有第二次机会以该形态进行交易。

价格目标：在颈线支撑（阻力）突破后，通过测量颈线至头部高度的垂直距离，来预测价格下跌（上升）。然后从颈线高度减去（或加上）该距离高度，便可获得目标价位。货币在达到目标价位后往往会发生剧烈反转，这是因为技术交易员待价格目标达到后，就清空了他们的头寸。如果您正在以该形态进行交易，您要时刻关注目标，并在目标实现时锁定您的利润。

我们来看一下货币对的反向头肩形态。图6.11是新西兰元/美元（NZD/USD）货币对走势图。由于避险及"择优而栖"的规则，2008年席卷全球的经济衰退

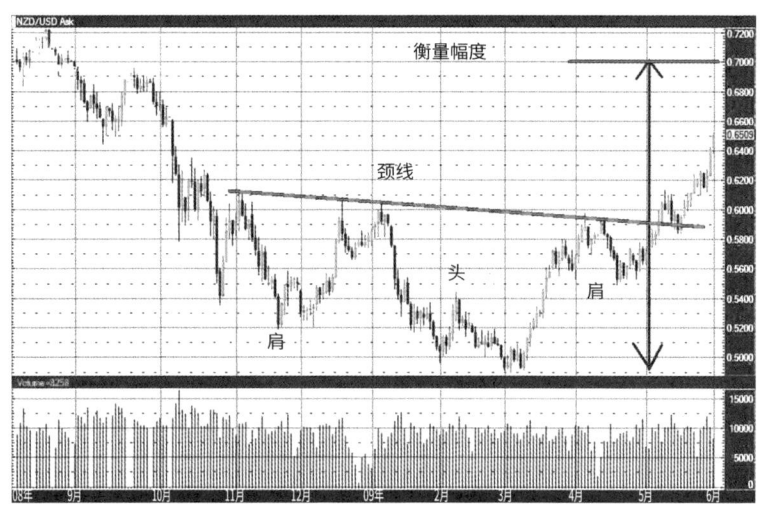

图6.11　呈现头肩价格形态的新西兰元/美元货币对走势图
资料来源：Fxaccucharts.com。

导致美元的大量买入。然而，当全球经济开始走强时，投资者又回到了高增长国家，图 6.11 便反映了这种情况。新西兰元以教科书式的反向头肩形态扭转了其兑美元的下行趋势。在该图示中您可以看到所有要素：肩部、颈线、头部和重要的衡量幅度。有几个关键点需要注意：首先，该货币对突破颈线后又重新测试了该颈线。这一点很重要，因为通常情况下，这些货币对会重测它们的突破，而重测的位置通常是我们要买入的时机。如果货币对重新测试并持有由先前阻力转化而来的支撑，我们便可进行交易。其次，您注意到该特定交易显示了 0.700 衡量幅度。如果我们进行这个特定交易，我们会在 0.700 或 0.700 以下水平下限价卖出订单。当货币对达到这一水平，我们就自动卖出该头寸，并获得可观的利润。

　　头肩形态是外汇市场中最可靠的反转形态之一。重要的是要记住，它发生在极端市场情况，头肩形态完成时通常标志着一个重大的主趋势反转。此外，您在日内图、日线图和周线图中都能发现这种形态，因此它非常适合任何类型的交易员。由于其稳定性及衡量幅度，该图示是我最喜爱的交易图示之一。设定目标价位并明确退市点能够为交易员带来优势，因为该货币对不会长期占用您的资金。此外，该形态还为您提供可靠的退市策略。对此交易员还能要求什么更多的呢？

三角形形态

尽管外汇交易波动很大，但货币对不会直线上升或直线下跌。典型的情况是，在一种趋势发展过程中，货币对将存在浮动期，即在下一次上升或反转之前进行盘整的时期。我们在外汇市场经常看到的技术形态之一被称为三角形态，它有三种类型：上升三角形、下降三角形和对称三角形。

上升三角形是典型的看涨形态，作为整理形态形成于上升趋势间。有些情况下，上升三角形以反转形态形成于下降趋势结束之时，但这并不常见。无论它们在何处形成，上升三角形都指示买入的看涨形态。在上升三角形上，水平线表示上方供给，以防止价格超过一定水平。就好像一个大的卖出订单被置于这个水平，并且需要花费数周或数月来执行，从而防止价格进一步上涨。即使价格不能上涨超过这一水平，低点也继续上升。正是这些不断抬高的低点表明购买权重增加，并给上升三角形带来正偏差。

图 6.12 给出了上升三角形的例子。该上升三角形形成于英镑/日元（GBP/JPY）的日内图上。英镑/日元走势良好，而且不断延伸，形成货币对的盘整状态。如您所见，三角形是由底部一系列不断抬高的低点（如向上箭头所示）连线和水平阻力线（如向下箭头所示）形成的。一旦该货币对打破了这个形态，英镑就继续上涨。实际上，三角形形态只是货币的整理形态，市场中的需求压力保持不变。

下降三角形通常被认为是看跌形态，常见于涨势高位区或货币对变动附近。有时下降三角形会向上突破下行的阻力面，这时行情看涨，但通常情况下，当您看到下降三角形时，它是个不祥的征兆。该类三角形形态可以通过伴随该形态的下行上方阻力位来区分。这是一个负面特征，它反映了一系列不断下降的高点和低点，这可见于下行趋势线中。

图 6.13 是英镑/澳元（GBP/AUD）时线图。虽然从图示中不那么容易看出，但英镑兑澳元汇率已经历了一段时间的严重下跌。然而，这种趋势发生了反转，英镑开始在两波涨势中走强。当我们开始看到水平线上下降三角形的不祥征兆时，涨势几乎停止。阴影圈表示该形态被打破的位置以及宏观下行趋势的重新开始。最后，请注意该图底端标示出的成交量下降线。在大多数三角形形态中，您会看到成交量下降，直到发生突破。这只是另一个确认性指标，表明在趋势持续或反

图6.12 呈现上升三角形形态的英镑/日元货币对走势图
资料来源：Fxaccucharts.com。

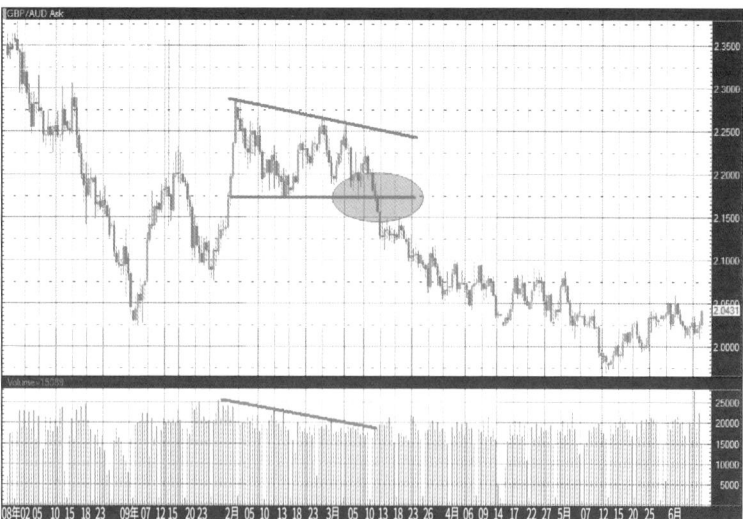

图6.13 呈现下降三角形形态的英镑/澳元货币对走势图
资料来源：Fxaccucharts.com。

转之前，该形态只是暂时的。

对称三角形，也称为"线圈"，通常是在趋势中形成的整理形态。换句话说，如果该货币对处于上升趋势，然后进入一个对称三角形，当这种形态被打破时，总体趋势将持续下去的可能性很大。该形态至少包含两个下跌的高点和抬高的低点。将这些点相连，连线延伸而会聚，便形成了对称三角形。您也可以将其视为收缩楔形，开始时宽，形成时缩小。

图6.14是欧元/澳元（EUR/AUD）周线图。图示中的情况并非经常发生。在这个例子中，对称三角形实际上反转了总体趋势。我们之所以将这个图示放在这里，是因为我们想让您认识到，每个三角形形态都有其特定的趋势，但这也不是板上钉钉的。事实上，三角形也无外乎就是阻力线和支撑线图示。因此，无论是突破阻力位还是跌破支撑线，都与交易方向变化相关。在此示例情况下，三角形形成之前，欧元/澳元经历了大幅升值，但对称三角形向下跌破（阴影圈）时，行情发生了变化。我们要提到的另外一点是，三角形形态都有衡量幅度，用以预测货币对在突破形态后的运行或下降幅度。衡量幅度是三角最远点之间的宽度。在这个例子中，三角形顶端的汇价约为2.10，底部端点汇价约为1.85，这意味着下行的预期目标幅度为0.25（2.10–1.85）。您还可衡量三角形形态被突破后的跌幅。在这个例子中，三角形态在汇价为1.95时被突破，那么预计汇价将跌至1.70（1.95–0.25）。

图6.15是对称三角最具有共性的技术图示。该图示是英镑/瑞士法郎（GBF/CHF）的汇率日线图。英镑/瑞士法郎一度贬值，但在图示中间部位行情发生了变化：英镑触底反弹。但是，此后拖出长线并进入了盘整阶段，此时呈现出对称三角形形态。阴影圈中显示了该货币对突破该三角形的点。这一突破表明英镑重新恢复兑瑞士法郎升值的趋势。

双顶形态和双底形态

您有没有看过一个骤跌的货币对，并认为"它一定已经探底"？投资者永远面临的历史性挑战之一是，学习如何辨别表示货币低点和高点的波谷和波峰是否是真正的转折点，或者只是暂时的"休市"，最终会向着原有趋势继续运动。您相信吗？存在一种技术图示能够提供答案。对于触及低点的货币，它被称为"双

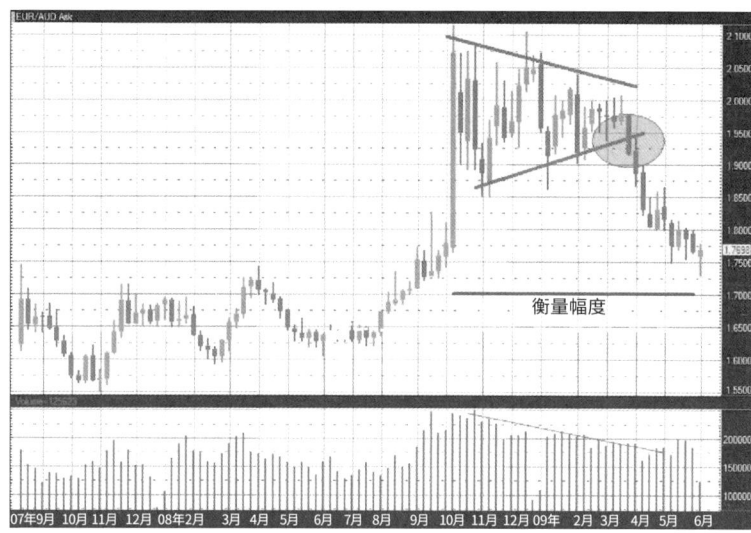

图6.14 呈现对称三角形形态的欧元/澳元货币对走势图
资料来源：Fxaccucharts.com。

图6.15 呈现对称三角形形态的英镑/瑞士法郎货币对走势图
资料来源：Fxaccucharts.com。

底"。如果货币或货币对接近上涨高位区,则称为"双顶"。双顶形态和双底形态互为印证,它们虽然以不同的形式出现,但具有相同的特征。

当货币对试图向上突破近期峰值但未突破时,双顶便开始形成。如您所知,原有的高点成为阻力点,因此货币对必须突破前期高位才能保持上升趋势不变。如果货币对不能立即克服原有的阻力,它不会自动发出双顶形态的信号(从而反转趋势)。为了确认趋势反转,行情必须向下突破两个谷值之间的盘整谷或支撑线。另一方面,当货币对试图跌破近期低点,但是却保持了原有的支撑位时,双底便出现了。另外,为了确认趋势反转,行情必须向上突破两个高点之间的盘整峰。

尽管可能存在例外情况,但这些形态通常标志着趋势的中期或长期变化。几乎在任何市场上,您都会看到像双顶或双底的形态,但在关键支撑或阻力被打破之前,无法确认趋势反转。为了更加明确,我们将了解下双顶、双底形态的要点,然后再看几个例子。谨记,这两种形态的定义特征相同:在外观上,它们互为镜像。

- **先前趋势**:如果没有任何转变,反转形态也不会成形。因此,必须由现有的趋势来扭转。在双底情况下,货币对如果没有几年,那也该有几个月的显著下降趋势。同样,就双顶而言,重大的上升趋势必然已经出现。

- **高峰或低谷后的涨势**:应该有明确的证据表明,在形态的后半部分,成交量变动和购买压力会加剧。通常,在峰顶或谷底开始形成之时,您将看到买/卖压力衰竭。

- **打破支撑或突破阻力**:即使在行情向下跌破支撑(或向上突破阻力)后,双底/双顶形态也仍未成形,趋势反转仍未完成。在峰与峰/谷与谷之间从最低点/最高点突破支撑/阻力,这便形成完整的双顶/双谷形态。同样,这个过程也伴随着成交量的增加。

- **支撑转阻力及阻力转支撑**:突破了的支撑/阻力变为潜在的阻力/支撑,在第一次盘整中,行情有时会对这个新出现的阻力/支撑位进行测试。这样的测试可以提供第二次平仓或开仓的机会。

- **价格目标**:预计目标价位的方式是,用支撑/阻力突破点位减去或加上从支撑/阻力突破点到峰顶/谷底低点的距离。这意味着形态越大,高峰或低谷后的涨势潜力越大。

既然我们已经明确了双顶／双底形态，那来看些例子吧。图 6.16 英镑／新西兰元（GBP／NZD）日内图，这是双顶形态一个很好的例子。您可以看到，在顶部形成之前，该货币对处于良好的上涨趋势中，英镑／新西兰元强劲升值。第一个峰顶设置了新的高点，行情仍然保持着上升趋势。然后，该货币对再次回到谷底，此后又展开第二波升势。然而，第二波升势未达新高而终结，这时第二个峰顶便形成了。如果您做多该货币对，那得小心点了。也就是说，这第二个峰顶并不是卖出信号。实际上，该货币对可能在向上突破前形成了一个通道。如阴影圈中所示，当该货币对向下跌破原有的谷底，卖出信号或者做空信号才得以显现。作为投资者，您会知道该货币对的走向，因为由衡量幅度可知，该货币对下跌幅度应为峰顶到谷底的等效距离。您可以在图示中看到该距离。如果您做空该货币对，当货币对进入底部箭头区域时，您应当寻找封单，或至少按照止损指令策略进行操作。

图6.17是双底形态的典型实例。这是澳元／日元（AUD/JPY）周线图，如您所见，澳元／日元持续了大致 3 个月的凶猛跌势。这是个急速下跌的趋势，使澳元兑美

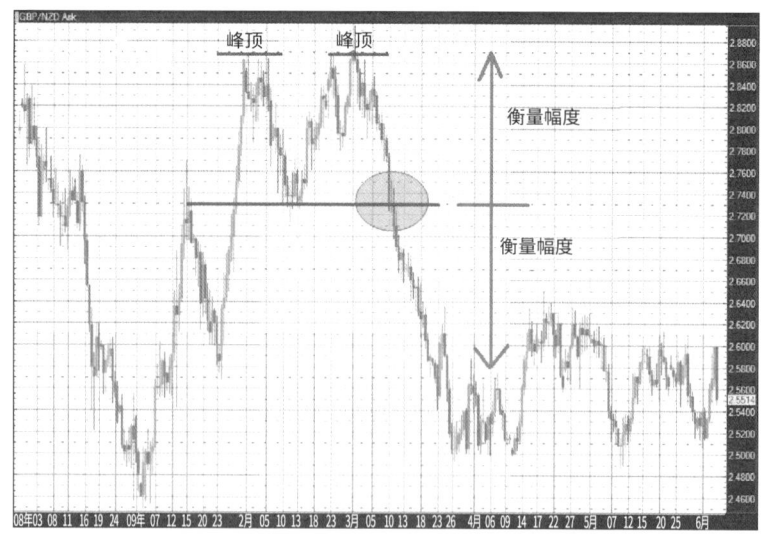

图6.16　呈现双顶形态的英镑/新西兰元货币对走势图
资料来源：Fxaccucharts.com。

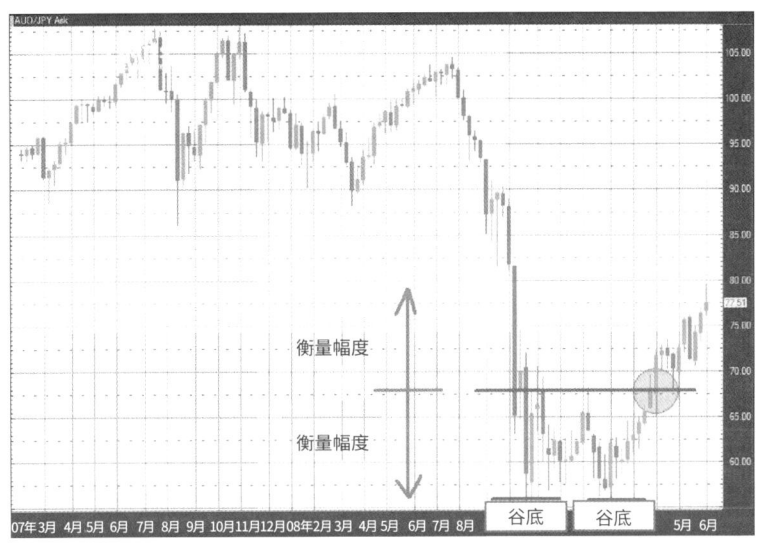

图6.17 呈现双底形态的澳元/日元货币对走势图
资料来源：Fxaccucharts.com。

元下调超过 40%。（我们提到过外汇市场是波动巨大的，对吗？）跌势似乎持续不变，直到谷底的右半段持稳并回抽原有的支撑位。由此，您可以看到该货币对向上突破。如阴影圈中所示，当该货币对突破至（"W"形态的）中间峰以上，行情便确认了双底。同样，由该形态本身的深度，您便能得知该货币对上行的距离。如果您依据该形态做多该货币对，当价格触及左边箭头的顶峰时，您就应该卖出该货币对或者执行移动止损订单。这就是衡量幅度。请注意，该货币对向上突破几周过后，它又回调以重新测试先前的突破。这在该形态中很常见，它告诉交易员不要去追赶先前的突破点，可以耐心等待这次重新测试，再持仓入市。

　　要记住的是，这两种形态是中期或长期的反转形态，它们不会在几天内或者日内形态的几个时间段内形成。双底形态较之双顶形态，形成时间更长，因此我们强烈建议您要有耐心。此外，由于它们显示趋势的重大反转，通常情况下，这些突破会被重新测试，这就给了交易员多次获得头寸的机会。留意您的许多其他指标，如异同移动平均线，因为该形态的第二部分正在成形。通常，在实际价格行动到位之前，这些指标将显示购买压力（非常重要）。最后，我们想告诉您，双顶形态和双底形态是我们所见之中较可靠的形态。它们经常出现在长期交易技术图示中，与大多数其他形态相比，它们能够提供较多可信的解读。

杯柄形态

顾名思义，从视觉上来看，这个特定的形态有两个不同的部分：杯与柄。在正常的涨势过后，杯形随之而形成，它的外观像典型的圆形底。实际上，杯形看起来像您在厨房看到的普通碗。随着杯的成形，其右边会形成一个短期交易区间，这个区间构成了柄。随后从柄区间的突破标志着先前涨势的持续整理，完整的杯柄形态由此形成。

与大多数技术形态一样，它不仅仅是我们正在寻找的视觉形态。杯柄形态有几个限定要素。在打算入市并按此信号进行交易之前，交易员应当确保趋势符合每个限定要素。德国有句古老的谚语"Ordnung ist das halbe Leben"，意为"规则是生命的另一半"。规则和纪律是交易员成功的绝对条件，所以一定要确认所有信号依次形成该形态。以下是杯柄形态的确认性指标：

杯：杯呈"U"形，像搅拌碗或圆形底。您经常会在市场上看到"V"形底，但"V"形底趋势反转太过急促，不能用作限定要素。更为缓和的"U"形可确认这个"杯子"是一种在底部具有强烈支撑的整理形态。完美的情况下，杯子的两边高点等同，但这只是理想情况，并非此形态的固定特征。

柄：通常，杯子右侧的高点将与其左侧设定的高点水平相匹配。在杯子右侧高点形成后，柄会以一个回撤呈现。这个柄通常会以另一种技术形态出现。事实上，甚至可以说，在较短的时间范围内，大多数形态都会有柄这一技术形态。在过去，我们已经看到形状为通道、对称三角形或短双底的柄。本质上，柄代表大突破之前的最终盘整，柄回撤的幅度可以达到杯上涨高度的1/3。柄回撤的幅度越小，该形态的牛性就越足，突破时表现得也越显著。

形成周期：在周线图上，杯子的形成时间可以为1~6个月，或者更长。柄的时间则为1到几周，但最好是1~4周内。谨记，柄是一种短期现象。它的形成基本上是因为该货币对已经达到了杯顶的阻力位，而且，正如我们经常看到的那样，当货币对接近阻力位时，那些在之前高点附近买入的投资者会清算他们的头寸，暗自庆幸能够撤回自己的资金。

成交量：理想情况下，杯子两端的成交量应该较大，而杯子中间部分的成交量应该较小。右侧的放大成交量将是柄突破行情时的蓄力。此外，柄形成后，成交量应该出现萎缩。您最不想看到的是，货币对击中阻力位然后回落放量。这种类型的走势将使该形态无效。

目标：正如我们在前文中提到的，杯柄形态的最大优势之一在于，它们给交易员提供了明确的上行预测。通过测量杯子的右边波峰到杯底部的距离，可以估算出突破后的预计上涨高度。您只需将右峰到杯底的差距加在杯顶上，就能得知突破过后行情还能上行多远。

我们来看一个例子。图 6.18 显示了英镑/美元（GBP/USD）走势。该图示一目了然，您可以看到定义杯柄形态顶峰的水平支撑线以及体现杯柄形态的长圆弧底部。在图示右侧，您会看到一个定义柄的阴影圈。在这种情况下，柄以对称三角形的形式形成，并且通过测量从水平阻力线向下到圆形底部的深度来衡量目标价位。当柄被突破时，该杯柄形态被确认。这一突破也伴随着放大的成交量。我们在本章末尾讲解钻探理论时，还会对这个图示进行细分论述。

最后，杯柄形态并不是常见的形态。此外，根据我们的经验，杯柄形态最可

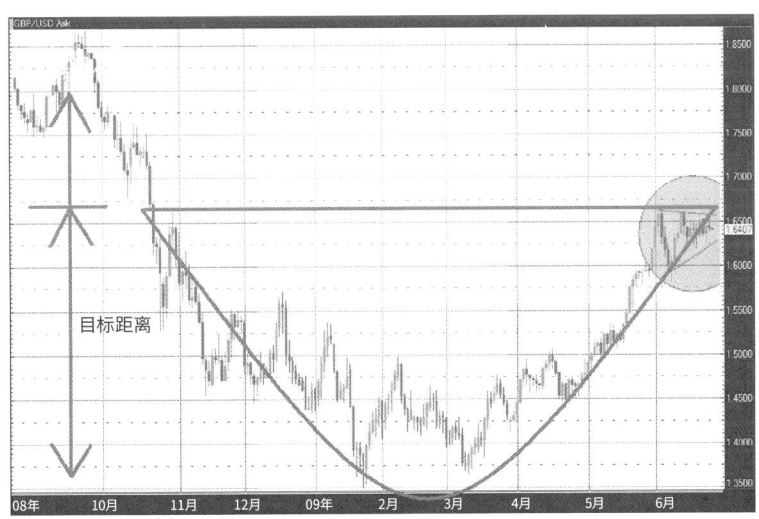

图6.18　呈现经典杯柄形态的英镑/美元货币对走势图
资料来源：Fxaccucharts.com。

靠的例子见于周线图而非日线图上。归根结底，这是个理想的形态，因为它不仅告诉您何时入市，也告诉您何时退市。

确认性指标——异同移动平均线、移动平均线和斐波那契指标

我们认为，每一位投资者，无论是机构还是个人，都应该接受某种类型的技术分析培训。仅仅能分析公司和国家是不够的，您还需要能够分析和解读图表。我们在本节中涉及的指标应与其他指标和形态一起使用，以真实感知该特定国家的市场局势。我们来逐个了解下它们。

异同移动平均线

异同移动平均线，又称 MACD 指标，由杰拉尔德·阿佩尔（Gerald Appel）提出，是所有类型的交易员可用的最简单、最可靠的指标之一。我们喜欢在短期交易上使用异同移动平均线指标，并用它来计算我们应该入市的时间。该指标使用本质上是滞后指标的移动平均线来跟踪趋势。计算短期移动平均与长期移动平均的差值，将这些滞后指标转换为实时动量振荡指标，其结果是一条在零上下振荡的线，没有上限或下限。就像我们使用的许多指标一样，异同移动平均线指标是中心振荡指标，这意味着当趋势反转时，它总是向着中心线移动。异同移动平均线指标的例子可见图6.19，该图是美元/加元货币对时线图。异同移动平均线位于该蜡烛图的底部，图示显示了异同移动平均线指标的含义。柱状图部分在零值线上下波动，在图示上看起来像一座座小山。每当柱状图穿越零值线时，买卖信号便会出现，有些信号强，有些信号弱。两条振荡线还显示了异同移动平均线与信号线的差值（12周期指数移动平均线减去26周期指数移动平均线）。请注意，每次两条线交叉时，柱状图都会越过零值线。这时，两个指标给出相同的信号。

两条指数移动平均线时常趋于交叉，指示买卖信号。当交叉出现时，无论是指示买入信号还是卖出信号，知道它与中心线的关系发生在哪里，有助于判断市场变化的强度。当两线背离中心线时发生交叉，则该交叉给出的信号就更强。异同移动平均指标为正，表明12日指数移动平均线在26日指数平均线之上；异同移动平均指标为负，表明12日指数移动平均线在26日指数移动平均线之下。如果异同移动平均指标为正且不断增长，则12日指数移动平均线与26日指数移动

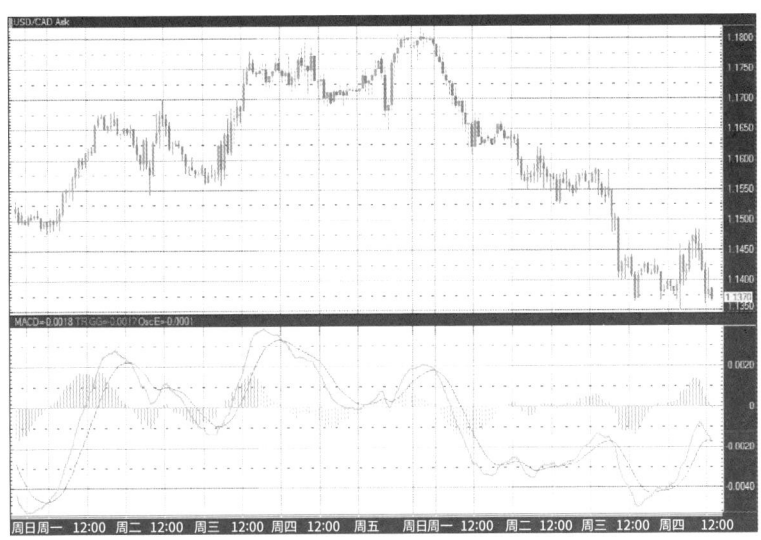

图 6.19 呈现异同移动平均线指标的美元/加元货币对走势图
资料来源：Fxaccucharts.com。

平均线的差距正在扩大。这意味着，快速移动平均线的变化率高于慢速移动平均线的变化率。正动量增加，将被视为行情看涨。如果异同移动平均指标为负且进一步下降，则快速移动平均线与慢速移动平均线之间的负向开口变大。负向动量迅速增长，将被视为行情看跌。快速移动平均线穿过慢速移动平均线时，会出现异同移动平均线与中线交叉。

基于异同移动平均线，有三种常用的方法帮助投资者做出投资决策。

1. **交叉**：正如先前所述，当异同移动平均线跌破信号线时，暗示卖出信号；当平滑异同平均线升至信号线以上时，这是买入的时机。交叉出现时，其与零值线的距离越远，表明该信号越强。

2. **背离**：当证券或指数背离异同移动平均线时，它通常表示当前趋势的结束。这种类型的信号与货币对的技术价格形态一致。

3. **超买/超卖**：当异同移动平均线显著上升时（即短期移动平均线远离长期移动平均线），将表明一个信号，即头寸被超买且很快会恢复到正常水平。

我们来看几个例子。图 6.20 是欧元/瑞士法郎（EUR/CHF）货币对日线图，

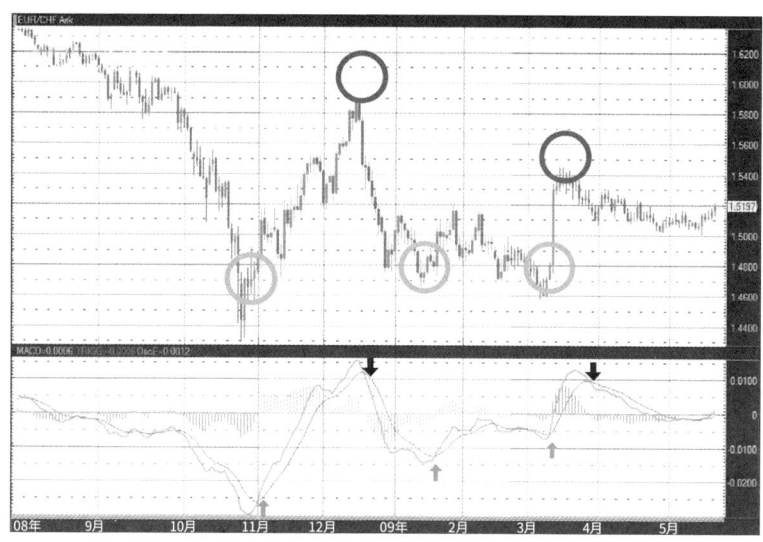

图6.20 反映交叉的欧元/瑞士法郎货币对走势图
资料来源：Fxaccucharts.com。

展示了交叉的形式和意义。买入信号用浅色箭头标出，而卖出信号用深色箭头标出。请记住，两条线距零值线越远，信号本身就越强。

图6.21显示了如何基于异同移动平均线看背离的例子。该英镑/美元（GBP/USD）图示显示，货币对的价格走势正在下降，但底部的异同移动平均线背离该价格下跌并显示出一系列不断抬高的高点和低点。在这种情况下，异同移动平均线告诉交易员，趋势反转一定会出现。

当货币对呈现出某种技术形态，或进入双底（或双顶）形态时，常常会看到关键的背离（见图6.22）。图6.22吻合双底形态，价格图示中右半部分触及新的低点，但异同移动平均线读数却未触及新的低点。这可能是个很好的迹象，双底有上行支撑，可以放心交易；同样的情况也可以在双顶形态中看到。按照这些思路，异同移动平均线可以用于纯粹的交易（即，只根据信号本身交易），但是如果您把异同移动平均线看作确认性指标，来确认技术形态，您能够成为更有成效的投资者/交易员。再看一下图6.22所显示的澳元/日元货币对的双底形态。异同移动平均线上的两个箭头表明，在形成新的形态过程中，货币对达到新的低点

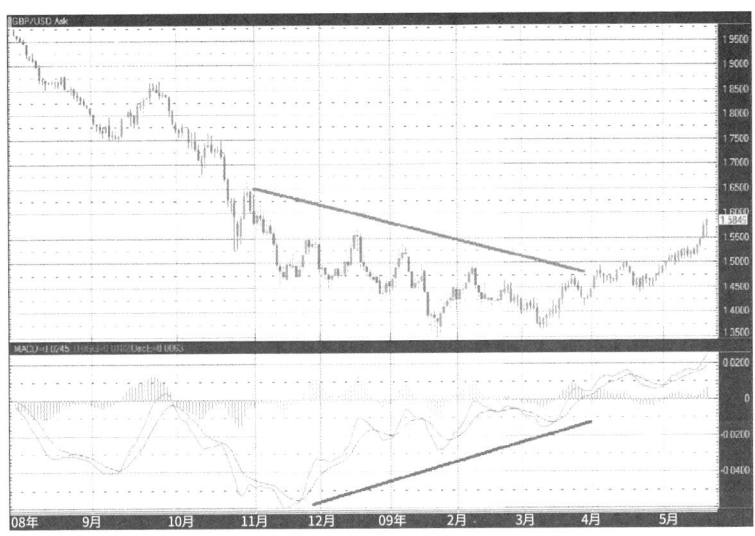

图6.21 反映背离的英镑/美元货币对走势图
资料来源：FX AccuCharts，2009。

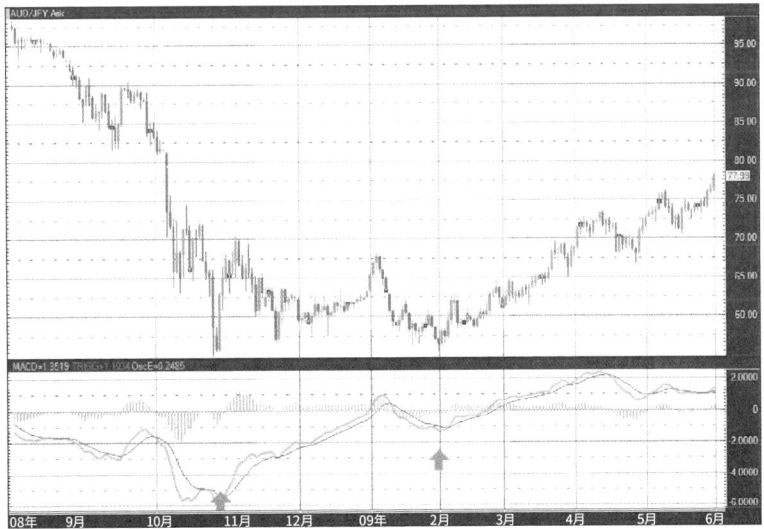

图6.22 呈现双底形态和异同移动平均线对比关系的澳元/日元货币对走势图
资料来源：Fxaccucharts.com。

时，异同移动平均线向高点移动。即使在形态还没显示出来之前，异同移动平均线就显示出与双底形态同样的信号。

现在让我们来看看显示超买信号或超卖信号的异同移动平均线是什么样子的。图 6.23 是欧元／英镑（EUR/GBP）货币对的日线图。令人感兴趣的是发生在 2008 年 12 月的交叉点，在价格图示中和异同移动平均线上都已用圆圈画出。可以看到的是，由于欧元兑英镑走强，异同移动平均线显示出显著的超买信号。就像回弹的橡皮筋一样，随着价格趋势上行殆尽，且获利者纷纷涌入，异同移动平均线大幅回落至零值线。异同移动平均线的变化程度是显著的，当异同移动平均线呈现出显著的超买或超卖信号时，在另一个方向上反弹回来的速度就会较快，程度也会较大。

移动平均线

移动平均线有多个形式和种类，使用方式也各不相同。这些方式的核心目的在于，运用移动平均线消除日常价格的波动或"噪声"，帮助我们把握外汇市场趋势。

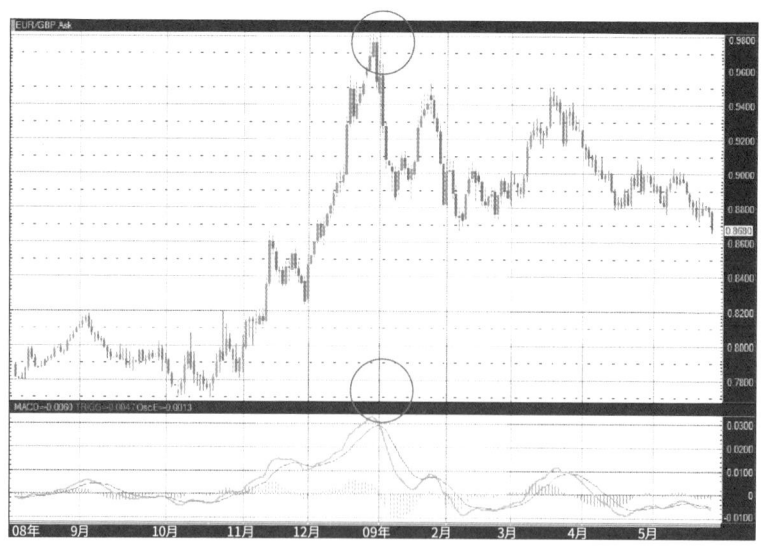

图6.23　呈现超买信号异同移动平均线的欧元/英镑货币对走势图
资料来源：Fxaccucharts.com。

运用移动平均线，可以帮助我们把握市场趋势，增加获利交易的次数。我们主要使用 50 日移动平均线和 200 日移动平均线。50 日移动平均线显示了货币对的短期趋势，而 200 日移动平均线显示了长期趋势。

我们来看一个例子。图 6.24 是澳元 / 日元（AUD/JPY）的图表。更接近价格的浅色平滑线是 50 日移动平均线。深色平滑线是 200 日移动平均线。该图示向我们展示了，在 2008 年的大部分时间里，澳元 / 日元贬值。然而，在 2009 年初，短期移动平均线首次开始趋于平缓，趋势开始发生变化；然后，趋势转向上行。此外，当短期移动平均线走高时，长期移动平均线趋于平缓。

我们要指出的是，货币对价格可以对这些移动平均线做出反应。换句话说，短期移动平均线和长期移动平均线是良好的支撑线和阻力线，在您交易时可用作监控用途。在该图示中，您可以看到三种情况（向上箭头所指），其中该货币对在短期移动平均线上获得支撑。如果您觉得澳元兑日元将继续升值，您可以在这三点中的任何一点入市。同时，图中向下的箭头显示该货币对在长期移动平均线上遇上重大阻力。当价格最终突破 200 日移动平均线时，显著的趋势变化由此产生。

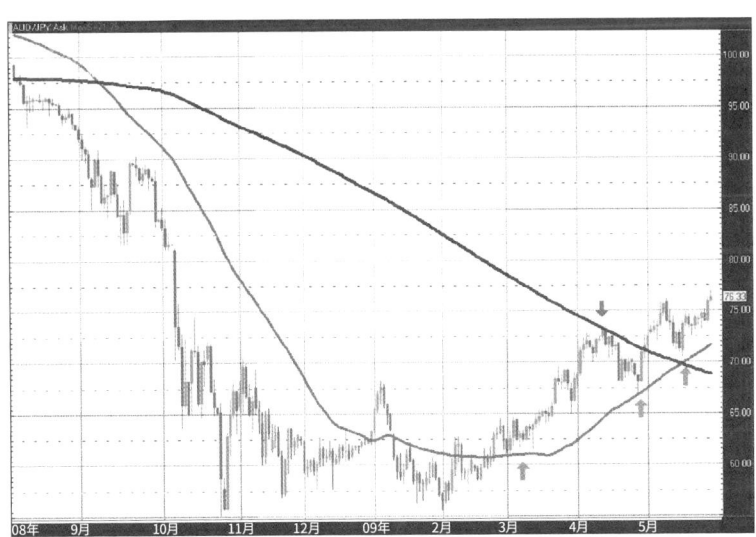

图6.24　反映短期和长期移动平均线活动的澳元/日元货币对走势图
资料来源：Fxaccucharts.com。

谨记，移动平均线本身并不是外汇交易分析的终点。然而，对于您的其他研究，它们是很好的"附加"指标。移动平均线的最佳优势在于，它们易于使用和解读，而且能让您总体上感知货币对的大体走向。

斐波那契指标

实际上，我们在讨论斐波那契理论时，通常会解释与其相关的两个具体指标：斐波那契回调水平和斐波那契扇形线。这两个指标告诉我们的是相同的情况，并且像异同移动平均线一样，这两个指标对交易员来说在大多数外汇交易软件程序上都易于获得。

如果我们认为货币对处于持续上升或下降的趋势，并且我们希望在短期盘整阶段入市或做空，那我们便需要关注交易的时机。经过同个方向的长期持续走势后，许多市场在继续主要方向之前回调了部分走势。我们可以利用拉尔夫·尼尔森·艾略特（Ralph Nelson Elliot）的艾略特波浪理论推广的斐波那契回调水平和斐波纳契扇形线，并根据整体走势的高度和各种波浪形态，来预测潜在的支撑位和价格目标。

斐波那契本人被人称为"比萨的列奥纳多"（Leonardo de Pisa）。他是一位13世纪的意大利数学家，发现了一种独特数字序列，后以其名字命名。斐波那契数是一个数字序列，其中每个连续数是前两个数的总和：1，1，2，3，5，8，13，21，34，55，89，144，233等。这些数字以各种方式相互关联。例如，任何特定数字约为前一数字的1.618倍，任何特定数字约为后续数字的0.618倍。当我们查看实际的回调百分比时，您会发现这一点很重要。

数字1.618通常被称为"黄金分割比例"。按照R. 费雪（R. Fischer）的说法，这个数字序列的真正价值在于，它是"有史以来发现的自然现象的最重要的数学表现形式"。要明白，我们谈论的不仅仅是投资，而是自然界的一切。从埃及金字塔比例，到花头上的花蕊数，再到DNA分子的双螺旋结构，以及鹦鹉螺壳的对数螺线，都涌现着这一数列。它在这么多看似无关的生活方面出现的频率实际上是令人深思的，它让最随意的观察者也会相信这不仅仅是巧合。

斐波那契回调水平　回调指标本身是一个多线指标，有助于确定后续主趋势盘整的支撑或阻力区域。在这些区域，价格上涨可能停滞，价格下跌可能停止。

第六章 全球外汇市场盈利技巧
Chapter 6 Making the Buck in Currency Trading

斐波那契回调线是在两个极值点（最高价和最低价）之间的一条趋势线。从第一个极值点开始，依据斐波那契 23.6%、38.2%、50.0% 和 61.8% 的水平画出趋势线。按照理论，随着货币对从谷底上升到峰顶，当它确实开始盘整时，它应该获得支撑，因为其分别下跌了主要走势的 23.6%、38.2%、50% 和 61.8%。举一个简单的例子，如果一货币对从 1.50 上涨到 2.00 然后再回落 50%，那么这次回调将使其在继续上升之前达到 1.75。

我们来了解下如何在交易中使用回调水平。如您所见，图 6.25 是英镑/日元（GBP/JPY）日线图。为使回调水平更加清晰可见，我们选取了部分图示，因此您无法看到图中长期内英镑/日元的下跌趋势。您这里能看到的只是新趋势的第一部分。图中标出的数字 1 和 2 表示我们绘制斐波那契回调线所依据的新趋势的低点和高点。许多对冲基金经理会认为从第 1 点到第 2 点的上升过程只是熊市反弹，该货币对应该会跌至新低。然而，您的想法却不同，您相信英镑相对于日元处于新的牛市中，所以想要做多英镑。那么，您该从何处入市？在图示上绘制斐波那契回调水平后，您可以清楚地看到多个支撑位，这些支撑位是您入市的良

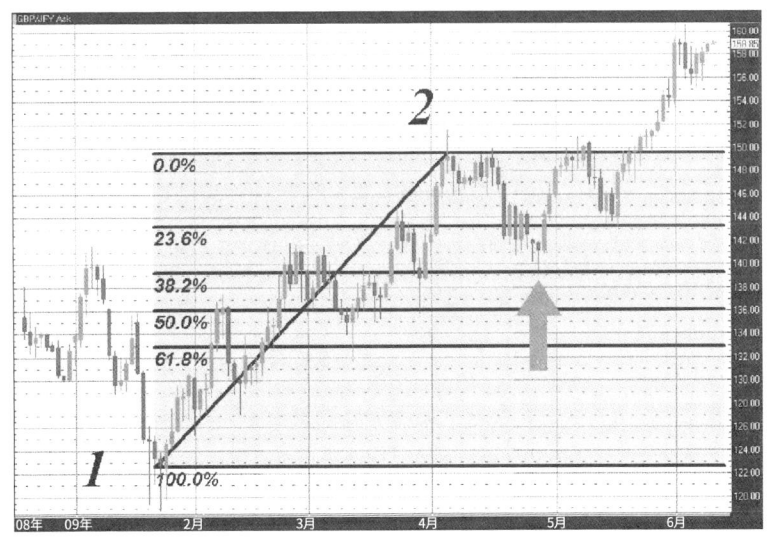

图6.25 反映斐波那契回调水平的英镑/日元货币对走势图
资料来源：Fxaccucharts.com。

好机会。根据个人经验，如果该趋势实际上仍保持不变，那么 23.6% 和 38.2% 的水平将是最好的支撑区域。在这种情况下，向上箭头显示该货币对获得支撑并开始再次上行的点。对于外汇交易员来说，这一点是最佳入市点。

我们来看下另一个例子，在这个例子中货币对处于下降趋势中。图 6.26 是欧元/新西兰元（EUR/NZD）走势图。从图中可以看出，欧元/新西兰元大幅下跌。然而，货币对价格并非永远沿着一个方向运动，随着成交量增加，货币对价格会出现逆趋势的变化。我们再次以数字 1 和 2 标记了我们测量趋势中的高点和低点。尽管货币对开始走高，但作为一名精明的对冲基金经理，您认为下跌的主趋势仍未改变，因此，您在寻找卖空点。当您绘制斐波那契水平线后，您的做法是否正确就变得清晰了。向下箭头显示逆势反弹失控，主下行趋势再次出现——这是做空头寸的理想退市点。

既然我们已经掌握了这个概念，我们再来看个例子。图 6.27 是新西兰元/美元（NZD/USD）的周线图。由于新西兰元/美元贬值，因此该货币对在 2008 年的大部分时间里一直走低。其后，趋势发生了变化。聪明的对冲基金经理知道这种反转的重要性以及阻力位的位置。这些可通过斐波那契扇形线来显示。如图所示，该货币对最初在 61.8% 的斐波那契扇形线上发现了重大阻力。然而，当它突破了该扇形线时，它迅速涨到 50% 的扇形线上并突破了该线。请注意，当该货币对击中 38.2% 的扇形线时发生了什么：出现大量上行供给和供给抛售。如果您想买入该货币对，您现在可以将 50% 的扇形线视作入市的支撑线。此外，请注意，该货币对在底部形成了很好的反向头肩形态。我们没有画出颈线，因为我们希望您自己画一画，如果您画了，就会发现颈线碰上并穿过右肩，非常接近 61.8% 的扇形线。在这个例子中，可以运用几个确认性形态/指标去预测货币对价格上涨的趋势。

通常，投资者会对市场感到些许不安。看到特定货币或货币对的重大走势时，他们便会认为自己必须跟进当前走势。这些斐波那契研究并非旨在明确货币对交易的入市点和退市点，但它们可用于估算用作入市点和退市点的支撑区域和阻力区域。

图6.26 反映斐波那契回调水平的欧元/新西兰元货币对走势图
资料来源：Fxaccucharts.com。

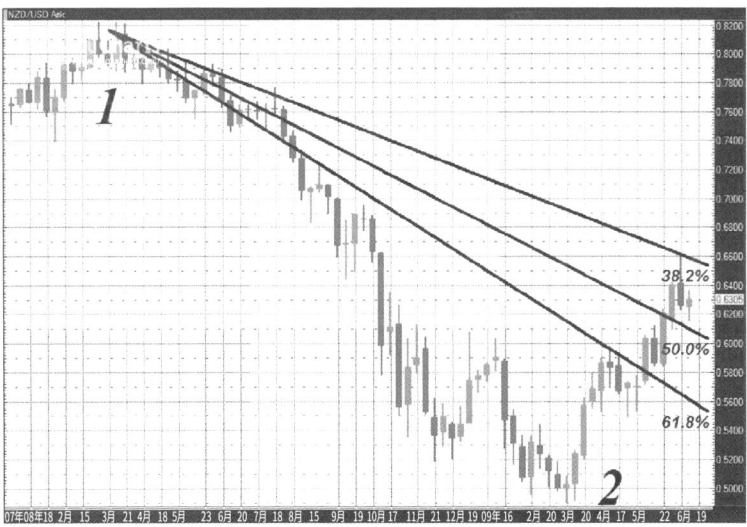

图6.27 反映斐波那契回调水平的新西兰元/美元货币对走势图
资料来源：Fxaccucharts.com。

钻探理论

本章中的绝大部分内容都是关于外汇市场的即期市场趋势形态以及转折点的分析，同时，也是在单一的货币对变动基础上的分析。绝大部分内容都是关于主要外汇交易工具的分析。然而，现在我们要稍微转移一下关注点，更像是一种哲学对话，核心目的是帮助您用更全面的分析方式去获得收益。

如果您是外汇市场中的日间交易员，那么您将关注日内图来获利；如果您是个摆动交易员，您大有可能关注货币对日线图。但是，我们倾向于认为，无论风格如何，当前关注点之上或之下的图表对您的交易来说都最为重要。换句话说，如果我们正在进行货币对的摆动交易，那么周线图也对我们有利。同样，在我们确定了周线图和日线图显示了积极信号之后，我们可以继续钻探日内图以找到完美的入市点，这至关重要。

来看一个例子。图 6.28 是英镑/美元（GBP/USD）的周线图。就个人而言，我们将自己视为货币的长期交易员，因此我们从长期头寸交易员的角度向您展示这个例子。我们偶尔会进行日间交易，但主要风格是进行能致力于数周或数

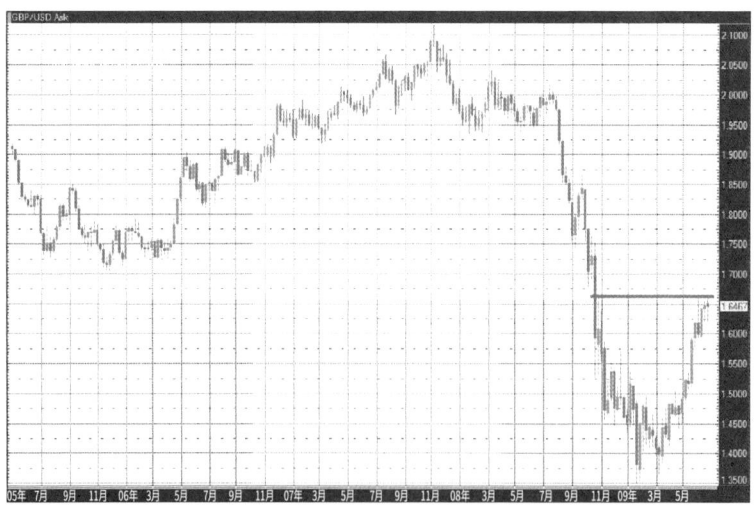

图6.28 反映杯柄形态的英镑/美元货币对周线图
资料来源：Fxaccucharts.com。

第六章　全球外汇市场盈利技巧
Chapter 6　Making the Buck in Currency Trading

月的交易，进而从外汇交易中获取丰厚利益。如图所示，2008年的全球经济危机导致外汇保值热，资产被兑换成美元。在此期间，英镑/美元遭受重创。然而，在2009年初，行情发生了变化。如您所见，英镑进入圆形底，杯柄形态由此而成。这样的周线图走势是我们想要得到的，所以接下来我们的分析将转到日线图上。

图6.29更好地向我们展示了杯柄形态的外观。长弧形线条向我们展示了杯子形态。该反转形态之所以花费7个月才得以形成，是因为该货币对的下跌非常剧烈。请注意，柄形态已在右侧形成，标记为阴影区域。

在这种情况下，我们希望您研究另一个工具——斐波那契回调水平。在图6.30中，我们依据杯子底部到水平阻力线的距离绘制出了回调线。请注意，在货币对开始形成柄形态后，初始盘整阶段将其降至23.6%的回调水平。该货币对从这条线上迅速反弹。是巧合吗？我们不这么认为。在这种情况下，我们同时分析我们重视的周线图和日线图，日线图有让我们在交易中舒心的杯柄形态。现在，我们只需确定入市时间，这迫使我们进一步钻探到日内图上。

图6.31是该货币对的四小时走势图示。请注意，该长期杯柄形态的柄以对称三角形的形式成形。阻力线下行而支撑线向上倾斜。随着该形态的形成，成交量

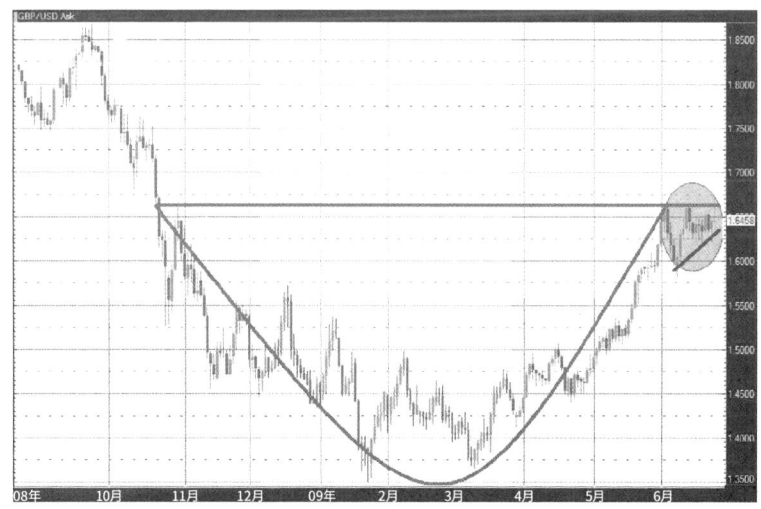

图6.29　反映杯柄形态的英镑/美元货币对日线图
资料来源：Fxaccucharts.com。

图6.30 反映斐波那契回调水平的英镑/美元货币对日内图
资料来源：Fxaccucharts.com。

图6.31 反映入市行为可行性的英镑/美元货币对4小时走势图
资料来源：Fxaccucharts.com。

缩小，该形态被确认。此时，我们需要注意两个可操作的情况：如果该货币对突破顶部的阴影圈，我们会在该突破点买入或者等待重新测试；如果该形态跌破底部的阴影圈，该货币对很有可能会重新测试1.58的水平支撑线，因此如果该货币对能够保持该支撑区域，这会是我们考虑入市的又一处选择。

我们再来看一个例子。在这类情景下，我们的理论方法能够帮助您避免糟糕的交易。图6.32是美元/加元（USD/CAD）的日内图。乍一看，该货币对表现良好。我们看到该货币对有着强势的支撑线（底部水平线），在该支撑线上方的线上实现了阻力突破，随后成功地测试了该突破。从表面上看，这是合理的行情。如果在这个走势基础上安排我们的交易，我们一定会一切顺利。可是，更宏观的行情却被我们忽视了，而这恰是我们必须始终关注的。

图6.33是上一个日内图的下一级别图。从本质上讲，我们正在钻探这种情况。由该日线图，我们可以很容易地看到，该货币对已经急剧下跌，且该主趋势仍然绝对是下行的。此外，该货币对目前处于一个显著的阻力位，突破该阻力位会较为艰难。因此，我们认为日内图看起来上升走势强劲，其实是具有误导性的，因为在宏观的行情上，该货币对已经处于危险区域。如果您以多方

图6.32　钻探分析前的美元/加元货币对日内图
资料来源：Fxaccucharts.com。

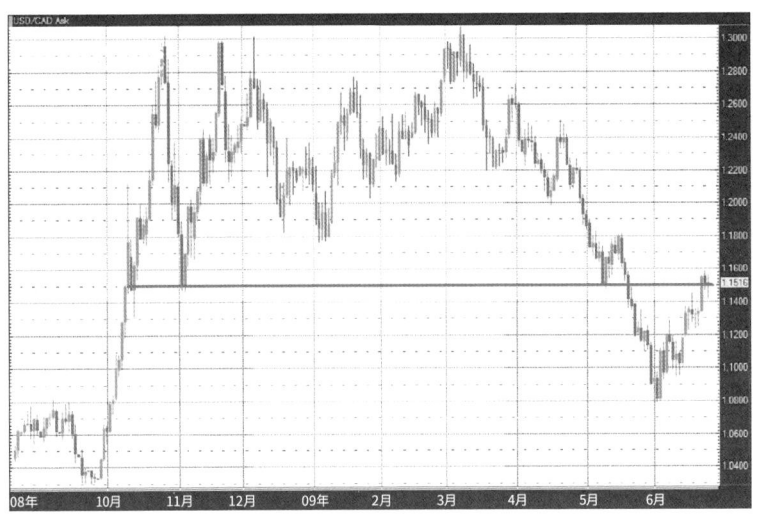

图6.33 钻探分析后的美元/加元货币对日线图
资料来源：Fxaccucharts.com。

入市，行情很有可能会被反转。事实上，在研究日线图之后，我们更倾向于淡化这一反弹并做空该货币对，即使交易时间只为一天。您看到要面临的显著上方阻力，所以，应等待该货币对显示强势并卖空，而不应进行短期交易。

在外汇市场交易中，我们完全相信，您盈利的最终结果取决于您是否愿意坚持综合的交易机制，因为外汇市场内在的波动性根本不允许您有任何其他选择。如果您选择将对冲基金的很大一部分投资到外汇市场中去，您会发现技术分析是您投资盈利的最佳伙伴。其他可投资工具的使用也受益于技术分析，不过在外汇市场中，实施技术分析必不可少。正如我们在本章开头所指出的那样，尽管我们有在股票市场进行货币管理的成功经验和集体智慧，但首次进行外汇交易便让我们感受到了外汇市场的可怕力量，而投资者在交易环节中需要具有驾驭外汇市场的能力。为此，无论您的风格是激进性的还是防御性的，您的最佳武器都是拥有缜密的管理交易机制。

第七章　全球房地产市场盈利技巧

直到几年前,投资专业人士才开始投入精力去关注外国房地产市场,在他们的投资组合中才有了大量的外国房地产投资份额。由于外国房地产市场在历史上相对难以进入,外国房地产投资此前没能被视为全球化投资的组成部分之一,直到美国国内房地产市场繁荣破灭后,这种情况才得以被打破。过去的情况是,美国房地产市场情势良好,加之全球投资会面对诸多挑战,因此投资者认为在美国房地产市场投资就可以直接获得超额利润,无须关注外国房地产市场。

尽管美国房地产市场依然保持诱人的投资机会,但是受 2008 年经济危机的严重影响,上述看法已发生了根本性的改变:具有良好对冲基金意识的投资者开始密切关注海外房地产市场的投资机遇。互联网使得信息流通更加迅速和有效,这为高效的全球房地产市场投资提供了保障。此外,在非国民购置房地产方面,许多国家都积极致力于放宽曾一度严格的相关规定。

我们之所以热衷全球房地产投资,原因之一在于全球范围内各大房地产市场之间的相关性低,而且大量的价格信息证实了这种低相关性。例如,表 7.1 中的数据显示了一些高度发达国家(地区)房地产市场之间的相关性。

表7.1　不同国家和地区房地产股票的相关性

国家/地区	美国	加拿大	英国	欧洲	澳大利亚	中国香港	日本
美国	1.00	0.37	0.33	0.36	0.26	0.23	0.16
加拿大	0.37	1.00	0.22	0.37	0.16	0.15	0.22
英国	0.33	0.22	1.00	0.71	0.27	0.30	0.25
欧洲	0.36	0.37	0.71	1.00	0.31	0.45	0.15
澳大利亚	0.26	0.16	0.27	0.31	1.00	0.24	0.12

(续表)

国家/地区	美国	加拿大	英国	欧洲	澳大利亚	中国香港	日本
中国香港	0.23	0.15	0.30	0.45	0.24	1.00	0.10
日本	0.16	0.22	0.25	0.15	0.12	0.10	1.00

以1990年1月至2006年12月期间按本国货币计算的月收益率为基础。

资料来源：CSIM房地产市场研究、富时EPRA/NAREIT全球房地产指数系列。

低相关性特点外，我们可以看到房地产作为一种资产类别，其投资同样可以分散化，而且该市场具有与有价证券市场一样的投资机遇。谈到投资机遇，我们认为在美国以外大约有2/3的房地产市场存在良好的投资机遇，这一比例近年来没有发生变化，并将在未来数十年里保持下去。具有投资机遇的房地产市场比率与具有投资机遇的全球证券市场比率大致相同。然而不同之处也是有的，那就是房地产市场准入的便利性。进入全球房地产市场的困难在两个方面上得以减轻：其一，全球互联网的普及在很大程度上解决了信息交流的基本困难；其二，以往投资者必须应对禁止外国人直接拥有国内房地产的专有国家法律，但现在这种情况正在改变。在过去的10~15年里，曾经禁止外国投资者进入的各种全球市场已经广泛开放。韩国和土耳其等国家曾经禁止美国投资者进入本国房地产市场，现在已经消除了这种措施。像韩国和土耳其这样允许外国投资者进入房地产市场投资的国家不少，当然，还有像中国这样的国家严格限制外国个人投资者在本国以投资为目的进行房地产交易。不过可以肯定的是，全球房地产市场的可及性正得以广泛增加。

分散投资是房地产投资全球化最有力的原因之一。当今时代，分散投资仍是个备受热议的话题。有人认为，全球市场之间具有相关性，这使得通过国际投资来实现投资分散化的假说不再成立。现有的大量数据表明，许多市场之间存在负相关性，但由于全球市场之间或多或少地相互同步，投资分散化在广泛基础上可能会变得不那么明显。然而，我们能够合理做出的有利假设是，外国房地产与国内品牌一样，都具有区域性。就像美国没有全国性的房地产市场一样，美国之外其他国家的房地产市场也不能一概而论，您所关注国家的特定区域不同，房地产市场的波动倾向也会不同。与其他新兴市场或前沿市场相比，美国与其他发达市场之间的相关性更高，这是有道理的，但房地产作为资产的一大特点是，即使在发达国家之间，也依然存在着房地产市场的相关性差异。

在比较资产类别时，全球投资者面临的分散投资和相关性问题尤为突出。例如，尽管非国内股票有充足的增长机会，但在美国股票和外国股票之间建立一种可靠的非相关性却愈加困难。当然，这并不是说找不到成功的例子，只是说和从前相比，不再那么容易。一个简单的实例是，股票之间的相关性似乎类似于一种趋同心理——正如我们所知，当华尔街"感冒"时，恒生和富时都得跟着"打喷嚏"。表 7.2 中的数据似乎证实，从长期来看，流行的全球股票指数之间的相关性显然远远高于它们与全球房地产股票之间的相关性。

表7.2 1993年6月至2008年6月主要股指的相关性

	标普 500	罗素 2000	MSCI 欧澳远东	LB 综指	富时 EPRA/NAREIT
标普 500	1.00	0.72	0.72	0.03	0.53
罗素 2000	0.72	1.00	0.65	−0.07	0.58
MSCI 欧澳远东	0.72	0.65	1.00	−0.06	0.64
巴克莱综指	0.03	−0.07	−0.06	1.00	0.13
富时 EPRA/NAREIT	0.53	0.58	0.64	0.13	1.00

资料来源：辉盛研究系统公司（www.factset.com）和北方信托公司（www.northerntrust.com）。引用的主要股指有：标准普尔500指数、罗素2000指数（美国小市值）、摩根士丹利资本国际欧澳远东指数（外国股票）、LB综合指数（美国债券）和富时EPRA/NAREIT指数（全球房地产股票）。

对于房地产投资者而言，市场本地化差异能够带来分散投资的优势，而这是其他类别的资产所不具备的。有以下事实为证：纽约证券交易所的股票价格不一定会受到位于埃尔帕索的得克萨斯证交所投资者市场行为的影响，事实上，不存在这样一个交易所。然而，房地产市场行为受到各个层次的因素影响——全球的、洲/区域的、国家的，乃至地方市政的影响。在美国住宅市场上就能找到一个简单例证：自大衰退发生以来，美国房地产市场总体上一直较为疲软，但有许多地区的市场较之其他地区的市场表现得更好（或更差）。例如，从 2008 年 6 月至

2009年6月，得克萨斯州阿马里洛的房价中值上涨了3%，而在此期间，美国全国房价中值下降了15%。更能说明问题的是，同期阿马里洛的房地产资产月销量增长了4%，而整个得克萨斯州的房地产资产销售量下降了11%。从2007年至今，美国房地产市场低迷的因素是复杂的、多方面的，对美国所有房地产市场都产生了强烈的负面影响。但是，那些面临更少逆风的市场，如阿马里洛，它们之所以能够摆脱负面影响，是因为其具有一些全球房地产投资者可立足的基本面因素：首先是低失业率。在撰写本书时，阿马里洛失业率为得克萨斯州中最低，阿马里洛之所以失业率低，还得益于其在得克萨斯州的支柱产业（如石油和肉牛）中占有重要地位（大约25%的美国牛肉供应在阿马里洛及其周围加工）。阿马里洛还受益于贝尔直升机和潘特克斯工厂（Pantex）等雇主的存在，潘特克斯工厂是美国唯一的核武器组装和拆卸工厂，并负责监管美国整个核武器储备的安全性。阿马里洛最大的雇主是跨国巨头泰森食品公司（Tyson Foods），该地区还有许多其他知名品牌，包括欧文斯科宁公司（Owens-Corning）。

此外，本书撰写之时，阿马里洛还享有与美国其他地区同样的低利率，并且在其他地区房地产价格一高再高、一发不可收拾时，阿马里洛的房价总是保持在一定范围内。正是这诸多因素的结合，阿马里洛的房地产市场得以恢复活力，而美国许多其他房地产市场却跌入深渊。这正表明房地产市场确实具有区域性。尽管"自上而下"的分析是进行市场评估的良好方法，但在分析房地产市场时，应从地方市场级别着手分析，进而揭示在区域和国家层面上发生的市场趋势。事实上，房地产投资的区域性降低了有更高的相关性显著倾向。例如，人们之所以想在印度孟买生活或工作，是因为孟买的独特，它所拥有的住宅空间和商业活动空间，都不容易被明尼苏达州明尼阿波利斯市的类似房地产取代。最重要的是，虽然有价证券确实存在分散投资的机遇，但房地产这一资产类别毫无疑问能够为投资者提供最好的分散投资机遇。

投资者应该考察美国境外的房地产投资机遇，还有多种其他相关及现实原因。接下来我们来了解下美国经济的总体情况。

目前（未来几年也很有可能）困扰美国的房地产崩盘和相关信贷危机，对美国未来房地产价值产生了严重影响。从2001至2006年，美国部分金融机构和政府的腐败及社会工程建设导致房地产价值恶性过热。政策决策旨在使更多的美国人实现拥有住房的梦想，其用意良好，却在很大程度上造成了房地产市场保险标准的降低，这致使房地产市场交易量很容易疯狂增长，而该市场的最终局势却鲜受关注。

人们普遍接受更高的债务／收入比率，且100%的贷款／价值比率正成为标准，而所有这些均可为信用评分低至580的借款人所利用。这带来了灾难，该灾难让我们遭了殃。由此产生的房地产市场崩溃导致房价以前所未有的速度下跌，并严重削弱了那些正等待市场好转的美国房地产投资者的投资能力。市场好转可能是个漫长的过程。现在可以推测的是，在美国一些地区，房地产价值可能还需要20年才能恢复到2006年和2007年的最高水平，这意味着新的房地产投资者必须考虑，在美国境外且反响明显更佳的市场中，是否有更好的投资选择等待着他们。

我们来继续讨论房地产投资逐渐全球化的驱动因素和相关风险。

在许多投资者心中，房地产已成为一种备受推崇的资产类别。与众多投资者交谈时，不少人会提到房地产作为可投资资产类别的有形性和实用性。我们认识一位专业投资者，他只以大量的房地产投资组合进行投资，至于为何这样做，他给出的理由是："房地产是唯一能实际使用的资产。"从相关性的角度来比较房地产市场与其他有价证券市场，前述的偏好房地产投资的理由也能够得到很好的历史印证。房地产市场普遍具有相对稳定的收益，从20世纪后25年的美国房地产市场来看，年均收益率达到了5%。表7.3中的数据显示，与三种流行的全球股指相比，全球房地产证券实现了高收益率与有竞争优势的股息率。

表7.3　1993年6月至2008年6月全球房地产表现 vs. 世界主要股指表现

	收益率（%）	标准差（%）	股息率（%）
富时 EPRA/NAREIT 全球房地产	10.98	15.24	4.76
标普 500	9.22	13.95	2.26
罗素 2000	8.92	17.95	1.49
MSCI 欧澳远东	7.21	14.34	3.60

每项数据均按年计算。

资料来源：富时EPRA/NAREIT、标普、罗素、摩根士丹利资本国际、辉盛（www.factset.com）、北方信托公司（www.northerntrust.com）。

除了在多个层面上进行大量分散投资会带来利益之外，纳入全球各个地方经济的房地产分散投资也有助于稳定投资组合。房地产投资的总收益主要取决于租金收入和相关业务费收入。各种房地产市场的持仓总收益构成了这些收入，而且由于是组合收益，总收益更为稳定。那么从本质上讲，您可以看到全球房地产投资组合提供了两个层面的对冲：首先，房地产本身作为一种资产类别，市场投资收益支撑着总收益；其次，更广泛地说，就稳定整体投资组合而言，在与构成对冲基金的其他主要资产类别相关性较低的类别中，房地产有可靠的收入流。

另一个好处在于全球房地产大而广的总体可投资规模，因为它为国内投资者提供了巨大的机会。总体来看，近年来投资前景更加乐观，本国及外国人能够在更多的国家拥有个人财产，这些趋势已经慢慢扩大了房地产市场的可投资领域。不仅获得房地产直接投资的机会更为普遍（例如，几年来，日本一直在缓慢但坚定地放松对其房地产严格的民族主义控制），而且这类国家数量也在增加，这也加剧了近几年来房地产的证券化。如今有20多个国家都拥有房地产投资信托基金（REIT）型法律，而在2000年之前，只有8个国家拥有此法。据估计，在发达市场中，所有物质资产类别的总资本中约有15%属于房地产。正是房地产证券化极大地扩大了该资产类别的可投资规模，现在世界各国越来越认可资本主义国家的举措，越来越多的国家也致力于采用类似房地产投资信托基金型法律，基于此，可投资规模的扩大趋势只会继续下去。

货币和税收的影响

尽管房地产证券化的发展给该资产类别带来了更大的流动性和灵活性，但通常情况下，风险敞口仍是个常数。房地产的风险特点是长期风险，尤其是对于直接进入外国房地产市场的投资者而言，我们可以通过一些特殊的方式处理货币风险。换句话说，时间就是对冲大多数（尽管不是全部）国际投资风险的最好工具，与此同时，长期的资产表现是我们面对风险时最需要考虑的因素，因此，鉴于房地产这种资产类别的特点，我们不必过高估计风险。但在我们看来，每个人的投资风格和投资策略不同，有些投资者应该积极对冲房地产投资风险。我们认为，最好的对冲方式是多市场风险对冲，通过不同国家货币资产的相互结合形成货币对冲；也可以用目标国家的财产收益来支付在该国的贷款利息（以此应对因货币

第七章 全球房地产市场盈利技巧
Chapter 7　Accessing Foreign Real Estate

风险而导致的收入降低的风险）；还可以运用期权合约和货币合约来进行对冲。我们倾向于使用期权合约，因为远期合约虽然是平缓下跌波动趋势最为有效的工具，但它们并不能让您真正从市场变化中获益。运用看涨期权，当汇率高于执行价格时，您就能获利，这意味着您可以以较低的价格购买外币；运用看跌期权，当汇率低于执行价格时，它们是有利的，这让您能以更高的汇率卖出货币。与远期合约不同的是，除非出于自己意愿，期权合约不必兑现。总之，如果长期在多个房地产市场存在风险敞口，您就不必过多担心风险问题，但如果您的特定全球房地产投资策略需要纳入一些风险对冲机制，期权可能是个不错的选择。

在涉及全球房地产直接控股时，将税收最小化可能会非常棘手。核心问题是税制改革无法跟上投资结构本身增长和自由化的速度。越来越多的国家开始修改法律以鼓励外国投资，欧盟已要求其成员国实现税收结构标准化，但显然这项工作尚未完成。就您的房地产直接投资而言，根据预期的风险敞口水平和成本效益分析结果，您可能希望建立一个离岸信托公司，通过该公司购买房地产。许多国家没有法律依据对外国公司的相关资产征税，因此您可以设想在另一个税收友好型国家成立一家离岸公司，并利用它来持有您的资产。请注意，您要找一位合适的专家对您的投资计划进行适当的审查，以确保计划会成功。几年前有一个大案子，其中一家美国公司通过一家马来西亚控股公司买卖一大块韩国房地产，这家美国公司成立该马来西亚控股公司摆明是有目的的，那便是利用马来西亚和韩国这两个亚洲国家之间的一项有益的税收条约。结果，韩国并不高兴，美国公司因此付出巨额罚款。诚然，我们谈论的是一笔规模高达数亿美元的高知名度交易，但即使您的投资达不到这个水平，也要重视文化差异和法律风险意识。请在合格代理人的帮助下做好您的尽职调查。

总之，您需要彻底审查目标国家的税收制度，在此过程中您可能会发现其中包含的一些有益机制。例如，尽管法国的资本收益率对于非欧盟居民来说是33.3%（与欧盟居民的16%相比），但如果您持有资产达到15年，就不应征收资本所得税。最重要的是，如果您想在特定国家直接购买房地产，您需要明确您的税务责任并根据预期的租金收入（如果适用）计算这些税务，当要卖出房地产时，您同样得明确您的资本收益债务。

全球房地产投资机制

一旦您决定将房地产纳入您的整体投资组合之中,接下来便要考虑在多样化的投资方式中采用哪一种投资方式。对于潜在房地产投资者而言,最大的挑战之一便是确定持有该资产类别的最佳方式。由于房地产被广泛证券化,投资者持有房地产方式的选择范围很广,可以通过持有共同基金、封闭式/开放式基金等方式来实现。出于本书的写作目的,我们决定把重点放在那些对房地产市场而言有些独特,同时也为全球投资者提供更多目标机会的方式上。

显然,房地产证券的最大优势在于,进入房地产证券市场所需的投资额度(通常)低于在房地产市场,当然还有商业地产市场进行直接投资所需额度。例如,即使只有几千美元,只要通过房地产投资信托基金和(或)房地产投资交易所交易基金(REIT ETF),就能够实现全球房地产投资资产配置。

接下来,我们将集中讨论、解释并思考,通过全球/国际/外国房地产信托基金和相关房地产投资交易所交易基金获得间接产权,通过有限合伙基金和私募基金获得一些直接产权,以及通过住宅房地产获得直接产权。请注意,在直接产权方面,我们将只讨论住宅房地产,原因有两个:首先,从资产配置的角度来看,证券化的房地产并不意味着拥有了独立的家庭住房,因此直接在国外购买房地产是您获得物质利益的唯一选择。此外,在国外市场上功能性地获取和管理商业地产,这远远超出绝大多数个人投资者的范围。而且,如果您能像使用房地产投资信托基金和相关衍生工具那样,通过流动性和灵活性来有效地渗透市场的话,就完全没必要以个人基金经理的身份直接进入市场了。

房地产投资信托基金

从分散投资、投资可行性和投资机遇的角度来看,我们认为在全球商业房地产市场中获得利益的最佳机制是房地产投资信托基金。房地产信托基金是非常有用的工具,而且当您考虑到房地产信托基金衍生工具以其他证券形式(如共同基金和交易所交易基金)存在时,这一机制或许是进入房地产市场的最佳方法。基于此,在讨论之前我们先来了解一些房地产信托基金的基础知识。我们知道,对精通投资的读者来说,这可能是老生常谈,因此我们没打算纠缠于无关紧要的细枝末节,还是一起来快速回顾一下吧。

第七章　全球房地产市场盈利技巧
Chapter 7　Accessing Foreign Real Estate

房地产信托基金是投资商业房地产的各种组成部分的交易所上市公司。此类公司的投资方式具有多样性和次级分类，但房地产信托基金大体上有三种类型：权益型、抵押型和混合型。权益型房地产信托基金用于投资商业、有收益的房地产。不过，权益型房地产信托基金并不只是用于投资，它们也在最大程度上管理和经营所收购的房地产。事实上，房地产信托基金与其他房地产公司的一个显著区别是，房地产信托基金必须出于长期拥有并经营的目的来购买这些房地产，而不是将这些房地产买来，一旦开发阶段完成，便抛售这些房地产。房地产信托基金机制的核心优势在于其具有高现金流的潜力。预期增长，虽然是房地产信托基金的必要组分，但相对来说次要（部分原因是它们基本所有利润都用于支出，没有剩余的利润可用来再投资，这是由特定的公司管理结构所决定的）。

抵押型房地产信托基金用于借贷资金。它们向商业房地产的开发商、业主和运营商提供贷款，但现今它们仅对现有房地产提供贷款。抵押型房地产信托基金通常源于贷款，但它们也可以购买次级抵押贷款。无论何种方式，抵押型房地产信托基金的收入都是利息和费用总额减去开支。至于混合型房地产信托基金，这类公司两项业务都沾边，它们同时拥有和经营房地产，并提供贷款，这意味着它们的收入由租金收入和利息收入共同组成。

与任何公司一样，房地产信托基金也有董事会和受托人。董事会由股东选举产生，董事会成员反过来选择执行管理职能的人员。董事会决定房地产信托基金的具体投资。基于此，在投资之前，您要仔细考量房地产信托基金董事会及其管理人员在特定方面的表现。比方说，管理层对现金流进行再投资的能力如何？该房地产信托基金能否成功收购租金低于市场水平的房产？管理层是否有健全的、透明的策略来应对棘手的市场并创造性地思考如何增强涨势和限制跌势？当然，履历很重要，董事会成员和被任命的管理人员的资历也很重要。在您的尽职调查中，您要看他们是否在每个方面都有成功履历，尤其是在历史上的市场危机中，他们是否有过成功表现。

先前提及的当期高收入源自美国国税局的一项要求，即房地产信托基金要将几乎所有收入用于支出。在美国，公司为获取成为房地产信托基金（从技术上讲，它是一项税收指令）的资格，必须将 90% 以上的收入分配给投资者。可以这样说，由于房地产信托基金可以减少向股东支付的股息，所以它们通常将 100% 的应纳税所得额都分配给投资者。然而应该指出的是，外国房地产信托基金具有不同的收入分配规则。例如，中国香港房地产信托基金的分配规则类似于美国房地产信托基金，而西班牙目前没有分配要求。此外，无论在哪个国家，尽管大多数房地产信托基金分配了大部分收入，但有利的股息支付构成了房地产投资信托基金的核心利益。

与其他类型的集体基金一样，房地产信托基金可以溢价或折价交易它的资产净值（NAV）。在常态市场条件下，房地产信托基金以轻微溢价出售它的资产净值——要留意它以折价出售其资产净值，也许它会这样做。实际上，有时基金投资者和基金经理人之间存在目标的差异，基金投资者关心的是决定基金份额实际价值的资产净值，而基金经理人关注的是基金投资组合的前景。让我们分析这两个方面的内涵。

房地产信托基金内在价值的建立　衡量房地产信托基金的资产净值主要基于人们所相信的房地产信托基金的重要元素：住房资产或管理能力。对某些投资者而言，房地产信托基金的真实价值主要在于其资产，即房地产市场从根本上全然独立于证券市场的实体建筑结构。而对另一些投资者来说，房地产信托基金的实际价值在于它的管理能力，他们认为房地产信托基金是真实的公司，是不断代表股东做出商业决策的"鲜活的"公司实体。反对以资产净值衡量基金价值的人们（不完全是这样的特点，但是为了分析的需要，我们可以这样说）喜欢指出，像卡特彼勒等一些公司，不能简单基于其硬资产（如设施、库存等）的流动性价值来衡量它的实际价值。我们认为，这种观点的问题在于它未曾考虑到房地产信托基金与其他公司之间存在核心资产的差异，即其他类型公司的硬资产是用来生产最终产品的，而房地产信托基金核心资产本身就是最终产品。

房地产信托基金所拥有的价值基本上是通过将房地产信托基金的预计净营业收入（NOI）除以资本化率来计算的。资本化率本身又是预计净营业收入的函数，其定义如下：

$$资本化率 = \frac{年度净度净营业}{成本/价值}$$

资本化率表示资产的预计净营业收入与资本成本之间的比率,用于衡量投资中产生收益的房地产的价值。就评估房地产信托基金价值而言,资本化率决定于全部投资的资产价值。就单一投资者而言,资本化率决定于年度预期收入来的资产价值。资本化率越高,资产净值越低,反之则反是(简单示例:100 000 美元 ÷ 8% = 1 250 000 美元;100 000 美元 ÷ 10% = 1 000 000 美元)。故而资产净值的关键在于资本化率。

赞成以资产净值衡量房地产投资信托基金价值的阵营通常更为庞大,他们似乎拥有一些优势证据来支撑他们的观点。例如,哥伦比亚大学的三位教授威廉姆·金特瑞(William Gentry)、查尔斯·琼斯(Charles Jones)和克里斯托弗·迈耶(Christopher Mayer)在 2003 年(已于 2004 年修订)发表了一篇题为《房地产投资信托基金的逆向思考:基于股价调整的基本面价值》(*REIT Reversion: Stock Price Adjustments to Fundamental Value*)的论文。该论文指出,购买房地产信托基金要严格基于其资产净值,这意味着在股票价格折价时买入,在溢价时做空,如此就足以投资成功(您可以在 www.greenstreetadvisors.com/Journal-of-Finance-REIT-Reversion.pdf 上查看该学术论文)。

反对以资产净值衡量房地产信托基金实际价值的阵营则认为,仅仅以资产净值来衡量是远远不足的,管理能力在买卖决策等运作过程中贡献了巨大的价值。在他们的世界里,以贴现现金流(DCF)来衡量才是王道。贴现现金流是一个前瞻性指标,支持使用此指标的人认为该指标反映了业务的流动性及瞬态性,而资产净值只是将估值定位在当前的基础资产价值上。有例为证,某些房地产信托基金的资产净值较低,份额相对于资产净值有明显的溢价,但是基金价格仍有巨大上涨,这该如何解释?对于这些房地产信托基金来说,管理能力将会是答案所在。

最终,如何衡量您将要进行的房地产信托基金投资,还得由您自己决定。因为无可否认,这场辩论的双方都有其支持论据。在我们看来,应当主要以资产净值来衡量考虑,辅以投资业绩记录。这样说吧,如果有人拿枪指着我们的额头,强迫我们选择一种估价方法,我们会选择资产净值。此外,完全将资产价值定性为不含未来价值是不合理的,因为无论如何,资产净值的计算方法都必须在某种程度上着眼于未来。

在思考用何方法分析房地产信托基金时,根据投资分析的普适原则,我们在第四章中谈到的"自上而下"和"自下而上"的方法在此也各有其优点,但是同样出于全球利益的考虑,我们必须考虑"自上而下"的分析方法。以"自上而下"的方法分析房地产信托基金,您必须考虑会影响商业房地产的宏观经济因素,例如区域、国家和地方市场的经济状况:失业率和利率水平多少?趋势如何?人口统计数据——人口流动方向与年龄结构是怎样的?简而言之,我们对任何外国行业和公司以及外国房地产的所有标准考虑,通常都是为了房地产信托基金利益而进行的评估。当然,为了解个体房地产信托基金的投资可行性,您会在公司层面进行分析,但在您准确评估了您所计划投资的区域、国家和地方房地产市场的状况及趋势(更为重要)之前,这样做是没有意义的,所以必须从最普遍、最广泛处着手分析。从此处开始,逐步缩小您的考虑范围。当您到达必须观察所涉及公司及其组成部分这一过程时,您将履行所有常规职能:评估管理层通过努力提高租金收入和运营资金(FFO)以实现增长的能力,并关注杠杆的使用方法。在这方面,您可以简单了解下负债权益比率,但考虑到特定时期的利率水平和趋势,也许更好的杠杆考虑因素更为微妙,比如固定利率和浮动利率的相对权重。重点是,房地产信托基金本身的分析固然重要,但它的重要性还不及国家和区域市场基本面(以及技术趋势)因素分析。

最后,对房地产信托基金的分析进入了对房地产投资的资产类型进行评估的阶段,对房地产资产类型的评价与股票市场和固定收益市场也有着密切的关系。同样,房地产基本面分析和技术分析相结合有助于判断房地产信托基金份额的变动。因此,在制定投资组合决策时,这两种分析的运用都很重要。

在研究一项将要进行的房地产信托基金投资时,您应该审查您的投资组合,并着眼于评估预期标的区域内商业房地产的市场力量。首先,从访问房地产信托基金公司网站开始,了解投资组合的确切构成并进行研究,以评估房地产市场的当前实力以及未来的价值成长趋势。同样,这项研究与您在考虑直接购买商业房地产时所做的研究并无分别,虽然这似乎有点费力,但在已经变得高度复杂的市场中,这种研究是值得的。此外,您还应该充分利用互联网提供的免费有效信息和一些付费信息。通过关注一些最优质服务商提供的信息来评估商业房地产投资机遇,是我们极为信任的方式,这些服务商确实提供了大量信息。比方说,我们喜欢从高纬物业公司网站上获取信息。高纬物业是一家房地产公司，提供广泛的服务，这家公司的网站上有一个"知识中心信息库"，这正是我们喜欢的。该网站上有大量优质的免费研究信息，包括其出色的《市场脉动》（MarketBeat）报告。如果您真的有意着手研究，（在本书撰写之时）您只要花费 625 美元来购买它们的《国际投资分析报告》（International Investment Atlas）现行版（每年出版一次），它极好地汇编了对各个发达市场和新兴市场的高阶研究。《国际投资分析报告》满载定量研究和优质分析，在您对一些最适合投资和其他多变的房地产市场进行专业研究时，它几乎能为您提供您所需的所有信息。当然，其他公司也有和高纬公司一样的业务，而且当下的互联网和优质投资研究齐头并进。谷歌搜索"全球房地产研究"，您将会获得丰富的检索结果。

作为房地产信托基金投资者，您应该充分了解全国房地产投资信托基金协会（www.reit.com）网站上的众多优质资源。该网站还提供了许多重要的信息源，在此无法一一提及，但其中之一便是《房地产投资组合》（Real Estate Portfolio）杂志的现代数字版本，它补全了过刊无法查看的问题。我们最有兴趣的杂志是《国际论坛》（International Forum），您可以直接在 www.nareit.com/portfoliomag/menu/international_menu.shtml 网站上找到杂志上刊载的文章。该网站还涵盖有用的行业数据，包括富时 EPRA / NAREIT 全球房地产指数的最新收益和历史收益，其中富时 EPRA / NAREIT 全球房地产指数按行业区域细分为美洲、亚洲 / 太平洋、欧洲和中东 / 非洲指数。此网站还为房地产信托基金投资者提供了许多其他优质资源，我们可以告诉您，NAREIT 网站位列我们优质信息提供者的榜首。

房地产信托基金的衍生投资工具 除了本身以有价证券形式存在以外，房地产信托基金还可以充当其他类型的集合投资基金的组成部分，这些集合投资基金包括开放式共同基金、封闭式基金和交易所交易基金等。我们已经对房地产信托基金进行了充分的讨论，再来单独一一讨论其他房地产信托基金的衍生投资工具可能会有点适得其反。无论房地产信托基金以何种方式组建，了解房地产信托基金及其估值基础的核心信息都有助于您达到目标。此外，房地产信托基金的衍生投资工具是相对不受管理的工具，且它们日益普遍，有效性不断增加。因此让我们来简要介绍下房地产投资交易所交易基金。

与典型的交易所交易基金一样,房地产投资交易所交易基金是以特定的指数为基准,持有房地产信托基金份额并在交易所从事交易的基金。其基准指数包括著名的富时 NAREIT 指数和富时 EPRA/NAREIT 系列指数,如抵押型房地产投资信托基金指数和发达亚洲指数。这些指数并不多,实际上它们的数量很少,不过随着房地产投资交易所交易基金和房地产信托基金所受关注的增多,可以预期它们起到的作用会越来越大。

关于房地产投资交易所交易基金,需要注意的一点是,如果房地产投资交易所交易基金含有房地产投资信托基金投资,则会出现因税收规则而造成的损失。标准的房地产信托基金必须将收入分配给投资者,房地产投资交易所交易基金同样要把收入分配给投资者。事实上,房地产投资交易所交易基金通常被称为"派息型交易所交易基金"。

您之所以可能选择房地产投资交易所交易基金而不是房地产信托基金,通常是因为您留心交易所交易基金而非个股。一篮子房地产信托基金是具备投资流动性的充分交易机制。事实上,这种观点在此并没有改变。尽管如此,在我们看来,也没有理由认为房地产信托交易所交易基金和房地产信托基金之间必须是"或"命题,因为这两个机制各有千秋。

以下是可在美国交易所获得的国际/全球房地产投资交易所交易基金:

名称:iShares 富时 EPRA/NAREIT 亚洲发达市场指数基金

代码:IFAS

交易所:纳斯达克

风格:跟踪富时 EPRA/NAREIT 亚洲发达市场指数,该指数衡量在亚洲房地产市场范围内成立、发展和运营的公司的业绩。

名称:iShares 富时 EPRA/NAREIT 欧洲发达市场指数基金

代码:IFEU

交易所:纳斯达克

风格:跟踪富时 EPRA/NAREIT 欧洲发达市场指数,该指数衡量在欧洲房地产市场内成立、发展和运营的公司的业绩。

名称：iShares 富时 EPRA/NAREIT 美国之外的发达房地产市场指数基金
代码：IFGL
交易所：纳斯达克
风格：跟踪富时 EPRA/NAREIT 美国境外全球房地产指数，该指数衡量在加拿大、欧洲和亚洲房地产市场成立、发展和运营的公司的业绩。

名称：第一信托富时 EPRA / NAREIT 房地产发达市场指数
代码：FFR
交易所：纽交所高增长板市场
风格：追踪富时 EPRA / NAREIT 全球房地产指数。该基金可将其至少 90% 的资产投资于构成该指数的普通股，或投资于美国存托凭证、全球存托凭证和欧洲存托凭证。

以下是可在外汇交易市场上使用的国际 / 全球房地产投资交易所交易基金：

名称：iShares 富时 EPRA/NAREIT 亚洲房地产收益基金（美元）
代码 / 交易所：
- IASP.L / 伦敦证交所
- IDAR.L / 伦敦证交所
- IASP.AS / 阿姆斯特丹泛欧证交所
- VLIAS / 巴黎证交所
- IASP.MI / 米兰证交所

名称：iShares 富时 /EPRA 欧洲房地产基金（欧元）
代码 / 交易所：
- IPRP.L / 伦敦证交所
- IPRP.AS / 阿姆斯特丹泛欧证交所
- VLIPO / 巴黎证交所
- IPRP.MI / 米兰证交所

名称：iShares 富时 EPRA/NAREIT 发达市场房地产收益基金（美元）
代码 / 交易所：
- IWDP.L / 伦敦证交所
- IDWP.L / 伦敦证交所
- IDWP.AS / 阿姆斯特丹泛欧证交所
- VLWDP / 巴黎证交所
- IWDP.MI / 米兰证交所

名称：iShares 富时 EPRA/NAREIT 英国房地产基金（瑞士法郎）
代码 / 交易所：
- IUKP.L / 伦敦证交所
- IUKP.MI / 米兰证交所

名称：克勒默全球房地产 ETF
代码 / 交易所：
- CGR.TO / 多伦多证交所
- CGRa.TO / 多伦多证交所

我们通常使用的房地产投资交易所交易基金是没有特定资源渠道的，这在意料之中，因为它是一种"加总"的证券形式。此外，关于房地产投资交易所交易基金的基础研究只能在房地产信托基金层面上进行。晨星（www.morningstar.com）和 ETFConnect（www.etfconnect.com）都是极好的资源。在某些方面，我们更喜欢晨星，这主要是因为它更详细地列出了交易所交易基金所持有的房地产信托基金的构成。

外国房地产信托基金 本书是关于在外国投资的一本书，所以我们想要您注意到这样一个事实：由于房地产信托基金交易机制的全球化，全球房地产信托基金投资也在不断增长。正如我们在前文中提到的，自 2000 年以来，采用类似房地产信托基金结构的国家数量大幅增加。同时，许多国家都允许房地产资产证券化，并形成了它们所满意的经济特点。您将看到，这样的国家会越来越多。事实上，全球财富增长是影响因素之一，因为其中大量的美元资产都在寻找更多的增值机会。此外，随着人口年龄的增长，许多国家和地区的人口数量不断增加，而且随着预期寿命的逐渐增加，这一人口群体将希望在以收益为导向的投资中获得更多选择。

表 7.4 列出了具有有效房地产信托基金结构的国家（地区）名单。此处，我们指的是公开交易房地产信托基金并在某种程度上信息透明的国家（地区）。由于有几个国家（地区）或多或少拥有房地产信托基金或类似于房地产信托基金的投资工具，但投资者并非都能轻易进入这些国家（地区）的市场进行交易。此表列出的国家（地区）已限定于为投资者可进入的市场类型。

表7.4 具有有效公开交易的房地产信托基金市场的国家（地区）

国家（地区）	房地产信托基金数量
澳大利亚	64
比利时	14
保加利亚	不详*
加拿大	33
法国	48
德国	2
中国香港	7
意大利	不详*
日本	42
马来西亚	13
荷兰	8
新西兰	8
新加坡	20
南非	6
韩国	6
中国台湾	不详*
土耳其	13
英国	19
美国	148

*在制作本表时，这些新兴房地产信托市场信息没有定期发布，因此，房地产信托基金数据不详。

表 7.5 显示按国家划分的十大房地产信托基金市场,分两个时期进行评估:(1)从 2005 年 6 月至 2008 年 6 月的 3 年期;(2)从 2007 年 6 月至 2008 年 6 月的 1 年期。您一定会注意到,美国显然没有位于这两个列表的最上端,而且列表上的国家主要是发达市场国家,对于那些认为新兴、前沿市场国家通常具有最佳投资机遇的人来说,这似乎是反常的。问题在于,房地产证券化是金融结构和现代经济前景成熟发展的结果,而新兴市场和前沿市场一般不满足房地产证券化的条件。尽管如此,您会看到列表上有南非、土耳其和马来西亚,它们都是新兴市场。

表7.5 房地产信托基金市场

2005 年 6 月 30 日至 2008 年 6 月 30 日的 3 年间,按总收益率排列的前十大 REIT 市场	
国家(地区)	收益率(%)
韩国	13.46
加拿大	8.80
法国	8.23
南非	7.79
新加坡	6.81
新西兰	4.89
比利时	2.89
土耳其	2.32
荷兰	1.78
美国	−1.82
2007 年 6 月 30 日至 2008 年 6 月 30 日 1 年间,按总收益率排列的前十大 REIT 市场	
国家(地区)	收益率(%)
韩国	5.17
马来西亚	−2.68
比利时	−8.50
中国香港	−8.86
加拿大	−9.86
新西兰	−18.38
荷兰	−20.37

(续表)

国家（地区）	收益率（%）
土耳其	−21.04
南非	−21.63
美国	−21.94

资料来源（两组统计数据）：安永会计师事务所，2008年全球房地产投资信托基金投资信托报告（www.ey.com/realestate）。

有限合伙基金和私人募集基金

在证券化的房地产市场中，一些机遇通常由较小型、更有针对性的募股来提供，而不是由交易更广泛的的房地产信托基金和其他集合投资基金来提供。构建融资企业的可靠法律实体各式各样，但大多数都是有限合伙基金（LP）和私人募集基金（PP）的变体。一般而言，这些实体为致力于筹集资金的公司所使用，这些公司与其他形式的证券化房地产相比具有更大的控制权和更少的监管麻烦。因为这类实体具有在不受管理的房地产（如房地产信托基金）获利的优势，但由于房地产直接产权不具有流动性，它们也不具有流动性，因此这些实体本质上是证券和直接产权的混合体。假设在一开始，您便遇上这种非流动性和由此导致的总体风险增加，您会继续投资的唯一原因便是普通合伙人或公司已经具备诱人的潜在收益机遇，您愿意为此承担风险。请注意，我们不打算在此提供任何类型的具备投资机遇的全球有限合伙基金和私人募集基金，因为有限合伙基金和私人募集基金并不是按常规的方式形成的，我们没有条件提出适合投资的全球或外国有限合伙基金和私人募集基金名单。另一个原因是，虽然我们确实知道目前已经有一些适合投资的有限合伙基金和私人募集基金，但是对于这类工具的性质我们知之甚少，所以不足以向您推荐，我们担心有些投资者可能会将这里提到的有限合伙基金和私人募集基金当成我们所推荐投资的基金。我们相信充分讨论这类投资工具是有益的，因为在一定程度上，全球房地产投资将会借助这类投资工具。

有限合伙基金

有各种各样的法律实体和资本化计划允许较小型投资集体从标的房地产产权

中获利（希望如此），这些房地产产权的利润实际上只略高于直接拥有房地产的利润。这类投资帮投资者省去了处理企业的日常管理和运营的麻烦，这可能是最显著的特点。房地产直接投资最令人不快的几个方面——入市成本相对较高（特别是在私募的情况下）、流动性不足，以及本金投入时期长，这些也都存在于私募基金中。好处在于，投资者规模更小，再加上商业投资组合的广泛、相机抉择和专业的管理，这类投资的潜在收益可能远远高于典型的房地产信托基金或其他集合投资计划的收益。

有限合伙基金使得商业开发商能够不用自己的资金去做他想做的事情。20多年前，有限合伙基金就得到了普遍的发展，那时它们的税收待遇要优于现在，不过现在的优惠税收待遇仍然存在，这也正是对投资者有利的一个方面。理想情况下，有限合伙基金的投资者（有限合伙人）有望从其投资中获得三种利益：可观的收入、最终出售合伙持有的房地产所获得的增值份额，以及（如果可能有的话）一些有用的税收优惠。有些读者可能非常熟悉有限合伙基金，有些可能不熟悉，我们在此为后者提供一个快速概览。

对我们大多数人来说，有限合伙制是一种投资形式，从技术上讲，它是法人实体。在普通合伙企业中，业主（合伙人）代表合伙企业的组织机构共享利润和共担亏损。那些不愿意"几个人联合投资、合伙人共担责任"的投资者往往不喜欢普通合伙制的投资形式。在"连带责任"下，对合伙企业提出索赔的人最终可以向任何合伙人追讨，因为合伙人的个人资产都与索赔挂钩。

有限合伙企业作为一个实体对投资者的吸引力在于其责任有限，有限合伙人的风险仅限于其投资限额。在一个有限合伙公司中，必须至少有两个普通合伙人，这些普通合伙人决定所有合伙人买入的份额并对资产进行管理。在有限合伙基金中，有限合伙人提供了绝大部分资本。

传统的有限合伙企业可以是很好的投资方式，但它们有着不容忽视的风险。有限合伙最显著的风险是缺乏流动性。组成投资组合的房地产数量通常很小，而且常以商业用途为目标。有限合伙基金股份按单位出售给认股人，认股人（投资者）必须通过一个认证程序，该程序主要证明（在尽可能长的时间内）投资者不会撤出其投资，且要在多年内与主要投资人一起承担损失风险。

如前所述，房地产有限合伙基金的另一个特点是您的投资被锁定的时间很长。

所有的有限合伙基金都不具有流动性，无一例外。也就是说，投资资金被用来购买商业地产，除了其中一个要进行清算的财产外，没有现成的现金可用来支付给寻求提前退出的投资者，这就是认证问题如此重要的原因。有限合伙基金的投资者可能在许多年内都拿不回他的投资份额。房地产投资有限合伙基金的期限结构安排各不相同，但大多数都是有期限的，跨度在3~10年之间。毫无疑问，这是从一而终的投资。

有限合伙的另一个特点是缺乏透明度，许多人不喜欢这一点。在房地产有限合伙基金中，我们可以非常诚实地告诉您，普通合伙人的感觉如下："非常感谢您的投资。现在，请您走开"这不是因为他们拿到您的钱后就突然不喜欢您了，而是因为有限合伙人最好待在一边、不过问业务，出售哪些资产、何时出售资产以及以何价格出售均由普通合伙人来决定。除了合伙企业通常有不同的投资条款外，个人有限合伙企业的投资通常没有设定寿命期限，相反，招股说明书将表明投资的预期或估计期限，如5~7年。对于普通合伙人和有限合伙人来说，这样的"窗口期限"是有利的：如果招股说明书规定必须在发行结束后的6年内终止，一开始投资者可能会体验更好，他事先知道投资何时会结束，问题是如果到时房地产价格下跌，要求解散对每个人来说都将是坏消息。一个投资年份区间让普通合伙人能够灵活地决定何时清算房地产能够获得最大利润，但仍然建立了一个通用的时间框架，使所有投资者都可以用该框架来估计其主要投资的收益以及任何增值。

通过有限合伙基金投资房地产的好处与以任何方式投资房地产的好处本质上是一样的。您希望在持有期间获得收入，并在资产清算时获得可观的增值。从历史上看，有些有限合伙企业人还满意于税收信用的增进。与税收减免不同，税收信用并不表现为税收义务中纳税额的减少。但是，税收信用增进的好处主要为国内合伙人所得，涉及的所有权资产包括低收入家庭住房或历史建筑资产的投资资产。全球房地产有限合伙基金通常不具备这些特征，尤其是税收优惠的利益并不是全球房地产有限合伙投资基金的特征。

任何寻求合伙投资的投资者一定要注意关注普通合伙人，关注他们是否在募集、管理、操作和清算这些投资的记录中有着出色的成绩。另外，合伙基金的基本理念是，在货币被套牢期间，您能够从租金和抵押贷款利息中获得高流动收入，也就是说，不仅能够获得本金带来的收益，而且当资产变现时，还能够得到一定份额的资产溢价收益。在投资博弈中，投资新手不可能总是成功地达到这些目标，所以在决定投资之前一定要小心谨慎。此外，您所考虑的任何合伙基金都应该能够向您提供过去受其管理并取得卓越业绩的合伙投资基金的名单，名单越长越好。这不仅表明他们在该领域有着丰富的投资经验，还表明普通合伙人确有敏锐的洞察力并已经成功通过几个市场周期的检验，而这绝非易事。

简述业主有限合伙基金

尽管有限合伙基金投资者知道，他们投资的是长期的、非流动性资产，但出于人类的本性，合伙人在投资协议订立之前都会犹豫不决。设立业主有限合伙基金就是为了正面处理这个问题。简单来说，业主有限合伙基金就是在交易所交易的有限合伙基金。目前在国内交易所交易的房地产有限合伙基金并不多。其中有一家房地产有限合伙基金，在纽交所上市，既投资于国内商业房地产，也在海外15个国家有商业地产投资。投资这样的合伙基金就避免了前述的有限合伙和私募基金的不足，因为这样的业主有限合伙基金具有高度流动性。这家基金便是凯里有限责任公司（W.P. Carey &Co. LLC），其在纽交所的交易代码为WPC。当然，这里提到它纯粹是出于说明的目的。请注意，我们对凯里的投资没有兴趣，也不会想到去投资。此外，凯里不是外国业主有限合伙基金，但由于它的外国控股，它可以被视为在美国注册的全球房地产业主有限合伙基金。

有关业主有限合伙基金的更多信息，您可以参考全国公开交易合伙基金协会，网址为www.naptp.org。请注意，全国公开交易合伙基金协会仅提供在美国市场交易的业主有限合伙基金的信息。

私人募集基金

私募基金将证券出售给少数符合特定资格标准的投资者。私募基金并没有严格的定义，人们只是通过它的特征来描述和了解其结构状态。最主要的特征是，私募基金不需要在证券发行委员会登记注册，也没有标准的财务报告要求。私募基金拥有无须注册和信息披露的特权，但是私募基金不能公开销售基金份额，也不能做任何公开宣传和广告。尽管私募基金不需要满足标准监管要求，但这并不意味着它们可以为所欲为。它们必须遵循所有国家法律，无须公开披露信息并不等于可以从事欺诈活动。私募基金必须严格遵守证券法中适用的反欺诈条款，并必须对潜在投资者进行必要的信息披露，以确保他们拥有足够的信息，能够做出明智的投资决策。

对于寻求投资者融资但尚未准备或不适合进行首次公开募股（IPO）的公司来说，私募是一个很好的工具。对于一些公司来说，首次公开募股不利于专门为特定目标设立的、具有一定期限的企业。私募基金已经摆脱了许多烦琐的管理要求，使实体能够相对快速地筹集资金，并且不费太多麻烦，而且实体可以在如何将投资资金应用于资产方面行使很大的自由裁量权。此外，许多实体选择私募投资，因为它们对投资基础设施和融资过程有很大的控制权。例如，私募投资可以对投资者以及允许他们投资的金额进行选择。在这一点上，投资者本身必须更加老练以满足某些特定条件，让我们来看看这些特定条件。

为了投资私募基金，投资者必须满足严格的适用性要求，并且要符合法律规定的条件。私募流动性极差，且本金会被锁定数年。此外，由于非流动性、投资范围广、投资新公司以及较大程度的投机等特点，私募基金通常具有较高的风险水平。《1933年证券法》条例D第505条和第506条规定，允许公司向无限数量的"经认证的投资人"出售自己的证券。有关法律细节，您可以参考该法案第501条（条例D），但基本上要想成为合格的个人投资者，至少必须具备以下条件之一（记住，这些只是美国的法律规定）：

- 在购买私募股份时，净资产（或与配偶的共同净资产）需超过100万美元。计算净资产可以包括住宅权益、家具和汽车。
- 在过去两年，每年的收入均需超过2万美元。如果一个投资者（或多个投资者）希望根据共同收入获得资格，那么在过去两年里，收入水平为在过去两年里，每年收入超过30万美元。在这两种情况下，该项标准进一步要求投资者在本年度也必须预期达到同样的收入水平。

对于经营实体来说，购买私募基金的条件也有各种要求，但我们所列出的都是与个人投资者最为相关的。私募基金的最低投资额标准是可变的，但对个人投资额低于10万美元的投资者感兴趣的私募基金甚少。我们仅知道有些私募基金的最低投资标准是5万美元左右。

值得注意的是，如果您遇到一个能吸引您的全球房地产私募基金，而您没有达到认证标准,也许仍然有希望投资。根据条例 D 的 505 条和 506 条的规定,私募基金可以从少于 35 名未经认证的投资者那里筹集资金,但这并不意味着他们必须这么做。事实上,许多私募基金不愿意与未经认证的投资者打交道。一些小规模的私募基金关注信用水平低的投资者,这些私募基金较容易得到投资份额最低的投资者青睐,而无法得到经认证的投资者青睐,因此只有选择吸收未经认证的投资者。对私募基金来说,吸收未经认证的投资者至少会带来以下麻烦:第一,当私募向未经认证的投资者募股时,信息披露规则发生了变化,本来想走捷径以避免烦琐的程序,这时就不再可能;第二,鉴于其处境,未经认证的投资者最终往往无法像他们一开始声称的那样,能承受住投资的内在约束(比如流动性低和期限长的特征)。这些问题很重要,因此许多私募不愿意吸纳未经认证的投资者。在这一点上,如果您是未经认证的投资者,我们建议您自己避开私募基金,除非您能够以异常低的投资份额获得投资机会。

您必须通过经纪/投资银行投资私募。该机构将与私募的实体签署出售协议,基金份额将通过经纪公司出售。私募融资备忘录(PPM)是了解私募基金发行的信息来源。潜在投资者将私募融资备忘录作为招股说明书进行审查,并且通常会(如果他很聪明的话)自己进行尽职调查(多亏了互联网,这在如今要容易得多)。如果投资者决定投资,他将通过经纪公司签订认购协议。

对于合适的投资者来说,私募基金可以成为开拓全球房地产市场的绝佳途径。许多全球房地产私募基金背后的运作人与全球特定区域保持着长期关系,有助于获得商业地产。事实上,过去几年股市的波动促使一些知名的地区开发商考虑将其计划中的首次公开募股换成私募。有各种各样的公司充当投资资产和使其价值最大化所需资本之间的纽带。如您所知,我们不愿意在这里提供任何具体的名称,因为私募的性质使得我们更愿意让读者自己去定位这些公司,但它们是完全可供您使用的。例如,我们知道其中一家公司,在投资秘鲁房地产的大约一年半的时间里,获得 40% 的收益率(再次说明:我们对秘鲁房地产没有投资兴趣,也没有任何计划获利于此)。需要记住的是,您应该投资这样的私募公司——公司管理层和有限合伙企业一样经验丰富,在类似募股方面有着良好的业绩记录。

第七章 全球房地产市场盈利技巧
Chapter 7 Accessing Foreign Real Estate

直接购买外国房地产

在讨论直接投资时，我们决定把重点放在住宅房地产购买上。对于大多数寻求建立个人对冲基金的人来说，个人的资产管理能力必须是最主要的考虑因素，而在没有足够时间和大量财政资源的条件下，个人有效地直接投资商业房地产的能力是有限的。我们明白一些读者可能有能力和兴趣投资外国商业房地产，但在开始论述这一点之前，我们对潜在读者的研究表明他们对如何进入住宅市场有很大的兴趣，而对如何直接渗透到商业房地产方面的兴趣则少得多。事实上，您通过进入与美国市场相关性低的房地产市场而寻求的分散投资，可以通过收购住宅房地产完美实现。

另一个问题是，一些外国市场的商业房地产市场似乎正处于一个悬而未决的停滞期，这一问题正伴随着住宅市场的低迷，而住宅市场要自行摆脱萎靡不振的局面可能会更困难。事实上，我们的共识是，随着全球商业市场持续恶化，我们很可能正面对新一轮的银行困境和倒闭，因此就近期至中期而言，我认为对于个人投资者来说，运用更具有流动性的投资工具进入这个市场，或者至少是运用合伙基金或私募基金等具有坚实基础的投资管理工具来进入这个市场是明智的。此外，如果您坚持直接投资商业房地产，您会发现我们在本节中提供的信息资源也能帮助您购买相同的资产。不过，我们认为，使用集合投资、合伙投资和私募可能是投资外国商业房地产的更好方式，同时也能让您保持头脑清醒。相信我们，购买和管理一个以外国为基础的住宅房地产投资组合本身就足以构成挑战。

在投资的最初阶段，您必须锁定要投资的市场，决定在哪里投资以及投资什么。例如，大多数国家将拥有主要面向游客的当地市场，而另一些国家则主要迎合当地人。您是想在某个国家的度假地或其附近购买房产，以便享受度假者的租赁收入，还是更愿意进入当地的产业市场并租赁给当地居民？在这个决策过程中，您可能会考虑是否有一天您会住在所购买的房子里。例如，如果您喜欢将保加利亚作为房地产投资市场，您可以考虑在黑海沿岸购买一套公寓，您可以将其租给游客，并考虑自己有一天也能居住。或者，您可能会对日本与美国市场的低相关性感兴趣，并决定在那里投资，而且您希望获利于东京的人口密度优势和蓬勃发展的租赁市场（许多日本年轻人更喜欢租赁）。最后，您可能会发现自己的投资组合中包含了各种类型的房地产。

那些寻求直接购买房地产的投资者必须亲自处理那些经由证券投资的人不需要面对的各种考虑因素：外国对美国投资者来说代表着各种各样的挑战，包括与上述税收和货币问题有关的挑战，以及应对不寻常的法律要求的挑战。解决共同租赁问题（包括租赁本身）对一个不仅是场外而且是境外的承租人来说更为重要。与语言差异和时区相关的更明显的问题彰显了一系列障碍，而这些障碍可能会增加普通人投资外国房地产的困难。尽管如此，我们仍难以忽视美国境外存在的巨大机遇，尤其是考虑到美国市场预计在未来数年内下跌的情况下。

在您考虑直接投资美国境外的房地产时，有几个因素不容忽视。虽然我们强烈建议您向有经验的专业人士咨询，但您应该自己熟悉与这些房地产投资相关的主要问题。

房地产投资过程中需要考虑的因素

购买房地产一直是一项需要冷静决策的任务（或者说，在某种程度上应该冷静应对）。也就是说，当您想直接在外国购买房地产时，交易的复杂性可能大大增加。让我们更仔细地研究一下整个交易的更显著的一些方面，以便您可以注意到一些应该特别关注的细节。

法定代理人

这本质上很简单，就是找个律师。在我们收集的多年房地产市场交易的资料中，我们惊讶地发现大量的投资者，无论是普通人还是房地产专业人士，都对无法定代理人的投资过程表示满意。在美国即使您没有律师，您也很有可能圆满地完成交易，但是无论如何，法律代理人都是一种保障。而且在美国境外买卖房地产时，这种方式成功的可能性会大大降低。您不仅应该在不太成熟的市场中购买时有代理人，而且即使是在发达市场上，您也应该在聘请代理人的情况下进行交易，并且您的代理人在交易中仅代表您的权益。尽管房地产市场已经有房地产经纪人使用和产权保险公司标准化的服务（这在每个市场都是如此），但聘请一名代理人监督整个交易过程仍然是值得的。一般来说，您应该聘用在您的投资目标国家生活和工作的人，并优先考虑对于您要购买的资产具有专业知识的人。他应该有与美国公民合作在该国购置房地产的历史。他的英语口语要好。您的代理人也应该对交易的每一个环节都持谨慎态度，包括抵押的问题。如果您从您购买的国家的银行获得抵押，情况尤其如此。

美国的房地产按揭贷款法律文本是美国人为美国人书写的，所有这些英文法律文本都要翻译，这事处理起来也是相当棘手。如果您能够得到忠实于您的利益的法律代理人的服务，在海外投资时就会有安全感。

增加的成本

要考虑的问题之一是与完成交易相关的总成本。我们这里讨论的不仅仅是房产价格，而是交易的总成本。如果您在美国完成过一笔房地产交易（我们衷心建议在海外任何地方交易前，您都需要具备美国市场经验），那么您就会熟悉HUD-1结算声明，其中概述了与交易相关的费用。在美国境外进行房地产交易时，还需要注意其他事项。有些国家将评估我们在美国不熟悉的费用，并将评估您在美国通常不会遇到的税收。记住，当您投资海外房地产时，您的纳税义务通常会增加，因为您现在是双重财产所有者：即美国和您的目标投资国的投资所有者。

地缘政治和经济问题

当您在美国投资房地产时，您必须注意当地和州政府的政策风向变化，以及联邦政府可能发生的任何变化。也就是说，相对于世界上其他地区而言，美国国内的政策是稳定的、可预期的，而其他国家的政策就很难说了。尽管政治风险总是存在，例如，在海外投资时，当您拥有一项投资资产，而您不能简单地通过点击鼠标在交易所进行出售时，风险就不言而喻了。相对于拥有实体资产，借助共同基金方式，投资于新兴市场国家，较容易获得资产溢价收益。无论是运用共同基金还是直接拥有实体资产，获利机会都是巨大的，但房地产投资者面临的风险也更高。不要依赖于您对一个国家的了解而贸然行动，要熟悉您正在考虑投资的国家，了解它们的历史以及当前的政治形势。当然肯定还会存在一些问题，您可以从专门从事这些不同领域的专业人员那里获得帮助，但同样不要让您的投资完全取决于他们。事实上，一旦您完成了交易，您的房地产专业人士也就离您而去，您需要继续监控政治和经济动向，以确定您投资组合的持续可行性。

尽管您可以自由地投资于不太稳定的国家，但要记住，真正不稳定的国家不值得冒险。这些国家的政府可能会使用它们所谓的土地征用权来占有它们认为的国家财产。此外，极不发达的国家往往有更强烈的排外心理，欠发达状态使它们几乎没有与"外人"保持长期关系的基础。事实上，出于各种考虑，您都喜欢将有价证券作为一种机制，并通过这种机制投资于不太成熟的市场，这些原因与您决定不通过购买房地产更永久地将自己锚定在这些国家的原因是相同的。尽管如此，我们还是建议您"不要把孩子和洗澡水一起倒掉"。事实上，有一些规模较小、不太成熟的市场并不存在其他市场的困难，我们在此抽取了其中一些市场进行分析。

重要的是要了解您未来交易的复杂性，其中一部分要求您成为购买房地产资产所在国家的优秀学生。首先，熟悉语言。您不需要成为一个流利的演讲者，但是把语言学习到一个层次水平将做到两件事：其一，它将显示出您对国家和人民的尊重，而这并不是美国人在海外经常能够做到的。您向当地人示好的努力会使得他们对您有更多的好感，因此当您需要帮助时，他们会有更大的兴趣伸出援手。其二，学习这门语言对您非常有用，因为您能实际应用于房地产投资。在这一点上，掌握时态尤其有帮助——如过去时、现在时和将来时。在正在进行的房地产交易中，有许多因素在发挥作用，因此始终了解自己在时间线上的位置非常重要。

记住入乡随俗，要适应所在国家和当地的风俗习惯和行为方式。在投资目标国家，我们都想当然地认为我们自然而然地就会熟悉这些事物。但在外国购买房地产时，您不欣赏外国人热衷购买奢侈品，您必须努力使自己适应这种情况。同样，当您在欠发达国家进行投资时，这一点变得更加重要。许多这样的国家不属于西方文化的范畴，还有许多国家，特别是那些新兴经济体国家，自有文化、日常仪式和经商方式，这些都远远超出了您所熟悉的范围。

您还需要对当地经济进行尽职调查。目前，仅仅了解一个国家提供大量房地产市场投资机会是不够的，您还需要特别了解当地地区和社区的情况。即使是在美国最近的房地产繁荣时期，也有许多地区在全国各地几乎不值得您投资。相反，经济崩溃带来了巨大的弹性效应，甚至带来了相对的繁荣，就像之前文章中提到的得克萨斯州阿马里洛一样。

总而言之，我们认为在海外购买房地产的最佳投资方式是通过专门代表外国投资者从事这项工作的公司进行交易。实际上，有很多这样的公司是为了发达市场的利益而兴起的,有少量类似的公司可以帮助您在不太复杂的市场进行交易。即便使用了这样的公司您还是需要自己熟悉当地市场和交易的所有阶段,但是维持一家能与您携手合作的公司通常是值得的。许多这样的公司基本上会为您做任何事情,从帮助您寻找投资目标到全程指导再到交易结清。例如,在这些服务方面,日本是一个我们特别喜欢的市场,因为尽管日本是一个发达的市场,许多人可能会本能地认为该国对外国投资者来说是安全的,但为日本房地产寻找融资的困难本身就是一个足够大的问题,因此有必要从海外获得一些帮助。

融资考虑因素和产权保险

融资问题历来是外国房地产直接投资成功的最大障碍之一。直到最近,全球许多地区将交易限制在"仅现金交易"的基础上,这是因为传统的融资机制还没有跟进与跨国房地产投资相关的更复杂的考虑因素。此外,也是因为历史需求较低,结构改革动力不大。

以哥斯达黎加为例。美国投资者长期以来将哥斯达黎加视为理想的投资地,因为在哥斯达黎加的房地产既是美国投资者的投资资产,也是退休后可以享用的理想房产。遗憾的是,直到最近,该地区对外国投资者安排融资的能力有限。现在,一些国家和国际银行已经为寻求购买的人提供了非居民融资机会,甚至著名的斯图尔特地产产权保险公司也为在瓜纳卡斯特省的塔马林多地契管理局敞开了大门,这样美国投资者就可以有把握地在该国购买房地产,同他们在国内购买房地产的信心一样大。汇丰银行和丰业银行等在哥斯达黎加有很好的融资计划,贷款金额将高达购买价格的85%,但更多的地方机构通常将贷款限制在那些寻求购买自住房并在该国具有全职的人身上。

除了较高端的国家银行和国际银行,其他真正的资金来源是私人资金,这通常指向抵押经纪人。在次贷危机之后,抵押经纪人在美国名声不好,但在我们看来,这种描述有点不公平。事实上,抵押经纪人的存在主要是为了代表独特的借款人、独特的贷款计划和其他类型的独特情况,而任何不属于这些类别的人都可能不需要抵押经纪人。国际抵押经纪人的数量一直在增长,他们对于非居民交易来说是极好的资金来源。在寻找融资的过程中,您需要做一些仔细的研究。如果您在谷歌搜索"国际抵押经纪人",您会发现有些经纪商声称可以获得全球范围内可用房地产的贷款。即便如此，国际房地产市场在各个方面都在不断变化，您应该确保在交易的这一部分中进行必要的尽职调查。

在进行全球房地产投资过程中，一个积极主动、拥有良好国际关系的抵押经纪人会成为您积累财富的重要资源。一个好的抵押经纪人，即使他在世界的某个特定地区没有建立起关系，也会为您寻找这些关系，并为您发现所需要的绝佳机会。您应该注意，无论是通过母国的机构还是通过国际抵押经纪人，获得购买外国房地产贷款的文件要求基本相同。您应该准备好提供以下内容：

- 护照副本及永久住址证明（如水电账单副本）。
- 婚姻状况证明书（结婚证或离婚判决书），以备所需。
- 过去90天内的几份工资单据，其中一份工资单的日期越近越好；我们的建议是，从您计划申请贷款之前的90天（左右）开始，您便可把工资单存档。
- 申请前3～6个月的银行对账单（申请前6个月便要开始准备）。此外，您可能会被要求提供银行出具的推荐信。
- 由雇主提供的W-2报税表或其他适用的年终税务摘要文件。

请注意，个体经营者申请人须提供其最近的纳税申报单副本（而不是工资单据和W-2报税表），并应准备提供一份年初至今的损益表。

产权保险是发达市场中一个重要的金融产品，但在不太成熟的市场中则没有那么普遍。好消息是，随着寻求更多外国资金的较年轻国家认识到它们必须使适当结构和操作方法现代化，让投资者更放心，形势正在迅速发生变化。我们建议您在购买房地产时购买产权保险，并尽可能在行业中最知名的公司里购买。例如，斯图尔特地产产权保险公司（www.stewart.com）和第一美国集团（www.firstam.com）等公司在全球房地产市场的影响力正迅速扩大。请注意，这些产权公司提供了一个机会，即通过帮助您浏览完整的外国交易以使您安心。它们在外国房地产投资交易的许多阶段中都可以是优秀的资源，可以为您提供许多不同的服务。

房地产投资目标国家举例

当考虑在美国境外进行房地产直接投资时，可行性是一个主要问题。虽然理论上可以在世界上许多国家直接购买房地产，但是许多国家和地区的地理、文化、经济、法律和（或）社会政治结构，实际上使得投资者对直接投资外国房地产望而却步。尽管如此，我们想为您筛选出一些国家，在这些国家进行房地产直接投资对您而言是合理可行的。我们的选择可能略微武断，但我们想要给出全球主要区域的国家示例，同时也提供一个广泛的市场选择，其中包含发达市场、新兴市场、前沿市场和未分级的市场，并且尽可能提供一些好的、有用的信息，以期帮助你建立真正的全球房地产投资组合。此外，我们还想特别关注那些拥有可及性、稳定性和机遇的市场。在本书撰写之时，大衰退已经席卷了全球大部分地区，许多地区的房地产价值都在下跌。然而，即使短期机会变得不那么有吸引力，一旦我们完全度过这一历史时刻，这里概述的市场应该会提供一些合理的长期机会。

北美

显然，加拿大和墨西哥是大多数美国人最容易进入的外国市场。下面是对在这两个国家购买房地产的优缺点和关键细节的介绍。

加拿大 在许多美国人的心目中，加拿大的房地产投资不能被视为"外国"房地产投资，但是加拿大实际上就是外国。它是世界上第二大国家，在许多人眼里，它拥有地球上最美丽的地理景观。加拿大最显著的特点，即它的绝大多数人口居住在距离美国边境100英里的范围内（无可否认，这引发了一个问题，即加拿大与美国的经济差异有多大），让人深入体会加拿大是"美国之光"这一看法。加拿大是一个多民族、多文化的双语国家（官方语言是英语和法语），因此您很难找到一个只说英语的地方。

加拿大的政体是君主立宪制。在该政体下，作为国家元首的君主在很大程度上是礼仪性的、没有实权的，而政府首脑实际上是总理。在加拿大，（在本书撰写之时）主权意义上的君主是统治英国的君主——伊丽莎白二世女王陛下。因为女王并不生活在加拿大，所以女王任命总督作为她在加拿大的代表，总督人选主要根据总理的意见挑选而出。虽然从技术上讲，总理是由总督任命的，但总理通常由在众议院拥有多数席位的政党领袖担任。在实际生活中，众议院和参议院构成了两院制立法机构。在加拿大，拥有众议院多数席位的政党掌握着最大的权力，因此，当您要成为该国的房地产所有者时，您就要关注这种情况。例如，在本书撰写之时，比起其他相关政党更支持自由市场原则的保守党成了执政党。

经济方面，加拿大有许多特点值得推介。首先，加拿大是世界上最富有的国家之一，在过去 20 年里，加拿大经济总体上稳步增长。目前该国失业率已经得到控制，这充分说明了它在大衰退期间的弹性。值得注意的是，预计 2009 年加拿大的债务与 GDP 之比将降至 20% 左右，这一比例远低于八国集团所有成员国预期平均水平的一半。

对投资者的吸引力　在货币金融领域，加拿大基本上与美国相似。它是一个富裕的国家，本质上是一个自由市场经济体。美国人常常开玩笑地说加拿大是"社会主义国家"，但事实上，它在许多领域的政府影响力只比美国政府影响力大一点。对于外国人来说，在这里购买房地产很容易，因为在这方面真的没有任何限制。此外，加拿大的住宅房地产市场总体上是强劲的，喜欢加拿大的移民源源不断地涌入该国，这在很大程度上推动了该国市场走强。在这一点上，加拿大的租赁市场在某些地区尤其强劲，特别是在主要城市周围。加拿大的承租人权利很强，特别值得一提的是，爱德华王子群岛的出租价格实际上是由住房租赁资产管理办公室这一政府机构决定的。

总的来说，加拿大最吸引人的地方之一是它与美国多层次的融合性。文化、语言、地理位置的相似性，再加上加拿大日益增长的自由市场经营方式，使其成为一个对美国投资者来说并不陌生的国家。先前提到的低失业率水平（编者注：截至 2019 年 8 月，加拿大全国失业率约为 5.7%）、经济增长趋势和低债务水平，是今后进一步增加机遇的优势所在。加拿大的经济实力部分在于其自然资源的储备，加拿大是一个能源产品出口国，发达国家很少能够做到能源出口。加拿大是次于沙特阿拉伯的全球第二大石油储备国，也是世界上排在前列的农产品供应国，也是世界上最大的锌和铀的生产国。

特别是对房地产投资者来说，加拿大市场是一个不错的考虑因素。首先，作为一个整体投资目标国家，加拿大强劲的经济增长，再加上它的发达地位，意味着美国投资者可以放心地直接向该市场投入资金。加拿大最大的优势之一在于其没有发放高风险贷款的文化，这意味着导致美国住宅市场崩溃的次贷危机并没有机会在加拿大扎根。因此，加拿大的银行也有资金可供放贷。加拿大在 2008 年确实经历了经济放缓，但在 2009 年上半年销售额再次大幅增长。

购买过程须知　在加拿大进行房地产交易的过程和在美国进行房地产交易的

过程几乎是一样的。与您可能会考虑的许多国家不同，加拿大的房地产机构文化实际上相当强大，房地产机构受到监管，其运作方式与美国非常相似。因此，您可能觉得没有必要聘请一名加拿大律师在整个过程中为您的利益护航，但我们还是建议您这样做。此外，加拿大对外国人拥有房地产确实没有限制。至于产权保险，人们对它的看法在很大程度上与美国对它的使用情况是一样的。同样，美国和加拿大的房地产交易方式也没有什么不同。

更多信息

- www.crea.ca——加拿大房地产协会的官方网站。

墨西哥 与熟知北方邻国（加拿大）一样，美国对南方邻国（墨西哥）也很熟悉。墨西哥政府是宪政共和制，由31个州和1个联邦区组成，与美国的架构并无二致。自1994年经济危机以来，墨西哥当政者一直在积极设法改善其在经济界的地位。该国一直寻求与欧美更密切的联系，并努力提高工业化水平、改善基础设施。确实，墨西哥与加拿大一样，对美国经济存在很大的依赖性，引起潜在的"假性分散投资"问题。墨西哥经济主要是以出口为基础，9%以上的贸易源于自由贸易协定（特别是《北美自由贸易协定》）。事实上，墨西哥的进出口有一半以上是涉及加拿大和美国，而这也正是在寻求分散投资时需要注意的一点。

如前所述，墨西哥的政体是宪政联邦共和制。墨西哥宪法规定，政府应分为三个部分，与美国一样：立法、行政和司法三权分立。立法机构是一个标准的两院制议会，由参议院和国民议会组成，两者分别类似于美国的参议院和众议院。行政机构由总统代表。司法部机构由最高法院代表，由总统任命的11名大法官组成。

墨西哥也许可以算作新兴经济体（根据摩根士丹利资本国际指数MSCI Barra的说法），但无论如何，它是世界第11大经济体（按购买力平价计算的GDP标准），并且多方面都表现出稳定的中上收入水平。该国贫困率曾经居高不下，但自2000年以来一直稳步下降。尽管如此，占总人口1/3的高收入人群占有了国民总收入的一半以上，墨西哥仍必须面对收入分配不公的问题。

对投资者的吸引力 墨西哥是自由市场经济，这对想在其他地方发财的美国人来说是个好消息。在政府的激励下，与过去相比，该国的私营部门在经济生活中起到越来越重要的作用。政府部门极力增强各种行业的竞争水平，包括电信、电力和天然气分销等等。最后，墨西哥强烈希望提升自己的国际地位，从而吸引更多的外国投资者。墨西哥正处于国内经济进一步发展阶段，如果国内经济能够得到巨大增长，这意味着在墨西哥存在房地产投资机遇。

尽管犯罪问题和收入分配不均等问题困扰着墨西哥，但墨西哥经济资源的开发仍在继续，增长势头不减。私有制经济得到了大力发展，各类服务业之间的竞争明显加剧，例如铁路运输服务和航空服务水平显著提高，其他行业的竞争水平也同样如此。实际上，墨西哥现在是北美最大的汽车制造商，而墨西哥最大的海外收入来源是石油。您可能还记得，我们在前文中提到，墨西哥有望成为继"金砖四国"之后未来具有经济活力的国家，将与"金砖四国"一起构成"金砖五国"。早在2001年，墨西哥尚不具备这样的实力，但是现在看起来，墨西哥已经显示出许多与原"金砖四国"相同的特征，包括每年GDP增长约5%（本书撰写之时，受全球经济危机的影响，这个数字显得较弱）。最重要的是，如果墨西哥继续降低贫困水平，改善基础设施，通过政策安排提高公众消费力，墨西哥的预期消费市场具有巨大的发展潜力。

特别是对房地产投资者来说，墨西哥长期以来一直是退休人员和寻求第二套住房的人的理想目标市场。即使这里面临高犯罪率问题，但它提供的机会也是诱人的。经济大衰退和犯罪率上升抑制了购房活动，但房价仍显示出房地产市场具有巨大的投资价值。如果政府严肃处理犯罪问题，促进外国人直接拥有房地产，近期市场上的投资者就能够拥有创造巨大财富的机会。在更长的时期内，墨西哥整体经济形势将得到改善，未来几年该国有望成为巨大的外国房地产投资市场。

购买过程须知　　与中南美洲的许多国家一样，墨西哥有一种房地产交易的传统，即由一名代理人（公证人）起着交易的核心作用。在墨西哥，公证人既是一名政府官员，同时也是一名有执照的代理人。事实上，这在墨西哥是一个受人尊敬的职位。一旦合同签订，公证人的工作就是监督整个交易过程直到合同执行完毕。

在墨西哥，买卖双方直接谈判的传统根深蒂固，但随着时间和技术的不断进步，如今越来越多的投资者借助房地产中介机构进行洽谈。是否借助房地产中介机构的服务，这取决于您。但是，您应该知道，为了确保交易顺利进行，除了公

第七章 全球房地产市场盈利技巧
Chapter 7 Accessing Foreign Real Estate

证人之外您最好还保留自己的代理人，公证人理论上是公正的一方，但公证人是由卖方选择的。我们的建议是，由于对房地产中介机构的监管不力（与美国相比的话），如果您愿意，您可以通过中介机构帮助寻找房产，但您需要一位会说英语的墨西哥律师代表您的利益。

一旦报价被接受，要让律师对报价备忘，与合同一起形成文字。一旦报价被接受并写入文本，您就必须拿出 10% 的购买价格作为定金。我们的建议是将定金交由美国产权公司保管。这里要注意，在墨西哥将定金交由第三方管理仍然具有很大的不安全性。在任何情况下都不应该把定金直接交给卖家，甚至是房地产中介机构（如果您聘请了中介机构）。您可以把它交给您选择聘用的律师（您要确保您对他的履约保证安排感到满意），也可以把它交给美国产权公司。

一旦履行完所有合同条款，就要结清合同。但您应该知道，在公证员将您的房契在公共财产登记处完成登记之前，交易并没有真正完成。我们建议您跟进这件事，因为很多时候公证人并没有完成这项工作。您可能需要把您的结清文件（包括您在结账时收到的房契）带到登记处，以确保注册已妥善处理。如果没有，马上联系公证人。

事实上，国外个人和企业在墨西哥拥有房产并不受限制，这种所有权可以通过多种方式进行，但是对于外国人拥有海岸线 50 公里以内和边境线 100 公里以内的土地是有限制的。要获得这类资产，您必须借助称为信托遗产（fideicomiso）的银行托拉斯的帮助。信托遗产能够赋予您与墨西哥公民一样的权利，但实际上拥有产权的是银行。任何一家墨西哥银行都可以为您设立信托遗产。但如果您需要达成这类交易，您最好聘请一位律师代表来监督整个交易过程。

至于产权保险的问题，去买一些吧。与许多国家（除了美国）一样，墨西哥没有使用产权保险的传统，但无论如何都要投保产权保险。虽然搜索产权是公证人工作的一部分，但不要冒任何风险。我们建议向著名的美国产权保险公司比如第一美国集团（www.firstam.com）投保。这是一家总部位于美国的产权保险公司，在全球拥有强大的业务。无论您选择的是哪家保险公司，您最好将存款也交由它保管。

更多信息

- www.ampidf.com.mx——这是墨西哥房地产专业协会的西班牙语网站。

中/南美

中美洲和南美洲为世界各地的房地产投资者提供了各种诱人的投资机遇。在这里，我们集中讨论哥斯达黎加和尼加拉瓜，这两个国家虽然在许多方面不同，但都为全球房地产投资者提供了在该地区拥有房产的重大好处。

哥斯达黎加 哥斯达黎加有着悠久的民主传统，在历史上曾经有一些不稳定的因素，但是现在这个国家是其所在区域最稳定的国家。哥斯达黎加没有军队，只有一个国民警卫队负责国民的安全。毫无疑问，这个国家没有任何理由抱有军国主义的观点，因为这个地方主要由海岸线组成——如果您愿意的话，可以说它是个海滨国家。在这里让人在四处走走，会感觉岁月静好。

令人惊讶的是，哥斯达黎加成功地避免了多年来困扰拉美的许多政治动荡。这个国家有着坚实的宪政历史，并以其数十年的纯粹民主制度而自豪。哥斯达黎加的民主结构类似于美国，政体中有与美国基本相同的三个政府部门：立法部门、行政部门和司法部门。

据称，哥斯达黎加的识字率超过90%。它还是世界上人口平均预期寿命最高的国家之一，甚至高于美国人口的平均预期寿命。哥斯达黎加的公共教育体系极为完善，并且其以政府资助的医疗服务体系而闻名。

哥斯达黎加大体上属于热带气候，旱季从12月持续到次年4月，雨季从5月持续到11月。除了气候和海滩之外，哥斯达黎加还因对自然保护的重视程度而闻名。基于环境绩效指数，哥斯达黎加目前是拉丁美洲排名第一、世界排名第五的国家。环境绩效指数是由耶鲁大学和哥伦比亚大学的部门共同创建的，旨在衡量一个国家环境政策的有效性。此外，2007年，哥斯达黎加宣布了一个雄心勃勃的目标，即到2021年成为世界上第一个碳中和（实现零碳排放）国家。哥斯达黎加除了以其海滩和世界级的冲浪胜地而闻名，它也拥有多种多样的地形地貌，包括丛林、山脉、河谷和火山。对于栖息在乡村地区的各类物种，上述积极的保护措施确保了它们很可能在人类消失后很长一段时间仍然存续。

对投资者的吸引力 作为一个有着悠久经济稳定历史的拉丁美洲国家，哥斯达黎加对投资者的吸引力是强大的。当您想要在国外直接投资房地产时，稳定是至关重要的考虑因素。大多数管理个人投资组合的个人投资者根本没有能力承受直接投资灭失。哥斯达黎加有三个最重要的产业，分别是旅游业、农业和电子工业。哥斯达黎加的国内生产总值居南美第二。此外，该国正在大力发展高科技产业，税收减免的优势吸引了像英特尔（Intel）这样的公司进入该国。哥斯达黎加最近签署了《中美洲自由贸易协定》（CAFTA），出口有望翻番，美国和中国将成为该国商品的主要进口国。

对投资者来说，哥斯达黎加的另一个积极特征是其重视基础设施的改善，这使得该国一些欠发达地区享有便利的交通条件。瓜纳卡斯特黄金海岸是该国的旅游胜地之一，对试图进入度假旅游市场的投资者来说，这里是一个绝佳的投资地。那些在非旅游房地产市场中寻求更大价值增值的投资者，同样也得益于基础设施的改善。随着陆路交通和航空运输能力的不断提升，该国将为外国投资者提供更加便利的投资条件。

许多年前，以价值为导向的外国人认为哥斯达黎加是一个吸引房地产投资的好地方，但随着成本开始攀升，与政府打交道变得更加困难，这种观念在一段时间内发生了变化。而目前情况又回到了"改善阶段"：价格已经稳定下来，政府正试图发挥其职能，变得更容易接洽，包括改良产权调查过程。

哥斯达黎加全国通用语言为英语。尽管有人热情地鼓励您说西班牙语，但您会发现人们都能够用英语交流。

购买过程须知　与美国以外的许多国家一样，代理人在这里的房地产交易中扮演着重要角色。在哥斯达黎加，一名代理人将准备销售协议，该协议实际上是一份公共契约，（连同缴纳的转让税和印花税证明）提交至国家财产登记处。一旦转让契约通过审核，买方便是所有者。如果转让契约有问题，文件将被退还给公证人，以做更正。整个交易过程大约需要30天，在南美地区，这样的交易速度已经相当快了。

在哥斯达黎加，拥有财产不受限制，对外国人拥有房地产所有权也基本不做限制。如前所述，产权保险服务越来越好，越来越被接受，但您应该确保您聘请的代理人进行了彻底的产权调查。我们一贯建议不要聘请卖方推荐的代理人。

更多信息

- www.camaracbr.or.cr——哥斯达黎加房地产协会官方网站。
- www.amcham.co.cr——哥斯达黎加人—美国人商会网站。

- www.arcr.net——哥斯达黎加居民协会网站。哥斯达黎加居民协会是一个很大的组织，向生活和工作在哥斯达黎加的侨民提供帮助。

尼加拉瓜 尼加拉瓜是中美洲具有代表性的民主共和国，南部与哥斯达黎加为邻。尼加拉瓜是中美洲最大的国家，有着20万平方公里的国土面积，大致与纽约州的面积相当。与哥斯达黎加一样，该国也非常重视对自然环境的保护，约20%的土地是国家公园和各种类型的自然和生态保护区。

尼加拉瓜由三种主要的地理区域构成，分别是太平洋低地、亚美利加山地山脉（中北部高地）和莫斯奎塔沿海地区（大西洋低地）。太平洋低地地区是这三个地区中人口最多的，居住着全国一半以上的人口。从海滩到火山，该国的地貌包罗万象。中北部高原地区气候较冷，这里是主要的农业区。大西洋低地地区有雨林和波塞瓦斯生物圈保护区。该地区1.2万平方公里的雨林是亚马孙北部最大的雨林地区。

和许多邻国一样，尼加拉瓜正致力于吸引外资，同时提高经济和基础设施建设。尼加拉瓜的主要产业是农业、建筑业、采矿业和通用商业目前正处于发展阶段。尽管农业出口约占总出口的60%，但是，农业在GDP中的贡献率远低于服务业和工业。

西班牙语是尼加拉瓜的官方语言，但同样，英语也很普及。该国受教育是自由的，而不是强制的。很多国民得不到受教育的机会，识字率远低于80%（尼加拉瓜是西半球第二贫穷的国家）。

对投资者的吸引力 尼加拉瓜正致力于成为更具外来投资吸引力的国家，这可能是该国最重要的特征。尼加拉瓜受到数十年前国内政治动荡的影响，现已成为重要的投资地。当你对大多数人说"尼加拉瓜"的时候，他们马上会想到一个第三世界国家——一个处于内战中的国家，但事实并非如此。诚然，我们之前谈到的贫困和识字率表明，这个国家还不是一个完全发达的国家，但它绝不处于动荡之中；此外，正是这些不太可观的特征，现在成了该国房地产价值吸引投资的助力。

尼加拉瓜正在积极努力地实现全面提升。近来尼加拉瓜政府已经与美国公司达成协议，共同建设卡贝萨斯港口，这是该国距离美国最近的发达港口。美国公司计划投资1亿美元改善港口设施，这将大大提高港口的生产力和整体效率。旅游业是当前该国重点强调的产业,目前尼加拉瓜在美国(位于迈阿密)设立了第一家旅游办事处。

无论是从向旅游者出租获得租金的角度,还是从住房和商业性房地产收益的角度,尼加拉瓜目前的房地产价格都处在具有竞争力的价格水平。在尼加拉瓜,游客和外籍人士的美元极具价值——一对夫妇可以花不到20美元享受一顿丰盛的晚餐,包括酒水。对当地政府和企业来说,它们强调的是提高工人的收入和创造更大的商业机会,这使尼加拉瓜成为较佳的直接投资目标国。

购买过程须知 在尼加拉瓜,房地产经纪人是房产搜索过程中可以利用的资源,但实际的交易过程发生在三方之间,即买方、卖方和公证方。应该指出的是,在尼加拉瓜,公证人就是代理人。事实上,在尼加拉瓜,只有最高级的代理人才能够获得公证人资格。您可以直接与卖方商定购买价格,然后公证人准备出售承诺书。该承诺书由三方共同签署。签署完毕后,公证人应当制作一份证明书作为该承诺书的副本,并加以公示,让其他潜在买家知道该房产是已经签了合同的了。

一旦草拟协议条件得到满足,公证人就会准备合同的正式文本,并要三方签字。同样,公证人将起草一份证明书,并呈送至房产登记处。证明书登记后,交易就算完成了。转让税付清之后,证明书将被房产登记处记录在案。

在尼加拉瓜,产权可以以多种方式持有,对外国拥有房地产所有权没有任何限制。请记住,作为一个新兴市场国家,获得明确的产权并不像在美国和其他地方那样便捷和可靠。因此,我们强烈建议,您要在尼加拉瓜聘请法律顾问,而且要聘请精通房地产投资领域的法律顾问。

更多信息

- www.canibir/es/index.php——尼加拉瓜房地产经纪公司商会的西班牙语网站。
- www.intur.gob.ni——尼加拉瓜政府旅游管理局的西班牙语网站。
- www.visitanicaragua.com——有英语语言选项的尼加拉瓜旅游网站。

欧洲

对许多人来说,在欧洲拥有房产的愿景简直就是天方夜谭,但事实上在欧洲也可以实现良好的投资收益。这里,我们将开始分析欧洲,重点关注法国、西班牙和保加利亚三国,对于价值增长型投资者来说,它们都有着巨大的机遇。

法国 直到今天,法国仍然是世界上最为理想又浪漫的国度之一,其悠久的历史和流行的传统使之成为世界历史和文化的重要组成部分。

法国是共和国政府，以民主而著称。就政治倾向而言，法国政治派别可以简单分为社会主义者和保守主义者。法国是欧盟最大的成员国。欧洲经济与政治联盟的发展在很大程度上消解了颇受诟病的民族主义，民族主义在过去几十年乃至几个世纪里给欧洲大陆带来了严重的问题。

法国是高度发达的经济体。[1] 虽然法国具有传统上强大的私营企业制度，但它也具有政府监督和政府干预经济的长期传统。话虽如此，尽管法国政府仍涉足交通、电子和电信等行业，但随着时间的推移，它的干预作用正在逐渐减弱。在一些关键行业，法国开始让出一些利益，法航（Air France）和法国电信（France Telecom）等公司正是这个变化过程中的直接受益者。在能源依赖方面，法国也是西欧能源最独立的国家，这与法国大力发展核电直接相关。

作为旅游胜地，没有哪个国家能与法国相比。法国一直是世界排名第一的旅游目的地国家。鉴于该国拥有迷人的地理风貌和引人入胜的文化遗迹，这一点并不难理解。

对投资者的吸引力　　与我们所研究的所有国家一样，我们希望找到那些对外国投资首先持普遍欢迎态度的国家。尽管法国在历史上曾限制过外来投资，但近来情况已得到好转，法国对企业来说变得更具吸引力。法国政府通过推广广泛的激励计划，一致努力吸引外来投资。法国从国家、地区和当地各政府层面为落后地区的就业提供了各种补贴，且本国投资者和外国投资者获得资助和补贴的条件都是一样的。对于在法国各地指定地区开展业务的企业来说，也有一系列的税收优惠。在很大程度上，正是由于这种强烈的亲商氛围，才有望形成良好的商业环境。在这种环境中，随着时间的推移，房地产价值极有可能会升值。

令人惊讶的是，从各个方面来看，法国都是极具投资吸引力的国家，但是目前的房地产价格仍处于相当理性的水平。和其他国家一样，在巴黎市中心可能不再有讨价还价的余地，但这也是可以期待的。要注意，在该国不那么繁华的地区获得大量投资并不总是那么罕见。

---

[1] 据2018年世界银行数据显示，法国国内生产总值居世界第六。

值得注意的是，近年来商业房地产的外来投资大幅增长，这并不令人感到意外。法国政府的亲商计划成就了巨大的商业房地产投资市场，而这个市场仍将进一步发展。此外，外国国民对法国房地产的兴趣一直相对较高，而且没有迹象表明这种趋势会减弱。

购买过程须知 在法国，交易过程是由公证人掌控的，公证人本质上是经认证的房地产代理人，代表着公众利益（公证人是公职人员）。公证人的职责就是监督整个交易过程。房地产经纪人当然可以用来定位房产，但真正完成交易的是公证人。应该指出的是，虽然公证人是交易的重要一方，而且许多公证人同时为买卖双方提供服务，但我们还是建议您最好有自己的专属公证人。这样做实际上与世界上其他任何地方的房地产交易并无差别，每一方都应有自己的利益代表。卖方指定了公证人，您可以用卖方的公证人，也可以聘请自己的公证人。如果您决定聘请自己的公证人，那么两位公证人将独立工作、分开付费。公证人的服务费通常是购买价格的6%，这还不包括其他费用和佣金。

通常由买卖双方直接进行价格谈判。一旦价格达成一致，公证人就着手工作。公证人将起草一份合同，称为"出售协议"。一旦买方和卖方执行协议，买方需支付约10%的定金，交由卖方公证人保管。合同签署后，买方可在七天内无理由、不受惩罚地退出交易。一旦合同得到履行（搜索、核查等已完毕），便可结清合同。公证人会大声宣读最终出售契约，双方签字确认。

在法国可以通过各种方式购买产权保险。像第一美国（www.ftrstam.com）这样的产权保险公司已经制定了专门为购买外国房产的个人和企业提供保险的保单。要尽可能购买信誉良好的保险公司提供的保险。此外，在产权保险方面获得公证人的帮助，通过公证人管理产权保险也很重要。

更多信息

- www.franceguide.cm——法国旅游官方网站。
- http://en.century21.fr——法国21世纪英文网站。

西班牙 和法国一样，西班牙是一个有着丰富传统和文化的国家。从职能上讲，西班牙的政府行使议会民主制。有趣的是，西班牙实际上是高度分权的国家，这是1978年（佛朗哥逝世后）通过宪法的结果。西班牙由17个自治地区和两个自治城市构成。西班牙宪法规定地区和国民享有自治权，同时宣称西班牙国家不可分割。在美国，权力分散表现为州政府的权力；在西班牙，自治地区和城市自己负责政策制定、基础设施、教育管理、医疗保健、社会服务等一系列服务。事实上，西班牙中央政府的公共支出不到20%。

西班牙是欧洲也是世界最大的经济体之一，直到2007年经济大衰退出现之时，西班牙的经济还在显著增长。我们都知道，全球房地产市场的萎缩对西班牙造成了相当大的打击，因为建筑业产值占其GDP的20%左右。尽管如此，值得注意的是，对美国许多金融机构造成如此不良影响的银行业危机，对西班牙金融机构的冲击并没有那么严重，因为西班牙在融资和监管事务的处理方面历来更为保守。

对投资者的吸引力 在本书撰写之时，西班牙和其他许多发达国家一样，正在与经济的明显放缓做斗争。2008年第三季度，西班牙出现了15年来GDP的首次萎缩。同时，国际货币基金组织（IMF）进一步估计，2009年和2010年该国GDP将出现显著萎缩。而2011年是当时大多数国家预期经济复苏迹象出现的最早时间。

话虽如此，也不全是坏消息，尤其是当您将西班牙视为一个长期投资对象时，就会发现很多好的方面。21世纪初期至中期，西班牙的住房需求者纷纷涌入房地产市场，加剧了该国的房地产泡沫危机。在此期间，西班牙的房贷翻了三番，难以维持，最终泡沫破灭，此后房地产投资者失去了投资机会。现在西班牙的经济增长前景和投资潜在机遇，使房地产投资者再一次将目光投向了西班牙。简而言之，西班牙正在努力吸引外国投资。2007年，西班牙大幅降低了向外国居民出售资产征收的资产所得率，从35%降到了18%。更广泛地说，有很多理由对西班牙的长期前景持乐观态度。如前所述，该国是世界上最大的经济体之一（根据国际货币基金组织的数据，西班牙是世界第八大经济体），也是世界上第六大外国直接投资接受国。西班牙也拥有众多熟练劳动力。就拥有高等科技教育的人口数量而言，西班牙居世界第四，与排名前三的国家（德国、法国和英国）相比，西班牙人口最少，这意味着西班牙受高等教育的人口占总人口的比例更高。西班牙最重要的优势在于它是国际贸易中心。西班牙的地缘政治地位使其与南欧国家市场贸易关系密切，同时也与拉丁美洲市场的贸易关系密切，这里当然存在着亲缘关系。除此之外，西班牙的交通基础设施优良。西班牙国内受益于欧盟第二大高速公路网（7100公里），其国际和国内运输能力都因大西洋和地中海两岸的44个海港而得到加强，西班牙还拥有47个机场和250条航空线路。

对于房地产投资者来说，尽管本书撰写之时西班牙经济正处于水深火热之中，但它的长期经济发展潜力仍非常巨大。同样重要的是，总的来说，西班牙人口规模适中，内陆地区具有最好的投资机遇（沿海地区现在已十分拥挤），而且其良好基础设施意味着对游客和寻求租房的居民来说旅游将不成问题。

购买过程须知 西班牙和其他许多国家一样，直到最近才开始使用房地产中介。在美国，经纪人是交易中最重要的人，美国人对此已经习惯，而在西班牙，交易中最重要的人是律师。不管怎样，中介机构对于房地产的搜索能够提供重要资源。

请注意，要在西班牙购买房产，您需要一个税务标识号（NIE标识号）。这个号码由西班牙国家警察局签发。虽然西班牙法律规定，税务标识号需要由个人提出申请，但也可以通过西班牙的代理律师处理此项事宜。许多地方都有代办机构，在互联网上快速搜索，就能找到目前提供服务的机构。

一旦有了NIE标识号，就可以自由交易。另外，我们建议聘请会讲英语的西班牙代理人（或"律师"）来代表您的利益。一旦您签署了"产权保留协议"，就要将1%或2%的保证金交给卖方，然后卖方会转让房产的挂牌，让您的律师能够进行基本的产权调查，这也就是所谓的"土地登记检查"。一旦检查结果良好，就要签订正式合同，同时交付大约10%的保证金。一旦合同条款得到履行，包括落实了所申请的融资，就可以在公证处完成最后的交易。

西班牙对于拥有房地产产权的实体类型基本上没有限制。与许多其他国家一样，产权保险在西班牙是一个相对较新的概念。作为产权保险和委托付款服务的供应商，像斯图尔特地产产权保险公司（www.stewart.com）这样的产权公司在国外越来越受欢迎。我们衷心建议，您在西班牙寻找房地产时可以利用这样的保险资源。

更多信息

- www.spainexpat.com——为想在西班牙安家的海外人士提供有效信息的网站。
- www.remax.es——RE/MAX西班牙官方网站，可以使用英语。

保加利亚 保加利亚，官方全称为保加利亚共和国，是欧洲具有丰富历史和传统的国家之一，其历史可以追溯到公元 7 世纪。人们知道，保加利亚有一个深埋地下的遗址——瓦尔纳墓地，该墓地可以追溯到公元前 5 世纪。今天的保加利亚的国体是宪政共和制，政体是议会民主制。保加利亚的总统是国家首脑，由普选产生，任期 5 年，并可连任 1 次。政府首脑是总理，也是依法选举产生的。保加利亚目前由 28 个省构成，240 名国民议员也由普选产生，任期 4 年。

自 2007 年开始，保加利亚成为欧盟成员国，目前它仍然是欧盟最贫穷的成员国之一。该国的主要产业是服务业、农业和工业，拥有许多原材料生产资源。有趣的是，保加利亚的 GDP 增长率在 2008 年约为 6%，但考虑到大衰退对几乎整个世界的深远影响，这样的增长率已经相当高了。

保加利亚由外国人买入的土地数量显著增加，但在某种程度上，投资者在此投资的信心受到该国大量腐败现象的影响。奇怪的是，保加利亚官员一直不愿有效处理腐败问题，结果导致该国出现了一波移民潮（这只会加剧保加利亚几十年来人口负增长的问题）。也就是说，保加利亚仍然致力于满足国际货币基金组织和欧盟的标准（欧盟实际上冻结了指定用于援助该国的资金——约 3.5 亿美元，直到该国采取行动并解决腐败问题）。

对投资者的吸引 尽管保加利亚目前为一些问题所困扰，但就其作为投资友好型经济体而言，保加利亚具有很大的吸引力。的确，保加利亚仍处于努力达到欧盟标准的痛苦挣扎之中，但在其最终达标之前，我们应当理性地看待保加利亚。

投资要考虑的关键因素是，一个经济体与当前和未来的经济联盟地理上的相邻性、基础设施的成熟程度，以及二者之间的内在联系。保加利亚的地理条件是多样的，气候条件也是如此。地理上，从高山到海滩，从山谷到平原，该国应有尽有。更重要的是，其市场有自由贸易协定，这些市场的交易总人口约达 10 亿，而且对于欧洲、亚洲和非洲的利益来说，保加利亚长期处于中心区位。在基础设施方面，全国公路体系不断完善，在城市和腹地之间规划了关键路线。目前看来，连接跨欧洲高速公路的几条线路要么已经建造，位于保加利亚境内，要么即将建造。该国还有一个规模适中但明显在增长的铁路、航运码头和空港网络。保加利亚有 6 个国际机场，并计划扩建几个现代化的国际机场。

尤其是对房地产投资者而言，保加利亚提供了诱人的可能性。与美国相比，保加利亚的房地产是便宜的，这与该国较低的生活成本是一致的。基于前面关于经济因素的分析，未来房地产价格上涨的潜力很大，目前该国房地产投资收益率一直保持在年均 10% 以上。保加利亚的抵押贷款约占总信贷量的 5%，而在大多数发达国家，这一数据接近 20%。正是由于保加利亚受低收入游客欢迎，这在一定程度上维持了对经济适用房的需求。尽管如此，保加利亚也未能幸免于全球金融危机的影响，2008 年大部分时间依然坚挺的房地产价格在 2009 年开始明显下滑。拥有坚实金融资源的投资者现在可以在许多领域利用这次市场萎缩的机会，包括保加利亚备受觊觎的黑海沿岸地区。简而言之，不论从短期还是长期来看，保加利亚都是一个投资佳地。在这样一个中长期前景良好的国家，大量交易将在可预见的未来得以实现。

购买过程须知　　首先要注意的是，在保加利亚，外国人购买的房地产不含土地所有权，除非以保加利亚注册公司的形式购买（这一限制持续到 2014 年）。许多投资者寻求购买普通公寓 / 高级酒店式公寓，尤其是黑海沿岸的公寓最为理想。如果您想拥有含土地所有权的房地产，就需要成立一家注册公司。这并不难做到，有很多机构可以帮忙成立注册公司，您可以通过简单的互联网搜索找到这些机构。一般来说，可以成立一家像在美国那样的有限责任公司（LLC）。不过您应该知道，公司的资本必须达到 5000 保加利亚利瓦（leva），在本文撰写之时，这大约相当于 3800 美元。您还需要开立与公司相关的银行账户。您可以在互联网上专门搜索这项服务，现在有很多公司都提供这项服务。如果您谷歌搜索"在保加利亚注册公司"，会有一系列的公司可供选择。考虑到限制被取消，房地产价格也会受到影响，这样做得不偿失，因此这样的交易方式未必是好的交易方式。在出价前，您并不需要设立注册公司，但一旦报价被接受，就需要建立注册公司。届时您需要交付一笔保证金（大约 10%），由您的代理律师保管，同时进入审查合同条款阶段。一旦合同条款无异议且得以履行并经公证处公证后，交易即告完成。

如前所述，目前外国个人只能购买公寓，而外国人购买含土地所有权的房地产必须通由保加利亚注册公司来交易。至于产权保险，保加利亚法律制度尚未成熟，因此需要购买产权保险。像第一美国集团（www.ftrstam.com）这样的知名产权保险公司已在保加利亚开展业务，在房地产搜索和整体交易过程中也可以得到这家公司的其他方面的服务。此外，您还应该注意到，就整体交易而言，保加利亚房地产有限公司（www.bulgarianproperties.com）提供在保加利亚买房的全方位服务。类似这样的公司还有几家，在网上就能够迅速搜索到。

更多信息

- www.century21.bg——保加利亚21世纪网站，一键即可进入英文界面。
- 此外，我们建议在前面提到的保加利亚房地产有限公司网站（www.bulgarianproperties.com）上获取更多信息。

亚洲/太平洋地区

让我们再来看一下亚洲/太平洋地区。我们将聚焦于澳大利亚和日本这两个国家。亚太地区经济增长强劲，全球投资者进入亚太房地产市场的途径与众不同。

澳大利亚 在许多投资者的心目中，澳大利亚仍然是世界上最具投资吸引力的国家之一。澳大利亚举世闻名的海岸线，包括大堡礁，强烈地吸引着世界各地的游客。此外，山脉、雨林、森林、草原还有处于腹地的沙漠地区构成澳大利亚丰富多样的地理面貌。与其令人惊叹的地理环境相一致，澳大利亚气候环境也极为独特。根据联合国世界保护监测中心的统计，澳大利亚是世界18个生物多样性大国之一，这表示澳大利亚存在大量的物种，生物多样性特别显著。澳大利亚独一无二的特点是，它是世界上唯一同时被视为一个大洲、一个国家和一个岛的地方。澳大利亚拥有丰富的自然资源，其经济的一个重要组成部分是农产品和矿产品的出口。澳大利亚还拥有天然气和煤炭等与能源相关的资源。

澳大利亚的政治结构是君主立宪制加民主议会制。议会分为两院，即众议院和参议院。澳大利亚政府的首脑是总理，总理由议院选举产生。澳大利亚分为6个州和两个特别行政区，各州享有高度自治权。澳大利亚是世界上最发达的国家市场之一，其经济总体上是自由市场经济。事实上，在2009年的经济自由指数（该指数是根据美国传统基金会和《华尔街日报》共同设计的10项经济自由衡量指标创建的）中，澳大利亚排名第三，仅次于中国香港和新加坡（领先于美国）。澳大利亚最大的经济产业是服务业，占GDP的68%，尽管该国的农业和矿业分别仅占GDP的4%和5%左右，却占该国出口总量的近60%。

对投资者的吸引力 正如这里描述的所有国家一样，我们既能看到澳大利亚对投资者更强大的吸引力，也能看到澳大利亚房地产投资机遇良多。关于前者，值得注意的是，与世界其他发达国家相比，澳大利亚获得了大量外国直接投资（FDI）流入。根据联合国贸易和发展会议（UNCTAD）《2008年世界投资报告》，澳大利亚吸引的外国直接投资占其GDP的比例约为35%，而其他发达国家的这一比例约为27%。若按地区来划分，欧盟是最大的外国直接投资来源，2008年最大的四个外国直接投资来源国分别是美国、英国、日本和荷兰。

对于任何类型的投资来说，稳定的政治和商业结构尤为重要，澳大利亚当然两者兼备。澳大利亚不存在严重的腐败问题，司法体系现代化且透明。

重要的是，澳大利亚良好的区位使之能够从亚洲经济的迅速增长中受益。目前，中国和日本是澳大利亚最大的双边贸易伙伴。澳大利亚的总体区位使其海运和空运都能直接而又顺畅地抵达亚洲，与亚洲之间的运输时间大大低于其他发达国家。

澳大利亚在人类发展指数（HDI）上的排名目前是世界第三，其预期寿命目前是全球第五高的，拥有高度宜居的城市，生活成本在发达国家中是第三低的（资料来源：IMD世界竞争力年鉴2008）。

对房地产投资者来说，澳大利亚尤其具有吸引力，原因有很多。再重复一下，澳大利亚的政府和商业环境高度稳定且透明，除此之外，澳大利亚的房地产市场有望在未来几年实现增长和稳定。中国对澳大利亚的房地产投资特别感兴趣，因为中国认为澳大利亚是一个安全的投资场所。澳大利亚房地产价值并没有在大衰退中遭到破坏，在2009年上半年，该国外国投资者的房地产交易量占房地产交易总量的12%左右。在本书撰写之时，悉尼和墨尔本都经历了一个明显的人口增长时期，租房空置率接近于零。可以相信，澳大利亚的住宅房地产市场将引领整个经济复苏，全国绝大多数地区最糟糕的时期已经过去。

投资者不仅目前能够抓住房地产的反弹，将来依然会有房地产市场的提升。短期投资固然不错，但更重要的基本面会带来长期投资机遇，澳大利亚正是这样的国家。

购买过程须知 澳大利亚欢迎和鼓励外国居民在澳大利亚购买房地产，但在真正决定购买房地产之前，必须获得澳大利亚外国投资审查委员会（FIRB，www.firb.gov.au）的批准。该委员会的作用是审查外国国民在澳大利亚投资的申请，以确保投资者和投资都符合澳大利亚的国家利益。因为审批过程可能需要大约3

个月的时间,而且在获得批准(未获得批准而买入会导致强制出售)之前,大多数人都不想花时间收集房地产信息,他们往往在提交申请的3个月后才开始收集房地产信息。

如今,在澳大利亚使用房地产经纪人是习以为常的事情,因此在澳大利亚购买房地产感觉更像是在美国而不是在其他国家进行的交易。一旦出价被接受,买方须支付10%的"控股"保证金,并起草出售合同。一旦合同完成并经双方签字,保证金将不可撤销。然后,合同条款得到履行(获得融资、核实清楚产权等),并结清出售。顺便说一下,REA集团的网站(www.realestate.com.au)是在澳大利亚定位房地产和经纪人的绝佳网站。

澳大利亚对于获得产权的方式基本上没有任何限制。至于产权保险,世界上主要的保险公司(斯图尔特地产产权保险公司、第一美国集团)在该国都有自己的机构。我们建议,无论什么时候购买房地产,都要购买产权保险。

更多信息

- www.remax.com.au——RE/MAX澳大利亚网站。
- 此外,我们建议您在之前提到的REA集团网站上获取更多信息。

日本　日本总面积约为37.8万平方公里[1],在地理面积上排世界第61位,但不要因此而误解,从许多其他方面来看,日本绝对是大国。以名义国内生产总值(GDP)衡量,日本是世界第二大经济体;以购买力平价衡量,日本是世界第三大经济体(资料来源:《2008年美国中情局世界概况》)。日本是世界上最大的进口国和出口国之一,也是G8中唯一一个亚洲成员国。在人口统计方面,日本是世界上人口第10位的国家(人口略多于1.27亿),也是预期寿命最高的国家之一。在人类发展指数(HDI)中,日本目前排名世界第8位。这样的数据还有不少,很明显,从现代人类生活的各个可衡量的方面来看,日本都是一个强国。

日本的政治结构是君主立宪制加议会民主制。政府的决策是民主的,国会是最高权力机关,由众议院和参议院组成,两院的关系总体上与美国国会两院无太

---

[1] 原书为14.6万平方公里,有误,更正为37.8万平方公里。

大的差别。日本两院的议员由普选产生,首相是政府首脑,议会选举后由天皇任命(现在天皇只具有象征意义)。

从地理上讲,日本是一个高度多样化的国家,但总体来说,只有大约20%的国土适宜居住。因此,大多数人口居住在沿海地区,数量排名世界第10的人口居住在地理面积排名第61位的地区,而其中只有20%的国土适宜居住,日本的人口密度简直难以想象。正因如此,东京是世界上人口规模最大的城市,拥有超过3000万的居民。

日本经济或许是其最大的实力。如前所述,该国是世界第二大经济体,虽然在历史上,它曾出现经济过热并因此经历了几年的经济增长停滞,但其令人惊讶的市场弹性和国民献身于发展的精神,确保了它永远是世界经济舞台上的"参与者"。

对投资者的吸引力 日本长期以来保持着最高水平的商业文化和生产力,这使其对外国投资具有天然的吸引力。多年来,日本的外国直接投资一直在稳步增长。尽管在全球经济衰退的背景下,2008年末日本的外来直接投资仍达到1800亿美元左右。尽管目前外国直接投资仅占GDP的3.6%左右(相比之下,其他发达市场的比例要高得多。其中,英国为48.6%,德国为24%,法国为37%),日本通过实施"加快对日外国直接投资计划",共出台91项新政策,大幅度增大对日直接投资。

正如您所期望的,日本基础设施非常先进。近年来,日本一直在增加道路建设的资金投入,与此同时,日本铁路系统本身也非常先进,是日本的基本交通工具。日本还有大量的空港和海港。在教育方面,日本公民普遍受过良好教育,近80%的高中毕业生就读于大专院校。竞争文化体现在日本生活的许多其他方面,包括商业,在日本的学校里也相当普遍。在这一点上,2008年排名世界前五的主要高等教育机构中有两所位于日本,它们是东京大学和早稻田大学。

总体而言,日本是高度发达的市场经济国家,能够为全球商业活动带来巨大的利益,同时,基于"自上而下"的分析,日本在未来数年将保持经济的持续增长。

对于那些专门投资房地产的人来说,鉴于日本经济和商业环境的性质,再加上日本房地产市场从大衰退中复苏的速度,日本应该会给投资者带来可喜的机会。与澳大利亚一样,日本已经开始了市场调整,包括债务重组,且其市场调整的速度要快于许多其他市场。日本市场的价格调整幅度很大,但日本仍是世界第二大经济体。与其他许多市场一样,快速买卖房地产的机会可能会更加有限,在日本盈利的关键是综合利用当前的收益机会和长期增长潜力。日本房地产的各个领域,包括空置土地,都表现出大好的投资机遇。尽管开发商拥有空置土地会承受某种压力,但是,在不远的将来,它们会获得巨大的利润。在本书撰写之时,东京房地产市场正引起外国投资者的极大兴趣。东京土地的稀缺性——总体上日本土地都是稀缺的——是投资者要考虑的长期因素。在经济出现某种变化的时期,重点关注特定市场更显得重要。事实上,由于日本经常发生地震,对投资者来说,购买未开发土地是更受欢迎的投资途径之一。此外,日本房地产投资的另一个关键好处在于,从历史上看,日本房地产市场与美国房地产市场的相关性低,尽管绝大多数发达市场由于证券市场的相互关联而使房地产市场在很大程度上相互关联,但是,日本房地产市场一直保持着同美国市场较低的相关性。

购买过程须知 首先要提到的是,如果您需要在日本融资以购买房地产,您的融资选择将是有限的。绝大多数日本国内银行和金融机构不会向非日本居民发放贷款,尽管对拥有永久居留权的人,该绝对标准会有所放宽。有几家银行,如汇丰银行(www.hsbc.co.jp),将向持有有效外国人居留证的非永久性居民发放贷款。由于有关外国人获得抵押贷款的"规定"有点变化无常,当您准备购买房地产时,您必须注意这些规定的最新动态。现金交易房地产将是您在这里最直接的途径,但融资也是可行的,只是您得费一番功夫找到融资渠道。

至于购买房地产的过程,日本与美国类似。买方选定一处房地产,双方就合同进行谈判,买方支付保证金(约交易价的10%),一旦合同条款得到履行,就可以结清合同。重点是,我们强烈建议您不要为了省几块钱而孤军奋战。在所有国家,尤其在日本,卖方不愿将土地所有权出让给外国人(尽管政府同意向外国人出让),所以您要获得一些帮助。专门帮助外国买家进行房地产交易的公司不断涌现。外国投资者经常寻求帮助的公司有两家,它们分别是凯恩公司(www.kencorp.com)和 MKC 房地产公司(www.mkc-properties.com)。如果投资者投资租赁资产,会发现这两家公司是房地产租赁市场上的专业公司,同时它们也能对房地产交易提供专业服务。

日本对外国人拥有产权的方式没有明显的限制。与之前一样,我们建议您购买产权保险。在日本这一发达市场，接受产权保险是其房地产文化中根深蒂固的一部分。在日本，像斯图尔特地产产权保险公司（www.stewart.com）和第一美国集团（www.ftrstam.com）这样的公司都能够提供优良的产权保险服务，同时它们也可以帮助您完成整个交易流程。

更多信息

- www.century21.jp——21世纪日本网站。在主页的底部有翻译指示，点击后可以将网页翻译成英语。
- 此外，我们建议您在我们之前提到的凯恩公司和MKC房地产公司网站上获取更多信息。

非洲

总的来说，非洲的长期经济前景会继续出现切实的增长。南非是该地区最能对房地产投资者产生重大且有益影响的国家之一。

南非 南非，官方全称为南非共和国，是一个新兴市场国家。近年来，南非经济取得了巨大增长，其未来的经济也呈现出稳定增长的局面。众所周知，南非经历了一场多年内乱，鉴于这一不幸，南非经济还能有现在的情景，这多少可以说是个奇迹。总的来说，南非现在被普遍认为是北非以外经济上最具活力的非洲国家，在非洲大陆所有国家（53个国家）中，只有埃及、摩洛哥和南非符合摩根士丹利资本国际（2009）的新兴市场标准，其中没有一个市场可以称得上是发达市场。

南非政府实行议会民主制，在此制度之下，总统制和议会制都极为重要且高度相关。南非政府的三个组成部分同美国并没有太大差异。议会是立法机构，由两个独立部分（"两院"）组成：国民议会和全国省级事务委员会（类似于美国的众议院和参议院）。执行机构的首脑是总统，总统由议会选举产生。司法机构由宪法法院、最高上诉法院和高等法院组成。使南非不同于许多其他国家的是，南非政府的每一个部门，以及那些省级甚至地方级的部门，既相互依存，又相互独立。这主要是为了符合南非《宪法》所规定的联合治理的理念。对于次撒哈拉非洲地区的国家来说，南非在公平、有效和腐败治理方面的努力实际上是相当成功的。易卜拉欣非洲治理指数是一种旨在监测次撒哈拉非洲地区的地区治理质量并对其进行评级的指数。该指数指出，南非在法治、透明度和腐败处理方面排名第五,在人类发展方面排名第三,在可持续经济机会方面排名第二。

对投资者的吸引力 对于寻求投资标的国的企业和个人来说,南非(在某些方面)的风险确实高于平均水平,但因其投资价值具有大幅上涨的潜力,它是个极佳的投资选择。我们认为,寻求直接拥有房地产的普通投资者可能希望留在更发达的市场,但对于那些倾向于冒险的投资者,在南非投资是没有问题的。也许最大的不利之处仍然是犯罪问题,这是南非这个国家长期存在的问题,而且迄今为止,该国仍没有找到这个问题的有效解决办法。多年来,南非的犯罪率一直高居前列,据易卜拉欣指数显示,在社会安全与保障方面,次撒哈拉非洲地区仅有5个国家不如南非。

从好的方面看,虽然南非整体经济尚难称完美,但已经有了极大改善并正沿着正确的方向发展。南非是次撒哈拉非洲地区最发达的经济体,其通信、能源和运输等主要产业相当发达,金融业也高度发达,成功建立了约翰内斯堡证券交易所(JSE Limited),该交易所作为首个泛非洲交易所,目前是世界第 16 大证券交易所。根据以购买力平价衡量的 GDP,南非位居世界第 25 位(资料来源:《2008 年中情局世界概况》)。

对房地产投资者而言,南非发出了利好的经济信号。在短期内,南非虽然受到全球经济衰退的重创,但已出现平稳迹象。实际上,从 2008 年 6 月至 2009 年 6 月,南非的房地产平均价格上涨了 1.2%(资料来源:Ooba),且一些人预测,到 2012 年,南非的房地产价格涨幅将高达 60%。在可预见的未来,最好的投资标的可能是中等价位住宅,这是与许多市场上的价格变化趋势相一致的。次撒哈拉非洲地区吸引了一些外国开发商的浓厚兴趣,其中包括迪拜的肯辛顿房地产公司(Kensington Real Estate),而另一家公司——迪拜世界非洲(Dubai World Africa)实际上已在开普敦落户。大量的开发商预计将在未来几年向非洲投入大量资金,而这些开发商的兴趣对寻求机会的个人投资者来说是极好的提示。南非已经吸引了外国投资者的大量投资,这些投资者的目标既包括对他们吸引力较大的西开普省,也包括吸引力相对较小的东开普省。东开普省相对低廉的价格将为投资者带来较大的盈利前景。

购买过程须知 由于南非渴望经济增长,同时作为次撒哈拉非洲地区的经济标杆,它欢迎各种类型的外国投资。很多南非房地产为外国人所有,而且在南非购买房地产时，南非也没有对外国国民加以任何限制。同样重要的是，南非没有对非居民获得抵押贷款加以限制，但应当指出的是，南非金融机构通常不向非居民贷款超过购房价格的 50%。房地产代理公司实际上已经在南非建立了良好的基础，但您也需要聘请一名律师来维护您的利益。关于中介机构，值得注意的是，RE/MAX（www.remax.com）是一家美国居民熟知的中介机构，在南非开展了广泛的业务。在南非，交易过程与其他国家类似，包括信息搜索、交付合同保证金、履行合同条款，然后是结清合同。要完成整个交易过程，从房地产选择到合同结清，您应该预留 6~8 周的时间。

外国投资者可以各种方式持有产权，在产权保险方面，著名的第一美国集团（www.firstam.com）拥有在南非提供产权服务的经验。

更多信息
- www.century21.co.za——21世纪南非网站。
- 此外，我们建议您在前文提到的RE/MAX网站上获取更多信息。

第八章 衍生工具运用策略

许多人一听见"衍生工具"这个词,可能会掉头就跑。最近几年关于衍生工具最著名的语录出自沃伦·巴菲特(Warren Buffett)之口,他说:"衍生工具是大规模杀伤性金融武器。"巴菲特素有"奥马哈的先知"之称,他的话投资者不得不听。但在本章中我们将向您展示,衍生工具可以被保守地用来对冲某些风险,而这正是大多数对冲基金经理运用衍生工具的方式。与生活中许多事物一样,衍生工具本身既不好也不坏,但它们的运用策略决定着它们在投资组合中的性质。说到这,我们想起了20世纪20年代英格兰银行行长乔赛亚·斯坦普(Josiah Stamp)的话,他说:"逃避责任很容易,但逃避责任的后果我们却无法逃避。"该语录与衍生工具相关,它告诉我们,您可以如您所想既激进又投机,但就像约翰·梅里韦瑟(John Meriwether)和他的长期资本管理公司在1998年所获得的教训一样,若不负责任地运用衍生工具,您最终将为此承担后果。

那什么是衍生工具呢?我们中的许多人第一次遇到导数是在数学课程中。在微积分中,导数被用来衡量当函数的输入值变化时函数的变化情况,而衍生工具在资本市场中的定义与导数在微积分中的定义本质上是一致的。衍生工具是一种金融工具,其价值来源于其他金融产品的价值,这种价值通常被称为"标的价值"。金融衍生工具的标的价值可以是资产(如股票、商品和房地产抵押)的价值,或者甚至是指数(如利率、汇率、股市指数和消费者物价指数)以及其他类似基准指数的价值。在2008年全球金融市场崩溃之后,信用衍生工具是最为人们熟悉的衍生工具,它以贷款、债券和其他形式的信贷为基础。衍生工具的主要类型是远期合约、期货、期权和掉期。

衍生工具可用于减轻因标的证券价值变化而造成的经济损失风险。此经济行为称为对冲。例如，如果您持有雀巢股票的头寸并且认为其长期前景强劲，但短期储备问题将迫使该股在未来几个季度下跌，在雀巢股票经历盘整阶段时，您可能决定购买看跌期权来保护您的头寸。或者，如果标的证券的价值按预期方式运动，投资者可以运用衍生工具来承担风险并盈利。这种衍生工具运用策略更加激进，被称为投机。这种方式也许适合一些投资者"破釜沉舟"，但本章的大部分内容旨在介绍如何使用衍生工具来支撑您的投资组合，而不是用来投机。

我们将主要谈论期权和期货。我们考虑过加入一节关于掉期的内容，但是掉期市场对投资者来说并不那么容易进入，而且它在很大程度上已经制度化了。在开始本书的写作时，我们便想尽可能提供一些您可以实际应用于对冲投资组合构建的信息。大多数人无法进入掉期市场，所以我们不会浪费您的时间，让您读一些没有实际价值的东西。

期权

期权这种衍生工具并不为多数投资者所知，但期权可能是当今市场上最常用的衍生工具。期权是买卖双方间的合约，该合约使买方有权利，但不一定有义务在未来某日按议定价格购买或出售某一特定资产（通常是股票）。作为对授予期权的回报，卖方从买方处收取权利金。

一般而言，看涨期权赋予买方购买标的资产的权利，而看跌期权则赋予期权买方出售标的资产的权利。如果买方选择行使此权利，则卖方有义务按议定价格出售或购买该资产。买方也可以选择不行使此权利并让其自动终止。标的资产可以是房地产、股票、指数或其他一些证券，如期货合约。比方说，在爱尔兰联合银行购买看涨期权将使买方有权在合约到期时或到期前的某一时间，以固定价格（执行价格）购买100股该银行股。在爱尔兰联合银行购买看跌期权将使买方有权在合约到期时或到期前按执行价格出售100股该银行股。期权人选择行使权利时，出售或立权的一方必须履行合约条款。因此，如果您出售看涨期权和买方希望行使购买标的股票的期权，您就必须按执行价格提供这些股票。如果您持有股票，那么您可以从自己的储备中拿出；如果您并不持有这些股票，那么您不得不在公开市场上买入股票，无论其价格如何。

期权术语及概念

在我们深入研究期权之前，我们先来了解一些关键术语及概念，这些术语和概念将贯穿衍生工具方面所有讨论。这些术语和概念，有的属于本章内容，有的超出了本章内容。当进入衍生工具领域时，对于相关概念有一个翔实的理解是至关重要的。

定价： 期权以与股票相同的买入/卖出价格形式交易。但是，您需要谨慎使用带有期权的市价订单，因为它们可以以较大的差价进行交易，就像交投清淡的股票一样。这并不是说您不应该使用市价订单，只是说您不应该盲目地使用它们。在下订单之前，请务必核查买卖差价。此外，每份期权合约代表购买或出售100股标的股票。如果您看到报价为3.50美元并且您购买了一份合约，那么您的现金支出将为350美元，在计算合约时您必须将报价乘以100。

置信区间： 当您购买看涨期权时，可能会出现以下三种情况：股票上涨、股票横向变动，或股票下跌。如果股票上涨，您的看涨期权可能会升值；如果股票横盘整理或下跌，您可能会亏损。期权的置信区间是您有67%的亏损概率。至少可以说，这是一场激进的投资游戏。从机构方面来看，大多数期权都是为了对冲现有头寸而购买的，但对冲基金经理并不像关注保护现有头寸那样关注盈利。因此，他是否在期权上盈利并不总是最相关的问题。

期权清算公司： 期权清算公司（OCC）成立于1973年，是世界上最大的股票衍生工具清算组织，也是商品期货、商品期权和证券期货的清算公司。该清算组织以担保人的身份，确保其清算的合约中的义务得到履行。

期权清算公司在证券交易委员会（SEC）和商品期货交易委员会（CFTC）的管辖范围内运营。在证券交易委员会的管辖下，期权清算公司清算普通股和其他权益股票、股票指数、外币、利率组合和单一股票期货的看跌期权和看涨期权交易。

执行价格： 执行价格，也被称为"行使价格"，是指可以行使特定期权合约的价值。期权合约的执行价格是固定的。对于看涨期权，执行价格是指在合约期满之前证券的买入价格。对于看跌期权，执行价格是指股份的卖出价格。假设您的对冲基金中纳入加拿大甜甜圈公司提姆霍顿（Tim Hortons）的股票，且该股现行交易价格为25.50美元。如果您想对冲您的头寸，您可以考虑在2010年1月执

第八章 衍生工具运用策略
Chapter 8　Derivative Use for Offense and Defense

行价格为 25 美元的看跌期权。这 25 美元的执行价格告诉您，从现在到 2010 年 1 月的第三个星期五，您可以随时以 25 美元的价格出售该股票。

时间价值与内在（或价格）价值： 任何期权的价格都有时间价值和内在（或价格）价值这两种组成部分。如果您持有罗杰斯通信公司执行价格为 25 美元的看涨期权，而该股的交易价格为 27 美元，那么可以说您的看涨期权是"实值期权"，因为您可以转换期权，以比它目前在公开市场上交易的价格更低的价格购买该股票。如果期权价格本身是 3.50 美元，由于期权与公开市场存在执行关系，该价格的 2 美元便是期权给您的实际价值，这 2 美元就是内在价值，而剩下的 1.5 美元是该价格的时间价值。在期权合约接近到期时，由于您让股票达到或保留实值的时间越来越少，期权的时间价值会下降为零。因此，在进行期权交易之前，您务必考虑这两种价值。如果您以 3.5 美元的价格买入看跌期权，且此期权上涨至 7.5 美元，其中 4 美元便代表内在价值，即使您认为该股票可能会少幅下跌，您也会考虑出售期权，因为您知道，随着时间的推移，该期权的时间价值会消失。伴随期权的运行，时间价值将始终趋于零。

看涨期权： 看涨期权是双方（买方和卖方）之间的金融合约。具体而言，该期权是在未来的特定时间以特定价格买入股票股份的权利。期权的买方有权但无义务购买特定数量的特定股票、商品或指数。期权规定了终止日和价格。如果买方决定转换期权，则卖方或立权人有义务出售商品或金融工具。买方在购买期权时支付的费用称为权利金。

看涨期权的买方希望标的工具的价格在未来上涨，卖方则期望价格不会上涨或者期望买入者放弃权利从而换取权利金。当标的工具升值时，看涨期权大大有利于买方。看涨期权买方认为，标的资产的价格很可能会在行权日期前上涨。风险仅限于买方支付的权利金。换句话说，如果我们买入巴西石油公司的看涨期权，需为此支付 3.5 美元，这便是我们投资标的工具承担的风险所在。如果该股下跌，我们的期权可能变得毫无价值，但作为买方，我们的损失不能超过最初投资的金额。

看涨期权的卖方或立权人并不认为标的证券的价格有可能上涨，立权人出售看涨期权以获得权利金。例如，如果您在对冲基金中持有一只股票，并且认为它可能会在几个月内横向变动，那么当该股行情看涨时，您可能会针对您的头寸立看涨期权以获得权利金。这称为"备兑看涨期权",因为您实际持有您投资组合中的股票。我们将在后文中向您展示一些实际应用。如果您对变动的预期有误,股票实际上大幅走高,买方可能会从您手中买走该股,但您应当坚持获取权利金。也就是说,如果您在立完看涨期权之后,股票价格从 50 美元上涨至 75 美元,您的头寸就会损失 25 美元的潜在收益,因此损失这样的股票可能会带来很大的机会成本。看涨期权立权人如果持有裸仓(即您实际上并不持有您正在立权的股票),那么总损失可能巨大。如果您以 15 美元的价格卖出备兑看涨期权,且这只股票的价格上涨至 25 美元,您有义务向看涨期权的买方提供 100 股股票,这意味着,在这种情况下您将不得不在公开市场买入该股,并将买入的股份卖给期权买方。可想而知,这样您会承担无限风险。

除股票外,您还可以在许多金融工具上购买看涨期权。您可以通过期货、利率以及白银和原油等商品购买期权。

看跌期权:看跌期权是买卖双方之间的金融合约。买方实质上获得空头头寸,此头寸使得买方有权利但无义务以议定价格即执行价格出售标的工具。如果买方行使期权授予的权利,卖方则有义务以执行价格购买标的工具。作为持有此期权的交换,买方需向立权人支付一笔费用或权利金。

看跌期权的买方认为标的资产的价格将在行权日期之前下跌,或者希望保护资产中的多头头寸(对冲)。买入卖空资产的看跌期权优势在于风险仅限于权利金。看跌期权买方的利润仅限于执行价格减去标的现货价格。换句话说,如果您以 25 美元的执行价格买入一只股票的看跌期权,标的现货价格只能为 0,所以您的最大利润是价格的 25 美元。

看跌期权的立权人并不认为标的证券的价格有可能下跌。立权人出售看跌期权以获取权利金。看跌期权立权人的总损失仅限于执行价格减去市场价格和已经获取的权利金。与我们在看涨期权中看到的情况类似,裸看跌期权(也被称为无保护看跌期权)指看跌期权立权人并不持有标的股票或工具的头寸。

当期权到期时,如果标的股票的市场价格低于期权的执行价格,期权持有人可以行使看跌期权并强迫立权人以执行价格购买标的股票,这使得行权人可以从股票市场价格和期权行使价格之间的差额中获利。然而,如果市场价格在期权到期时高于执行价格,则期权无价值到期,并且立权人通过保留在卖出期权时收取的权利金来获利。

对于卖方来说，裸看跌期权的潜在损失可能是巨大的。如果股票价格一直下跌至零（即公司破产），则损失等于执行价格减去获取的权利金。潜在有利的一面仅在于出售期权时获取的权利金。如果股票价格在到期时高于执行价格，则期权卖方保留权利金并且期权无价值到期。

长期期权（长期普通股预期证券）：长期期权指期权有效日期超过一年的期权合约。从结构上看，长期期权与短期期权并没有什么不同，但有效日期长使得长期投资者可以在不需要使用短期期权合约的情况下就能了解长期价格变动趋势。

对于对冲基金经理来说，长期期权是一种绝佳投资方式，可以使其在无须合并多个短期合约且无须捆绑大量资金的情况下，就能够通过长期变化趋势获得风险收益。这样的长期期权交易既可以基于单只股票也可以基于股票指数。假设您是一名对冲基金经理，预计明年会有大量资金注入基金，但您觉得在资金到来之前市场将出现巨大的变动，您可以买入标普500长期期权指数的看涨期权，这样无须投入大笔资金就能够从预计上升的指数中获利。正如您将在下一小节中看到的，您也可以通过期货实现这一目标。

期权交易主要策略

以下是全球投资组合经理将定期研究以加强头寸的主要期权交易策略。我们在此重点介绍了跨式策略、带式和条式策略、勒式策略，以及历来最受欢迎的策略——备兑看涨期权策略。

跨式策略

跨式策略指同时买入（或卖出）一份看涨期权和一份看跌期权，它们有相同的标的资产、执行价格和到期日。做多跨式组合要求买入看跌期权和看涨期权，而做空跨式组合要求卖出看跌期权和看涨期权。多头跨式组合同时持有看涨期权和看跌期权头寸，投资者凭此组合能评估股价在未来是上涨还是下跌。因而，买方相信自己的标的股票将是不稳定的，会在上涨方向或下跌方向上大幅波动。买入两份期权会增加初始成本（即，若从投资中获利，股价变动一定比投资者预测的单一方向变化更为明显)。从这个意义上讲,跨式组合是一种波动性交易策略。买方期望股票价格以某种方式强劲波动,而卖方则希望股价波动低于常态波动,这样他就可以获得权利金。

我们来了解下您该如何在对冲基金中运用这一策略。假设您的基金中纳入了南非盎格鲁阿散蒂黄金公司股票(AU)的头寸。看一下图8.1,与我们一起分析。2008年,盎格鲁阿散蒂黄金股票和其他"金甲虫"指数卖盘艰难。全球经济放缓,世界为通货紧缩所困扰。黄金股市通常在通货膨胀的市场环境下繁荣,因此通货紧缩会给黄金股市造成负面影响。比方说,2008年10月—12月,您看到盎格鲁阿散蒂黄金股票以双底形态反转至上涨趋势,您便开始建立头寸。按照本书提供的信息,您在股票市场中这样做,能够获益颇丰。然而,从图8.1右侧的三个箭头可以看出,该股开始失去动量并进入横向交易区间。您确信该股将从盘整休眠状态中恢复过来,但该股已经有过大的变动,所以您不确定它会不会在走高之前跌得更低。如何利用即将到来的巨大变动呢?可以买入同价对敲。您可以访问www.CBOE.com以获取免费的期权报价,可以发现在2010年1月,执行价格为35美元的看涨期权成本为5.80美元,而同价的看跌期权成本为3.30美元,那么您建立跨式组合便需要支付9.10美元。如果该股以任何方式突破该价格区间,您都能通过跨式组合获利。比方说,如果盎格鲁阿散蒂黄金股票向上突破,且交易价格达至45美元,则您的看涨期权可能值12美元。在看跌期权上您可能全盘皆输,但您花费9.10美元买入了总头寸,所以您的利润率大约是33%。如果该股在2010年1月前保持在该价格区间,您的跨式策略将会失败,而您很可能会亏损投入进头寸的大部分资金。谨记,未必非要在拥有股票的基础上去做这样的跨式期权交易,可以运用长期期权合约去增加投资组合收益。

我们来看看另一个例子。假设您的对冲基金持有土耳其移动通信股票(TKC)(见图8.2)。该股票已经出现了巨大的波动,您仍乐于持有该股票,但是由于前面已经出现了一轮上涨,您预测该股将进入盘整阶段。您认为土耳其移动通信股票仍值得持有并且认为长期内该股股价将走高,但您怀疑短期至中期内该股有可能只是横向波动。因此,为了增加投资组合的价值,您决定卖出跨式组合并取得收益。您再一次访问www.CBOE.com以获取免费的期权报价,可以发现在2010年1月,17.50美元的看涨期权交易价格为3.5美元左右,而等价的看跌期权交易价

第八章 衍生工具运用策略
Chapter 8 Derivative Use for Offense and Defense

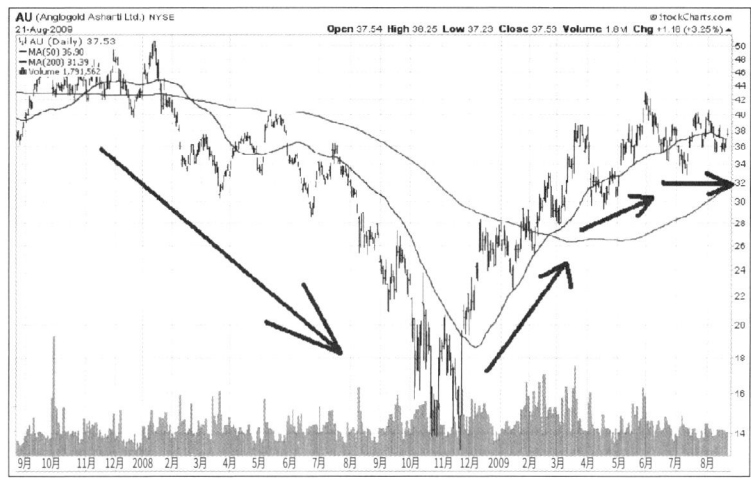

图8.1 盎格鲁阿散蒂黄金股票（AU）跨式头寸图示
资料来源：StockCharts.com。

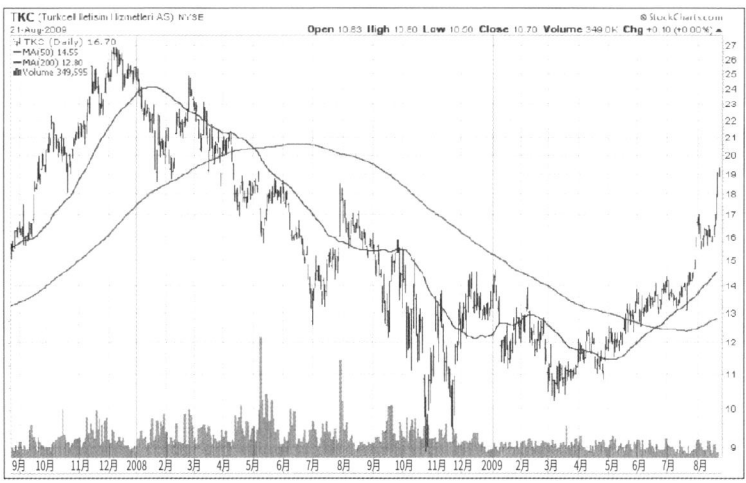

图8.2 土耳其移动通信股票（TKC）跨式头寸图示
资料来源：StockCharts.com。

格为 1.10 美元。您卖出跨式组合且每份合约收益 4.60 美元，如果您卖出 10 份合约，您的对冲基金将获利 4600 美元（10 份合约 ×100 股份 ×4.60 美元）。如果土耳其移动通信股票价格如您预期的一样保持在某个区间内，两份合约都将到期，您将通过您能够收取到的权利金来增强您的基金。换句话说，您的股票在 4 个月内并无任何变动，但您通过卖出跨式组合仍然赚到了钱。

带式策略和条式策略

多头跨式组合假定投资者对未来股价可能的变动方向没有直觉意识。稍加调整这种策略方式，增加看跌期权或看涨期权的持仓以强调股价走势方向的信念，同时保持合约受益于价格波动，以防股票走向相反的方向。做多带式头寸是指买入两份看涨期权和一份看跌期权，且这两种期权执行价格相同，这表明投资者认为股价更有可能上涨。认为股价更有可能看跌的投资者可以通过买入两份看跌期权和一份看涨期权来建立多头条式头寸。

如果您回到我们的盎格鲁阿散蒂黄金股票跨式头寸图（图 8.1）中，那么当这只股票从盘整阶段中复苏过来，假设它会突破高位而不是跌破下行，这是不合理的。该股主趋势是上行，如果该公司或全球经济没有发生根本性的变化，我们作为对冲基金经理可能会决定买入多头带式头寸而不是跨式头寸。如果我们是正确的，这种带式头寸将给我们带来"货真价实"的利益，而盎格鲁阿散蒂黄金股票会从盘整阶段得以突破并走高。

勒式策略

与跨式组合一样，勒式组合是同步买入或卖出一份看涨期权和一份看跌期权，这两份期权的标的资产一致，且到期日相同，但与跨式组合不一样的是，勒式组合中使用的期权执行价格不相同。与跨式组合相反，这两份选中的期权是虚值期权。通过买入两份虚值期权合约，投资者降低了原跨式头寸成本。然而，抵消这种降低的成本是，在勒式组合获利之前，股票价格必须在任意一个方向上发生更大的变动。因此，可以认为相比于跨式组合，勒式组合的风险回报结构更为合理。

假设您持有英格兰的瑞德国际股票（RUK），您可以参阅图 8.3。瑞德国际股票在 26 美元的支撑位到 33 美元的阻力位这一价格区间内交易。若要运用勒式期权策略，您将持有两个期权头寸，一份看涨期权和一份看跌期权。如果说该看涨期权的执行价格是 32.50 美元，因为该股现行交易价格为 29 美元，所以此期权为虚值期权。我们为此看涨期权合约支付了 1.75 美元，且买入 10 份该合约，此头寸共计 1750 美元（1.75 美元 × 100 × 10）。该看跌期权执行价格为 25 美元，同样也是虚值期权。每份看跌期权我们支出 1.35 美元，10 份看跌期权合约我们便需支付 1350 美元。如果股票价格在期权期限内保持在 25~32.50 美元之间，那么您将损失 3100 美元，即您为每种期权的 10 份合约支付的金额。如果股票价格开始超出区间，您的对冲基金将获利。假设股票价格最终为 38 美元，看跌期权无价值过期，损失金额便为您在看跌期权上支付的权利金。不过价值 6500 美元的看涨期权会取得巨大收益，因此您的对冲基金总收益为 3400 美元（6500 美元 – 3100 美元）。

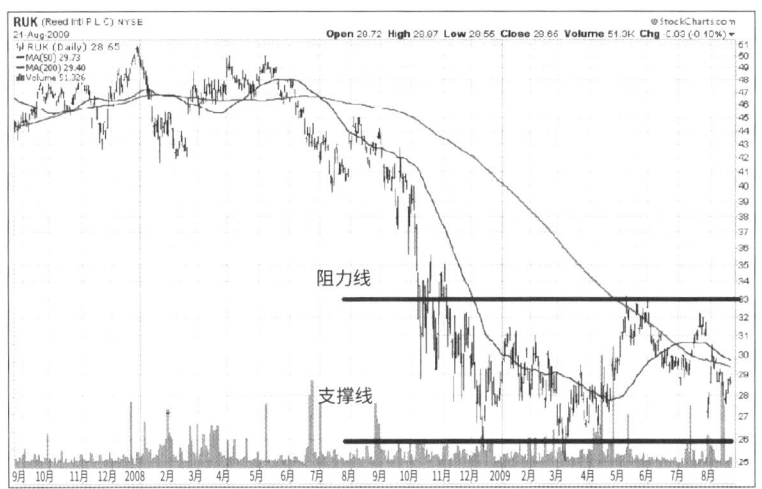

图8.3　瑞德国际股票（RUK）勒式头寸图示
资料来源：StockCharts.com。

备兑看涨期权

备兑看涨期权策略是我们在管理型账户中常用的策略之一。备兑看涨期权是一种金融市场交易，在该交易中，您将卖出投资组合中所持股票的看涨期权以做对冲。如果您在卖出看涨期权的同时买入标的股票，该策略被称为"买股票—

卖期权"策略。实际上,"买股票—卖期权"策略可用于共同基金和交易所交易基金。

标的工具的多头头寸可供"备兑",即如果投资者决定行使备兑期权,他可将标的股票交付给买方。卖出看涨期权获取收益,此收益源于期权买方支付的权利金。如果股价保持稳定或下跌,立权人能够获得此收益,并保持股票头寸不变。这种"保护"具有潜在的劣势,因为如果股价大幅走高且该看涨期权买方决定行使权利并以较低执行价格买入股票,立权人将不得不以低于市价的价格卖出股票。

我们来看个例子。假设您的对冲基金持有中国上海石油化工股份有限公司股票(SHI),参阅图8.4。与全球其他公司一样,该公司在2008年遭遇了严重的盘整期,不过后来它在2009年抓住了机遇。在该图表中您可以看到两个圆圈区域。正如我们已经多次讨论过的那样,股票并不会直线上涨,然后又直接下跌。也就是说,如果您看到上海石化公司股票的价格有巨大变动,并认为股市要暂时休歇,那您为何不对此头寸立份备兑看涨期权呢?上海石化公司股票本身正在盘整,并不能给您带来收益,但您可以立份看涨期权收取权利金,这样甚至在股票停牌时您也能从总头寸中获得盈利。在我们的例子中,您有两次获利的机会。如果我们拥有1000股上海石化公司股票,并在该图圈出的时间范围内立3个月的备兑看涨期权,在我们价值30 000美元的上海石化公司股票头寸不产生任何收益时,我们也能收取5300美元(2800美元+2500美元)的权利金。如此我们的上海石化公司股票总收益便增加了17%。这两次盘整阶段时长3个月或3个月以上。如果在我们立完看涨期权之后,上海石化公司股票的价格急剧上涨,那么该策略便可能显现其不利之处。如果买方行使期权,买方得以低于公开市场股价的价格从我们这里买入期权,我们最终可能会失去股票。然而,如果股票变动利于我们,我们也可以买回期权,或者在买家买走我们的股票之后,我们可以等待上海石化公司股票进入盘整并买回股票纳入投资组合。

备兑看涨期权的另一种运用策略是给头寸立备兑看涨期权以缓冲即将到来的盘整。假设您的对冲基金持有图示时间范围内的1000股德国思爱普软件有限公司股票(SAP)。您确实青睐此股的长期趋势,但当股票跳空低开跌破支撑位时,您会开始担忧。那么您能做些什么?您能做的一件事就是给头寸立份备兑看涨期权以缓冲下跌趋势。正如您在图8.5中所看到的,您可以立10份备兑看涨期权,

第八章　衍生工具运用策略
Chapter 8　Derivative Use for Offense and Defense

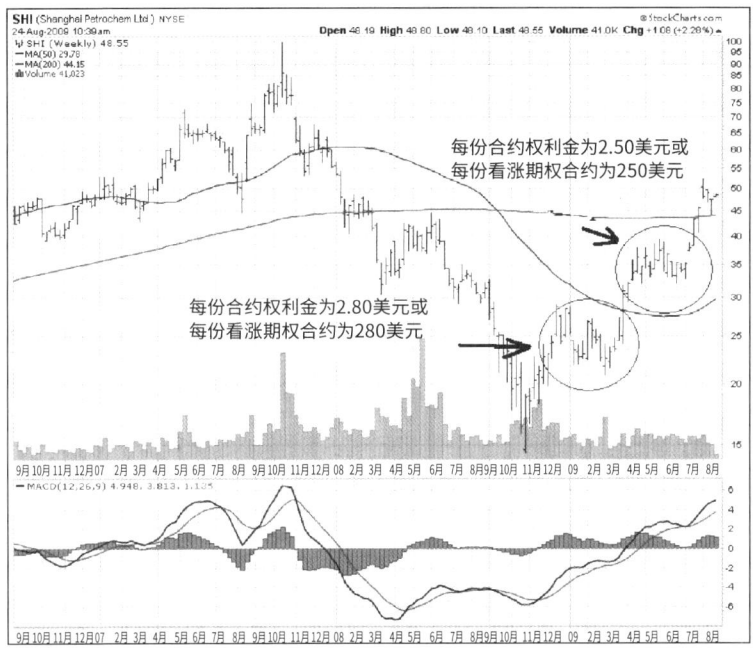

图8.4　上海石化公司股票（SHI）备兑看涨期权图示
资料来源：StockCharts.com。

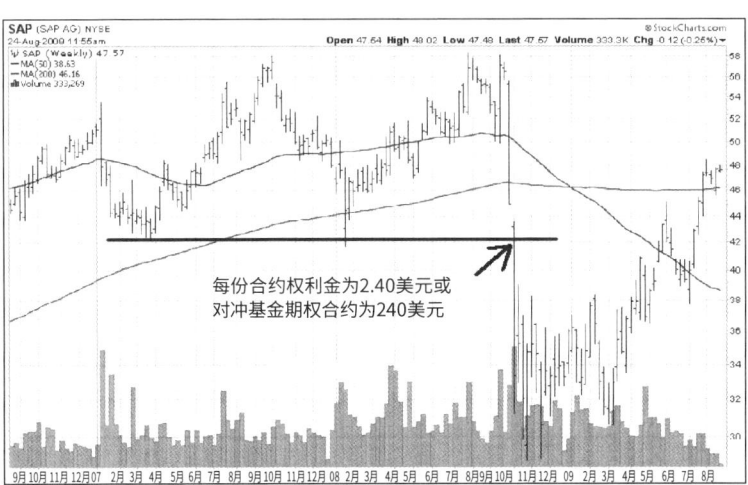

图8.5　思爱普公司股票（SAP）备兑看涨期权"缓冲"图示
资料来源：StockCharts.com。

并获取2400美元的权利金（10×100×2.40美元）。该股继续下跌28%，但您的总投资组合损失仅为23%左右，因为您立了备兑看涨期权而获得了5%的权利金。以此，我们便缓冲了我们持股的潜在损失并保持了我们的头寸。

投资组合保险

投资组合保险意如其名，指对冲股票或整个投资者组合以抵御下行风险。在这种情况下，我们可以买入保护性看跌期权，以对冲下行风险。

我们来看个例子，以了解下组合保险是如何运作的。图8.6是德国电信公司股票（DT）期权组合图，假设您的对冲基金持有此股票。如图所示，一系列不断抬高的高点和低点清楚表明德国电信公司股票一开始有着不错的上升势头。然而，在该图圈出的位置，德国电信公司股票行情崩溃且趋势由此发生了变化。为

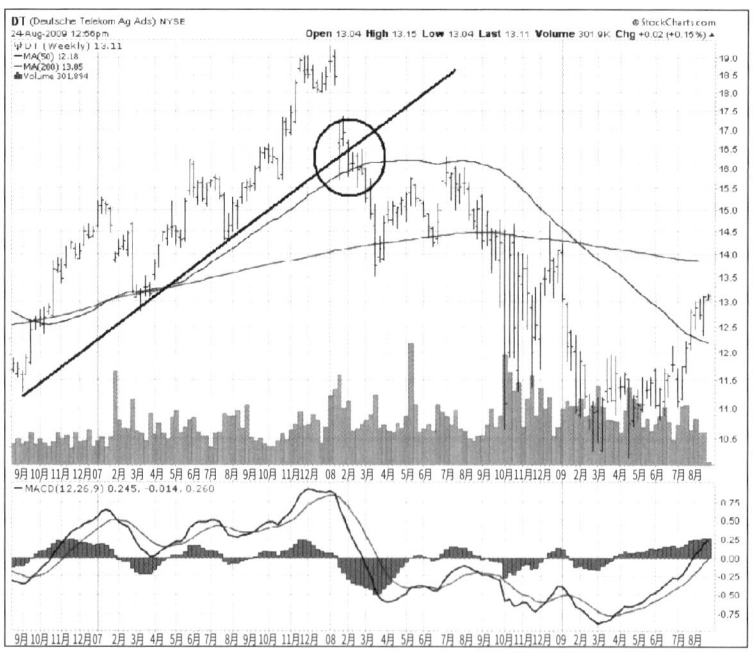

图8.6　德国电信公司股票（DT）期权组合保险图示
资料来源：StockCharts.com。

了保护您的资产,您可以买入一份看跌期权。如果我们在 2009 年 1 月买入 1 份 15 美元的看跌期权,我们得为一份该期权合约花费大约 1 美元。因为我们买入的虚值期权合约,成本相对较小。如果我们持有 1000 股,我们的现金支出将约为 1000 美元。德国电信公司股票的价格突然从 17 美元下跌至 10.50 美元。因为我们持有执行价为 15 美元的看跌期权,我们有权以 15 美元的价格卖出股票,故而我们可以少损失 4.5 美元部分的下跌。仅这一部分的跌幅就会使我们的对冲基金损失约 5000 美元,因此对冲策略取得了实效。

我们来看下与投资组合对冲相关的另一个例子。如果运作 100 万美元的对冲基金,并且相信行情将走向熊市,您会怎么做?您当然可以抛售所有股票,但您会为所有收益纳税并花费交易成本;您也可以给您持有的所有头寸买入看跌期权,但成本昂贵。若您是精明的对冲基金经理(并且读过这本书),您会得出这样的结论:您确实需要一种对冲整个投资组合的方法,而且必须以成本可控的方式实现这种对冲。在这种情况下,最佳方法是买入 iShares 摩根士丹利资本国际欧澳远东(EFA)交易所交易基金的看跌期权。换句话说,您要在最接近您持股的指数上买入看跌期权。如果我们持有价值 100 万美元的全球股票,摩根士丹利资本国际欧澳远东指数将是个很好的基准,如果您持有的都是日本股票,那您该买入日经指数的看跌期权。

图 8.7 是欧澳远东组合走势图。由图中圈出位置所示,您可以清楚地看到该市场行情跌破了一条至关重要的支撑线。您决定买入 EFA 的看跌期权,但您该买入多少?答案很简单,只要将投资组合大小除以执行价格即可。因此,我们将对冲基金的价值 100 万美元除以 62.50 美元(圈出的支撑位)便得出 160 份合约。如果每份合约的成本是 1.10 美元,对冲投资组合的总成本将约为 17 600 美元。换句话说,我们花费了投资组合的 1.76%(17 600 美元/1 000 000 美元)来完全对冲价值 100 万美元的股票。

转换短期资本收益

最小化短期资本收益的一个好策略是考虑针对标的股票头寸出售看涨期权,而不是出售标的股票以产生资本收益。例如,假设您并不看好本田汽车公司股票(HMC),但您在 9 个月前以 18 美元的价格买入该股,而该股现行价格约为 33 美元。您希望减少头寸,但又不希望遭遇短期资本收益的冲击。在您的短期

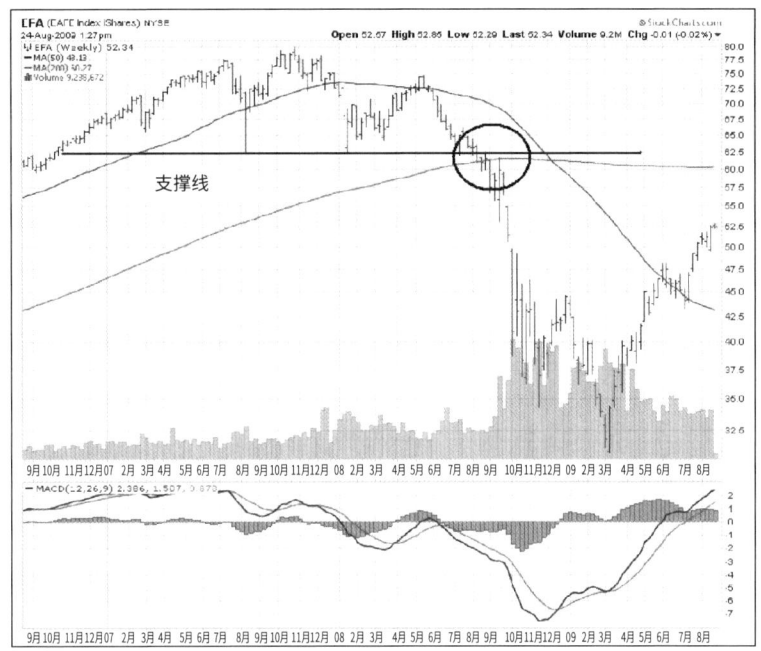

图8.7　iShares MSCI 欧澳远东（EFA）ETF 指数保护性看跌期权图示
资料来源：StockCharts.com。

资本收益转换为长期资本收益之前，您可以以 35 美元的执行价格立期限为 9 个月的看涨期权，并以 4 美元的权利金来缓冲您的头寸。该解决方案是卖出一份合格的看涨期权，因为您不想在税收义务由短期变为长期之前承担期权转换的风险，而该期权可以是实值期权也可以是虚值期权。

税收亏损收割

您可能想在资本受损的情况下卖出股票，以抵消您投资组合的实际收益，但一旦卖出该股，您就不能在 31 天内回购该股（不会触发洗售）。此外，您可能真的很看好该行业或整个市场而不想抛售持股，但想要锁定这些税收损失。卖出看跌期权是一种有效的方式，可用于重新建立受损中卖出的股票头寸。卖出看跌期权有两大重要优势：其一，只要看跌期权不过于实值，它就不违反洗售规则；其二，交易成本低，因为看跌期权和股票出售往往相互抵消。如果该看跌期权得以执行，则股票头寸会得以重建。

假设您以 50 美元的价格买入巴西航空工业公司股票（ERJ）并且遭受了损失，您可以卖出标的股票并锁定税收损失，同时在巴西航空工业公司股票上以 55 美元的执行价格卖出 9 个月的看跌期权，获取 4.75 美元的权利金。只要该股交易价格低于 55 美元，您最终可能会以 50.25 美元的价格回购该股票。换句话说，为锁定税收损失，您忽略了那 0.25 美元的差价收益，却减少了数千美元的税损。

期货

假设您住在墨西哥，在一个大农场里养猪，而我们（肖恩和鲍勃）是印第安纳州只种玉米的农民。多年来，我们都在一起做生意。我们种下玉米，把玉米卖给您，然后您用玉米喂了一年多的猪。我们都同意使用每年约定日的玉米现货价格来设定我们的交易价格，每年我们都继续合作。有一年，我们农民决定大家应该提前一年确定价格，这样我们就不必担心来年的价格如何。双方都同意这种合同，这使得我们能够更好地预算，也能提高我们财政年度的可见度。此外，我们决定每蒲式耳（相当于 35.2 公升）4.50 美元作为公平的价格，我们同意以此锁定我们明年的作物价格。就这样，我们签订了远期合约。

随着时间的推移，双方会意识到该远期合约可能不利于任何一方。如果全球玉米短缺迫使价格达到每蒲式耳 8 美元，会发生什么呢？因为每蒲式耳 4.5 美元为约定价格，种玉米的农民会有每蒲式耳 3.50 美元的亏损。如果玉米丰收促使价格降至每蒲式耳 3.75 美元，情况又会如何？您可能会想以低于 4.5 美元的价格来购买玉米，但我们都没有权利解除合同。另外，如果我们出售玉米，那么农场应该怎么办？农场新主是否有义务维续合同？

远期合约是期货合约的基础，它涉及双方同意在未来日期以先前设定的价格交换商品、货币或其他可交易资产。然而，远期合约的最大劣势在于它不具流动性。远期合约通常由买卖双方签订，双方均无权解除合同。期货合约是为了填补这些劣势而设计的，它同时保留了远期合约的大部分优势。期货合约只是在远期合约上增添了一些新的优势。

期货交易员历来有两种类型：对冲型和投机型。对冲型交易员对标的资产感兴趣或他们持有标的资产,而标的资产可能包括无形资产,如指数和利率。他们利用期货来"对冲"价格变动的风险。不要太纠结于本节中的"对冲型交易员"一词,因为这些人并不是对冲基金经理,他们通常是试图对冲期货市场风险的公司。例如,纯果乐(Tropicana)[1]可能通过使用橙汁期货来对冲橙市发生灾难性事件的潜在风险,汉莎航空(Lufthansa Air)[2]也可能通过购买石油期货来对冲不断上涨的油价风险。而另一方面,投机型交易员力图通过预测市场走势及开立与资产有关的"书面"合同来赚取利润。他们无意实际接收或交付标的资产。换句话说,投机型投资者寻求投资多头期货合约中的资产或通过空头期货合约卖出资产。在其他情况下,一些投机型交易员建立金融模型,试图利用套利从市场不一致中获利。例如,如果您的对冲基金建立了一个金融模型,该模型显示了加元与油价之间的特定相关性,若这种相关性偏离了正常轨道,那么在相关性恢复正常之前,您可能会以做多加元而做空石油期货的套利交易来在该货币对上获利。

同时具有对冲和投机双概念的一个示例是以跟踪股票指数业绩为投资目标的独立管理账户。投资组合经理通常通过投资标准普尔500指数期货,以简单且具有成本效益的方式"平衡"基金存款。这样就可以获得指数的投资组合,且与基金或账户投资目标一致,而无须以适当比例买入标普500家每一家公司的股票。这也保持了分散投资的平衡,维持了投入市场资产的较高百分比。在经济可行的情况下,投资组合经理可以终止期货合约而买入每一个个股。

期货术语及概念

大多数独特的市场都有其独特的行话,期货市场也不例外。让我们来了解一些重要的期货术语及概念,以便您在交易之前熟悉期货是如何运作的。

空头和多头:任何期货合约的标的物都有特定的等级、一定的数量和交割月份。例如,芝加哥期货交易所(CBOT)的玉米期货合约要求购买5000蒲式耳的

---

[1] 纯果乐(Tropicana),是世界第一果汁品牌,诞生于美国的水果盛产地佛罗里达。
[2] 德国汉莎航空集团(Lufthansa Air),是一家世界领先的航空运输公司,其总部设在科隆。

2号黄玉米。所有期货合约都是标准化合约,任何一方都可以通过抵消期货市场交易来毁约。在期货市场,每个多头头寸都对应一个空头头寸。因此,如果一方获利,另一方则相应地亏损。

如果双方签订远期合约,则它们不进行资金交货。在远期合约下,资金可在合约结束时而非开始时得以交换。而在期货合约中,您必须在合约签订之时交付"保证金"。这不是预付定金,而是展示诚意,以表明您会在商品交付时支付全部费用。

现金与期货: 现金或现货价格指特定商品当前在市场上交易的价格。期货价格对现金价格的变动和交易员的预期做出反应。期货价格就是在未来某个预定交易日实现的投资者预期价格。比方说,假如现在是3月份,小麦的现货价格为每蒲式耳5.25美元,总体价格趋势走低,投资者可能预计这种趋势将持续,那么小麦的期货价格在12月份可能会达到每蒲式耳4.99美元。您可以在图8.8中看到2009年12月的小麦期货。

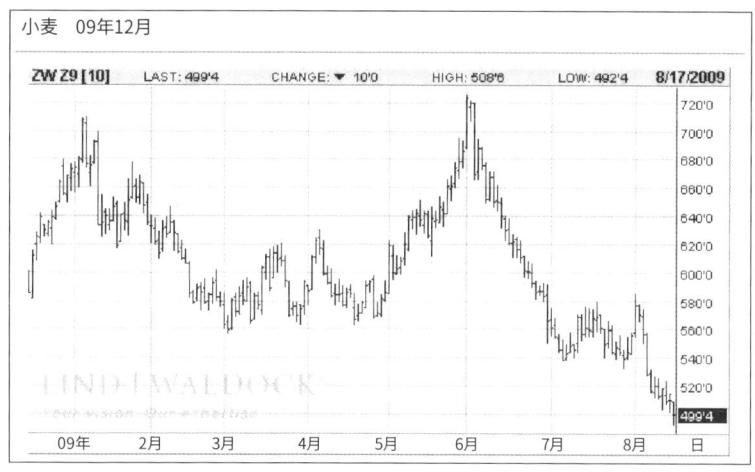

图8.8　2009年12月的小麦期货图
资料来源:Lind-Waldock.com。

期货价格紧跟现货市场的走势,但受现货价格变动影响最大的期货价格是近期交割月份的价格,因为这些价格不久将与现货价格相同。远期月份的期货价格反应较慢，因为随着您进一步推出合约，这些市场的日常噪音或动荡将趋于平缓。

清算所：每个期货交易所都有自己的清算所，所有交易员都必须在每一交易时段结束时通过清算所清算交易，并向清算所存入一笔足以支付成员借方余额的款项。例如，如果交易经纪人向清算所报告，在交易日结束之时，他共买入 10 万蒲式耳的五月玉米，共售出 5 万蒲式耳的五月玉米，那他将买多 5 万蒲式耳的五月玉米。假设这是该经纪人在期货中的唯一头寸，而清算所的保证金为每蒲式耳 6 美分，这便意味着经纪人必须将 3000 美元存入清算所。由于所有交易员均需要通过清算所清算交易，并且必须保留足够的资金来支付借方余额，因此清算所负责所有交易员履行合约。

商品期货交易委员会：美国所有期货交易均受美国政府独立机构——商品期货交易委员会（CFTC）监管。该委员会有权对违反任何规则的个人或公司处以罚款和其他惩罚。虽然根据法律，该委员会监管所有交易，但每个交易所可以设立自己的规则，并根据合同对公司处以不同的罚款，也可以加重商品期货交易委员会下达的罚款。

商品期货交易委员会每周发布报告，其中包含在具有 20 个以上参与者的每个市场中，市场参与者的未平仓合约详情。这些报告于每周五发布（包含从上周二至下周五的数据），并包含未平仓合约数据，这些合约分为由可报告／不可报告的未平仓合约以及商业／非商业未平仓合约。此类报告称为《交易员持仓报告》（*Commitments of Traders Report*），又名《COT 报告》或简称 COTR。

期货交易的内容和地点

现今有各种各样的期货市场。一些期货是商品期货，另一些是金融工具期货，如货币期货和指数期货。为了便于讨论，我们将它们像表 8.1 那样分组表示。

表8.1　主要期货类别

类别	
谷物	小麦、玉米、燕麦、大豆
肉类	活牛、育肥牛、肥猪、猪肚

第八章 衍生工具运用策略
Chapter 8 Derivative Use for Offense and Defense

(续表)

金属	铂金、银、高品位铜、金
食品和纤维	咖啡、可可、糖、棉花、橙汁
利率	国债、国库券、欧洲美元、伦敦银行同业拆借利率
外币	瑞士法郎、欧元、墨西哥比索、澳元、日元
指数	标准普尔500指数、纳斯达克100指数、高盛商品指数
能源	原油、2号燃油、无铅汽油、天然气
木业	木材

资料来源：Lind-Waldock.com。

上面的列表并不完整，不过它能够让您了解可以交易的各种期货合约。重点在于，如果您是对冲基金经理，并广泛投资了股票、商品或债券组合，您就得有办法将您的投资组合对冲到短期和中期波动之中。此外，如果您更倾向于激进型投资，您甚至可以将期货交易篮子作为对冲基金的主要头寸。

定价： 让我们特别提一下期货定价。在投资任何期货合约之前，您必须了解该合约的乘数组成部分。例如，如果您想交易牛肉期货，每份牛肉期货并不表示该期货只有一头牛或一磅牛肉，而是表示一份牛肉期货含4万磅牛肉，而合约的报价是以一磅牛肉的美分来计算的。如果您买入一期货合约，该合约当天上涨2.08美分，您在该交易时段便获利1120美元（0.0208美元 × 40 000磅）。所有肉类期货的期货价格均以每磅美分表示。所有谷物的期货价格均以每蒲式耳的价格计算。金属期货的期货价格并不统一，因为黄金、钯金和白银以金衡制盎司计价，而铜等其他金属以英镑计价。指数期货的交易乘数有其完全不同于其他期货的计价方式，标准普尔500指数期货的定价则为500乘以指数。大多数报价资源，例如《华尔街日报》中的报价清单能够指导您识别出所需乘数，但得补充一句，期货合约交易不是纯粹的商品数量的交易。

基于此，您可能清楚了交易的内容，但您还需要了解交易对象。大多数投资者只是寻求最低的佣金。但是，买方应当小心，最低价格的供应商的佣金可能不低，而许多大公司不仅佣金较低，还能够提供给您大量制图和研究工具和资源。作为对冲基金经理，重点在于衡量研究资源与低交易成本，并找到符合您需求的公司。

书中其他版块也提到了以下列表中的几个经纪商，因为它们可让您进入多种投资工具（如股票、货币、期货及债券）的市场之中。

- **盈透证券（www.interactivebrokers.com）**：您可能会注意到我们在货币交易章节中也提到过盈透证券。此外，作为免责声明，我们的投资管理公司与盈透证券有合作关系。我们之所以支持盈透证券，是因为您可以在它们的平台上进行任何您想要进行的交易。您可以建立一个真正的对冲基金，纳入货币、股票、期货、期权、债券等。盈透证券是一家上市公司，在纳斯达克上交易，交易代码为"IBKR"。

- **证券交易平台公司（www.tradestation.com）**：证券交易平台公司（Tradestation）与盈透证券的优点相似。该公司为您提供了一个平台，您可以在上面进行一系列不同类型的投资交易。证券交易平台公司是一家上市公司，在纳斯达克交易，交易代码为"TRAD"。

- **林德·沃多克公司（www.lind-waldock.com）**：林德·沃多克公司（Lind Waldock）是一家专门从事期货交易的公司，这可能更适合那些想要专注于期货投机而非对冲的人。该公司已成立40多年，甚至为以期货为中心的投资者提供管理账户的服务。

期货在对冲基金中的实际应用

现在，我们需要花些时间来研究期货在对冲基金中的实际应用。在前文中，我们提到您可以在投资组合中使用期货来进行投机或对冲某些风险。让我们来仔细研究下每一种应用该如何具体操作。

投机

分析世界市场——至少是投资市场有两种方法：技术分析和基本面分析。我们对此已经做了过多讨论，但不管您的投资标的是什么（股票、货币、期货或是债券），投资分析有两种主要方法，这是毋庸置疑的。有些人认为，定量分析是第三种投资分析流派，但为了便于讨论，我们把定量分析归纳在基本面分析之中。当然，基本面分析是"自上而下"研究数据的方法，技术分析主要涉及分析图表形态以确定未来价格行为。

基本面分析法很简单。如果读了本书关于股票投资的第三章，您便能发现分析全球经济和各国经济的方法。举个例子，假设您已经对日本经济进行了分析，认为日经225指数已表现得有点过头，而且与世界其他国家相比，该国经济被大大高估了。图8.9为日经225指数（美元）2009年9月的期货合约。您会做空该合约，作为对日本平均水平的投机押注。如果您保守点下注，您可以给自己多些时间，把合约推到2009年12月或2010年3月。

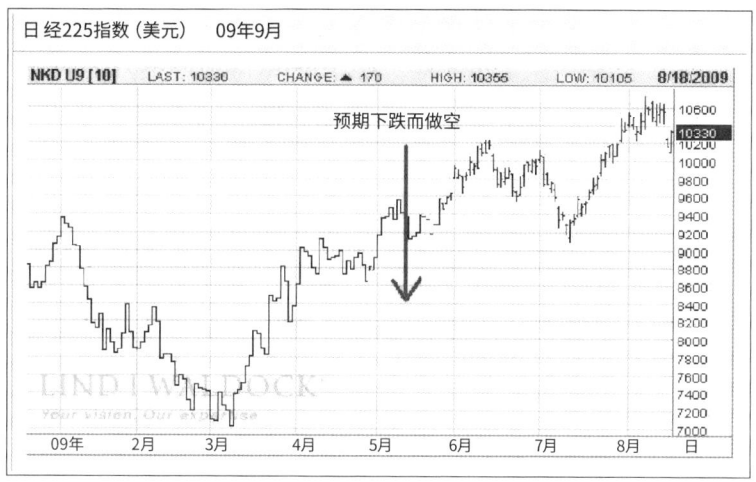

图8.9　2009年9月日经225指数（美元）期货合约
资料来源：Lind-Waldock.com。

您可以在图8.10中看到此类投机交易的另一种表示形式。也许您朋友的叔叔的堂兄的侄子——两次移民且恰好是俄罗斯的一位农民（哈哈，我们的意思其实是您经过研究），他告诉您，俄罗斯正面临着严重的粮食短缺，而这种短缺似乎并未反映在粮食的价格上。在这种情况下，您可能想只基于您所得信息而做多玉米期货。基于此，我们建议选择接近2010年7月的期货合约，给自己更多的时间来研究这一长期趋势，从而获得实行合约的动力。

对冲

在投资组合中常以对冲目的纳入期货。为了便于讨论，再次假设交易时间为

图8.10 做多玉米期货潜在获利机遇的示例图
资料来源：Lind-Waldock.com。

2007年底。您正在管理国际股票的对冲基金，觉得房产泡沫即将爆发并引发全球金融危机。为了扩展该例，我们假设您持有您投资组合中的大部分股票已经很多年了，并且在投资组合中积累了巨大的资本收益。您现在看到风险即将到来，但您不想因出售股票而承担沉重的税收。那该怎么办？要记得我们在本书中教给您的内容，并使用期货来对冲您的中间下跌市场风险。通过卖空期货来对冲投资组合，您可以持有您继续信任的股票，避免高额税收负担，并保护您的投资组合免受即将到来的金融风暴的影响。如此，我们便能一赢到底！

继续我们的情景示例，让我们具体看看期货对冲是如何进行的。表8.2是我们讨论过的对冲基金。就股票数量而言，该基金略微有些简单，但仍是个很好的例子。如果您在2007年12月持有这些股票，并觉得全球市场正准备跌落悬崖，那么您有三种选择：在金融风暴中持有头寸，出售您的头寸并向政府缴纳大约8万美元的税收（同时您也有可能承担预测失利而市场继续上涨的风险），或维持股票并通过卖空期货合约来对冲您的头寸。

表8.2 老城堡集团、赛贝斯公司和KB金融集团股票构成的投资组合示例

公司名称	股票代码	国家	购入价值（美元）	现行价值（美元）	未实现收益（美元）
老城堡集团	CRH	爱尔兰	100000	230000	130000
赛贝斯公司	SY	美国	100000	320000	220000
KB 金融集团	KB	韩国	100000	260000	160000
现金资产			150000	150000	0
			总计	960000	510000

资料来源：www.investorspassport.com。

假设您决定用期货来对冲您的头寸，您得清楚要做空多少合约。MSCI EAFE 指数期货以 "E-mini" 形式交易，这意味着它们以 50 的乘数而不是常规标普 500 指数期货的 500 乘数进行交易。这对我们的对冲基金有利，因为此头寸的成本会降低。2007 年 12 月，MSCI EAFE 指数价值约为 2200，2008 年 9 月该指数期货合约的价值为（50×2200）11 万美元。您实际为每份合约支付的价格是每份合约 2200 美元。请记住，它有个 50 的乘数，这是您赚取利润的地方。投资组合价值为 96 万美元，但其中只有 81 万美元用于股票。因此，要找出我们需要购买多少份合约才能囊括我们所持有的股票，最简单的方法是将 81 万元除以 11 万元，即 8 份合约。实际数字是 7.36，但您不能购买部分合约，如果我们想要完全覆盖投资组合的股票，就需要购买 8 份合约。然而，这种合约数量计算方式并不完全正确，因为该简单计算并没有考虑到我们投资组合的风险。如果我们的投资组合比 MSCI EAFE 指数更为激进，那么我们的投资组合损失可能远远超过我们对冲保护过后的损失。因此，这里给出计算所需合同数量的更准确的方法：

$$\frac{V_P}{V_F} B_P = 合约数量$$

其中：V_P = 投资组合价值

V_F = 期货合约价值

B_p = 投资组合贝塔系数

如果我们投资组合的贝塔系数为1.20，我们需要购买9份合约〔（81万美元/11万美元）×1.20 = 8.83〕，而不是我们之前计算的8份。

您可以在表8.3中看到我们新的对冲投资组合。

表8.3 老城堡集团、赛贝斯公司和
KB金融集团股票构成的重新对冲投资组合示例

公司名称	股票代码	国家	购入价值（美元）	现行价值（美元）	未实现收益（美元）
老城堡集团	CRH	爱尔兰	100000	230000	130000
赛贝斯公司	SY	美国	100000	320000	220000
KB 金融集团	KB	韩国	100000	260000	160000
现金资产			150000	150000	0
MSCI EAFE 指数最小报价短期期货合约（8份2008年9月份到期的合约）			(990000)	(990000)	

资料来源：www.investorspassport.com。

假设我们已经处在2008年9月，MSCI EAFE指数已从2007年的高点下跌了近40%。我们来了解下这三种选择所可能产生的后果：如果您卖出股票，选择是正确的，但您得向政府缴纳巨额税费（更不用说出售股票所产生的成本），而且您将处于试图弄明白该何时重新入市的尴尬位置；如果您在金融风暴中保留投资组合，该投资组合的价值会大幅下跌，除了资金打水漂外您也会大量失眠；如果您对冲您的投资组合，您在股票上是亏损，但在对冲中会获利颇丰。如果我们决定以1400美元的价格结束期货合约的对冲交易，我们将在整个对冲交易中获得高达36%〔（2200-1400）/2200的百分比〕的收益。换句话说，我们在对冲交易中获得了36万美元的收益（800点合约价差 × 50乘数 × 9份合约）。我们投资组合中81万美元的股票下跌约35万美元（81万美元 × 36% × 1.2 [β]），因此

第八章　衍生工具运用策略
Chapter 8　Derivative Use for Offense and Defense

我们的对冲效果颇佳。如果我们只购买了 8 份合约，就会出现空头，因为我们的对冲只会让我们净赚 31.1 万美元。

正如我们所知，期货也可以作为对冲工具用以固定收益管理之中。举个例子，固定收益经理正管理着一个针对全球债券基准的债券投资组合，目前该投资组合的久期相当于基准久期的 95%。也许经理最近对利率的看法发生了改变，他想转向为基准久期 105% 的新标的久期，以利用他认为的全球利率将下跌的趋势。

实现这一转向最有效的方式是使用期货。与我们试图交易实际债券来调整我们的投资组合相比，期货产生的交易成本要低得多，而且"曲线率"风险也要小得多。这种策略特别适用于全球固定收益投资组合。在美国，适当比例的现金加期货等于合成债券，而就外国市场而言，国内现金加外国期货等于货币对冲的合成债券。如果您需要延长久期，拿您的现金购买外国期货，这样您将自动获得货币对冲的合成债券。

大多数从未使用过期货的人，以及仅仅从他们最近几年在新闻上听到的消息中才熟悉期货的人，会对期货的应用存在顾虑，这是可以理解的。但多么可惜呀，期货是个强大而有用的工具，它可以给投资组合带来尽可能多的价值和安全，也可以带来破坏性的影响。当然，它们可以被用来投机，而且人们确实经常这样使用期货。然而，把期货作为对冲基金的防御机制会是全新的体验。正如您从前面的例子中看到的，使用期货作为对冲工具只是保护投资者组合的一种方式，并且考虑到基金的多方面构建——具有多种工具和资产类别，以及纳入各式保险单的能力，期货实际上不像是奢侈品而像是必需品。

第九章　投资组合管理策略

唐纳德·特朗普（Donald Trump）最近讲述了一则有趣的轶事，描述了许多人在寻求"致富"时，常常会做出愚蠢的举动。特朗普说："前几天，一个朋友打电话给我，劝我投资一家卖龙虾的网络公司，即在互联网上卖龙虾。结果呢？第二天，朋友给我寄来了一大包冰冻龙虾。你怎能如此轻视这个投资呢？"这除了是个有趣的小故事外，还充分说明网络公司存在泡沫，投资者单纯将重心放在追逐收益上是错误的。当然，别误会了我们的意思，我们都是为了获利才参与投资的。每个人都想驾驭市场，我们也都想抓住下一个类似投资微软的投资机遇。为此，我们倾注了大量精力关注以资本积累为中心的投资哲学和投资策略，而很少关注投资组合管理战略。大多数人没有及时意识到，若想在全球市场的投资中取得成功，投资组合管理战略至关重要。诚然，阅读有关新兴市场国家爆炸式增长的文章要比谈论创建投资组合或执行交易所涉及的步骤有趣得多。然而，投资组合管理的过程似乎并没有得到足够重视，对于对冲基金经理来说，熟练掌握这一过程至关重要。

投资组合管理既是一门艺术，也是一门科学，它涉及做出投资组合/投资方针方面的决策、匹配投资与目标、建立合适的资产配置以及平衡业绩风险。诚然，这一切听起来很无聊，但事实上，它是对冲基金管理的一部分，它的实施战略至关重要。例如，假设您管理的投资组合皆由国际股票构成，但您无法监控您投资组合中的风险水平。如果像 2008 年开始一样，全球股票市场表现很糟糕，您的投资组合价值下跌的幅度会比摩根士丹利资本国际欧澳远东指数下跌的幅度大得多，因为国际股票组合往往风险更大。如果全球股票价值下跌 30%，而您的组合风险水平高于市场平均风险水平，您的股票价值会下跌 40%~50%。如果您是一名谨慎的经理并且监控了风险水平，您可能已有远见地将您的持股调整到适度的水平，甚至增加了现金持有量。单凭这一举措，您就可以挽回 10%~20% 的投资收益，甚至更多的收益。

让我们继续来谈谈投资组合管理。如果您正在管理多头 / 空头投资组合，而且您很谨慎地管理了组合风险和市场风险，那么您可能会有远见地做空头寸，甚至在下跌的市场中获利。重点在于，买入一堆股票并长久持有这些股票的日子已经一去不复返了。在当今时代，成为一个好的选股者至关重要，但谨慎地进行投资组合管理也同样重要。虽然这可能不是本书中最令人兴奋的内容，但它与任何其他章节一样重要。

我们将这一章分为三个主要部分。投资组合管理的第一部分是了解对冲基金的需求、税收状况和风险偏好。对于个人投资者来说，构建自己的投资组合要比专业的基金经理构建投资组合简单一些，但是，同有报酬的投资组合经理一样，弄清楚自己承担风险的意愿和能力是首要的。

投资组合管理的第二部分是投资组合的实际构建。最重要的决策在于如何对不同的资产类别（即股票、债券、现金和房地产）进行配置。同时，资产配置决策还可以根据国内资产、国外资产以及推动此项决策的因素进行制定。另一个部分是资产选择，即在每个资产类别中挑选个别资产以构成投资组合。实际上，该过程是个选股过程，即选择股票以构成投资组合中的股票部分，选择债券以构成投资组合中的固定收益部分，以及选择房地产构成投资组合中的实际资产部分。

投资组合管理的第三部分是业绩评估，它对于专业对冲基金经理来说常常是最痛苦的一个环节。毕竟，在您所决定的可以运作的风险约束既定条件下，您努力的重点是尽可能赚到更多的钱。投资者不会原谅投资失败，甚至不愿意接受美好的借口，因此他们并不全盘信任基金经理人。

风险

风险是许多以增长为导向的股票投资者很少认真考虑的一个因素（如果他们坦言），但是如果不加以监管，风险也是多年投资甚至一生投资失利的因素。您只需要看看约翰·梅里韦瑟和他作为大规模对冲基金的长期资本管理公司的倒闭，便可以找到这一点的证据。长期资本管理公司成立于1994年，头几年里公司的年收益率约为40%，1998年该公司受到了毁灭性的打击，短短几个月，该公司因受俄罗斯金融危机的影响，损失近50亿美元。当您处于与国际投资同在的巨大风险之中时，您需要充分了解您的投资面对的风险水平，更重要的是，您需要有效管理这些风险。

根据投资收益的两个来源，即宏观因素和微观因素，投资风险或投资组合风险可分为两类。宏观因素是包罗万象的因素，比如国民经济因素。微观因素是当地市场因素，比如公司自身的因素。

与宏观因素相关的风险称为系统风险。利率变动、经济衰退和战争都能够导致系统风险，因为它们会影响整个世界市场且无法通过分散投资来加以规避。系统风险只能通过对冲加以消除，因为收益所依赖的因素是系统性且相互关联的。如果经济运行良好，资产收益也会很可观。

微观风险是与特定公司相关的风险，也被称为非系统风险。某些新闻与少数股票相关，比如，丰田员工的突然罢工事件便可认为是非系统风险。在这一方面，投资收益取决于公司的基本盈利能力，比如资产周转、营业利润和股票收益。非系统风险程度可以通过适当的分散投资来降低。

对于国际投资者而言，有一些风险既不是系统风险也不是非系统风险，我们稍后会具体介绍它们。现在，我们来仔细研究下在日常投资中面临的风险：系统风险和非系统风险。

系统风险

所有资产都有三个相互关联的系统风险因素。正如我们在前文中提到的，这些风险仅通过投资分散化是无法消除的。您的投资组合可以完全分散化，但在恐怖袭击或自然灾害发生时，您仍无法抵御全球股市的影响。要隔绝这一风险，您需要把控该风险的三种表现形式：通货膨胀风险、利率风险和市场风险。

通货膨胀风险是指由于通货膨胀水平变化导致投资收益高于预期收益或低于预期收益的可能性。这种风险也被称为购买力风险。通货膨胀会侵蚀所有资产的实际价值，因此也会侵蚀您的购买力。谨记，系统风险是相互关联的，在第二章关于市场互动交易的分析中，我们已经谈到了这一点。如果通货膨胀上升并超出我们的预期，利率必将上升以对抗通货膨胀。利率上升往往会抑制经济增长，进而降低收益。收益下跌又会导致股票市场走低。同时谨记，债券价格与利率之间成反比关系，利率上升，债券价格通常会下降。

通货膨胀是各国政府通常最难以控制的宏观经济因素，因为通货膨胀在失控的情况下会对一个国家的经济造成严重破坏。在历史上，第二次世界大战后的匈牙利曾发生最糟糕的通货膨胀。1944 年，该国最高货币面额为 1000 帕戈（当时的匈牙利货币），到 1945 年底该国最高货币面额为 10 000 000 帕戈，1946 年中最高货币面额已猛增至 100 000 000 000 000 000 000 帕戈。该国还发行了一种特殊货币，即税帕戈（adopengo），用于缴纳税收和交付邮费。该国每天都在调整税帕戈的价值，并通过广播向公众宣布这些价值变化。1946 年 1 月，1 税帕戈等于 1 帕戈，到 7 月底，1 税帕戈等于 2 000 000 000 000 000 000 000 帕戈。1946 年 8 月，帕戈被一种新的货币所取代，流通的所有匈牙利纸币的总价值仅相当于 1 美元的千分之一。

利率风险是指由于利率水平变化导致投资收益高于预期收益或低于预期收益的可能性。如前所述，当利率下跌时，绝大多数可投资资产的价格趋于上升，反之则反是。投资者往往只考虑债券投资下的利率影响，但利率影响着所有可投资资产，包括股票、货币和房地产。

值得注意的是，利率趋势与利率水平一样重要，在特定情况下，当利率变动时，市场可能会出现与我们正常判断完全相反的变化。例如，在绝大多数熊市中，您会发现世界各国的政策制定者都在降低利率，以刺激经济增长。然而，在 2007 年开始的熊市中，我们看到利率下降，而大多数类别的债券也在走低，您可以从图 9.1 中看到这一点。图 9.1 展示了经济大衰退期间利率和公司债券的变动。在图表所示时间范围内，公司债券、市政债券和高收益债券都受到了冲击。这种变动与我们看到的债券和利率之间的典型关系不同。但是要知道，这次熊市是由信贷紧缩造成的，信贷紧缩导致银行倒闭和流动性大幅减少，这些因素造成债券市场环境糟糕。2009 年春，一些分析报告建议我们"警惕全球债券市场"，因为当全球经济走强、利率上升时，全球债券市场将进一步衰退。我们认为这是胡言乱语，因为在全球动荡加剧状况下，利率下跌时，债券并没有走高。这是非正常情况。最终我们看到，由于高利率唤起了经济和全球大多数债券市场的信心，利率开始上升之时,债券实际上走高了。作为对冲基金经理,您必须认识到正常的市场关系何时不符合实际,并做出相应的反应。在这种特殊情况下,尽管在未来几个月和几个季度中利率很可能上涨,我们还是为我们所管理的账户买入债券。谨记,如果管理投资组合是件容易的事,那么每个人都能成为百万富翁。

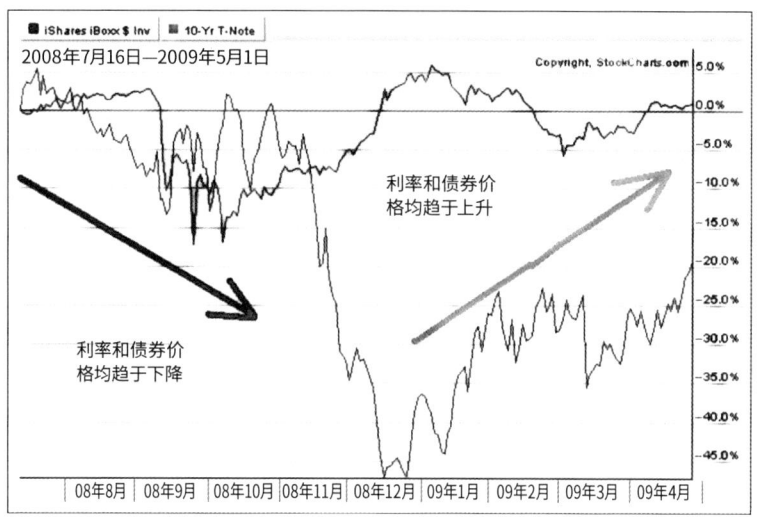

图9.1　债券与利率非正常变动特征示例图
资料来源:StockCharts.com。

市场风险是指市场影响会以意想不到的方式改变投资预期收益的可能性。要了解不可预期的市场变化如何影响资本市场,您只要看看2008年既损害了全球股票市场又损害了固定收益市场的熊市便可知道。一般情况下,在熊市中,资本会流向高质量债券,全球固定收益债券市场会出现繁荣。然而在2008年,不可预期的情况出现了,对冲基金经理不得不面对这样的事实:与股票市场一样,全球债券市场也遭受了熊市的冲击。

在股票市场中,个股的收益受到交易市场价格变动的影响,这种变动程度又取决于其对市场总体变动方向的敏感性以及当时行业的近期市场行为。固定收益市场不仅始终受到总体经济的影响,而且更受到利率变动以及标的公司、市政府和政府风险水平的影响。正如我们在第二章关于市场互动交易的分析中所了解到

第九章 投资组合管理策略
Chapter 9 Portfolio Management Applications

的，市场之间相互交织、息息相关，不同市场可能受到诸多相同经济因素的影响。

非系统风险

非系统风险是公司或行业特定风险，是每项投资的内在风险。适当的投资分散化可以降低非系统风险程度。例如，巴西石油工人将举行罢工的新闻便可以导致这类风险。这种风险通常与少数股票相关。

非系统风险主要由两类风险组成：信用（或公司）风险和产业（或行业）风险。

信用或公司风险主要包括公司的经营风险和财务风险。经营风险指公司经营环境的内在风险和（或）公司运营所在行业的内在风险，而财务风险指公司运用财务杠杆所产生的风险。例如，许多电力公司被认为具有较低的经营风险，因为它们的需求是可以预期的。但是它们同时也属于高负债的行业，而高负债往往会增加特有的财务风险。

产业或行业风险指因投资于某一产业而不是另一产业导致投资收益高于预期收益或低于预期收益的风险。显然，如果您使用投资行业转移策略，一旦您做出错误选择，您的持股业绩就很有可能低于全球股票市场平均业绩。也就是说，最终业绩的主要决定因素是在合适的时间、选择正确的产业去投资的能力。分散投资可以很容易地降低这类风险，但您会发现，绝大多数对冲基金经理并不真正想通过分散投资来消除这类风险。相反，他们寻求风险最大化以获取超额收益。他们对产业下赌注，增加了这类风险，如果他们的赌注下对了，他们便能获得高于市场基准的收益，并吸引更多的资本。

其他类型的国际投资风险

跨境投资总存在一些特定的风险类型，这些风险常常是不可预测的，而且通常无法通过投资分散化来消除。比如外汇风险，您可以通过对冲交易管理来保护您的头寸，但是没有一个真正单一的、可靠的机制可以帮助您消除不可预知的政治风险。

政治风险是投资收益受投资所在国家的政策变动和不稳定性影响的可能性。与投资相关的政治风险主要包括债务违约（或未能偿还债务）、没收资产、税收差异、资金限制出境和禁止外汇兑换等。从表面上看，这些风险似乎并不一定会影响您的投资组合，但是，这些也仅仅是政府风险中可预测的部分，在您寻求投资的许多新兴市场国家和前沿市场国家，还存在着不可预测的政治风险。

外汇(汇率)风险指投资收益受到汇率变动影响的风险。由于在外国市场投资，投资本金不以本国货币计价，所以汇率变动会影响收益。相对于本国货币的收益与风险，外汇的收益和风险波动性往往较大，因此，长期以来，对外汇风险的担忧一直是全球投资的阻碍因素。比方说，如果您在对冲基金中直接买入澳大利亚政府债券，而澳元兑美元汇率大幅上升，您持有的债券可获得5%的利息，但在债券到期后将澳元兑换成美元，您的资产将损失20%。这类风险在公司收益方面也显而易见。您有多少次看到跨国公司在不同季度提到货币对其收益的影响？在2008—2009年美元超弱的环境下，许多美国跨国公司实际上通过海外收入带来的有利货币效应而得以幸存。

对于全球投资者来说，处理外汇风险是一个重要问题，对冲基金经理可能会考虑以一些对冲决策来应对这一风险。虽然头寸持有期越长，就越能抵消不利的货币收益效应，但您不应忽视短期货币价值不利波动的巨大风险。可以肯定地说，一旦投资跨越国境，风险就达到了新的水平。

风险衡量

您是否在某个晚会或聚会上无意中听到有人坐在那儿吹嘘他去年是如何在市场上大赚一笔的？我们听到过，这也是我们很少告诉人们应该如何赚钱的主要原因。晚会上的那个人不会告诉您，他在前一年亏损了一大笔财富，明年也可能会这样。实际上，许多所谓的投资者花大量的时间盲目追逐公认有吸引力的产业和市场，却没有精明的风险控制措施，结果要么盈利幸存，要么血本无归。如果从1995至2000年，您的投资组合中有50%投资于中国台湾半导体制造商，您将大赚一笔，但您也冒了巨大的风险。从2000至2003年，您先是满盘皆输而后才有所收获。作为对冲基金经理，如果您能够理解、衡量和调整您投资组合的风险水平，当您认为全球经济将会上升时，您就能够运用投资组合管理技巧来提高风险收益水平；当您认为熊市即将到来之时，您就能够运用管理技巧来降低风险。事实上，如果能在适当的时候管理市场风险和调整投资组合中的风险，您未必非得是个优秀的选股者。让我们来研究一些风险衡量指标，您可以利用它们来衡量对冲基金的风险水平。

标准差： 在投资界，标准差表示与特定证券相关的风险，或证券投资组合的风险。正如我们讨论过的，风险是决定如何有效管理一揽子投资的重要因素，因为它决定着资产或投资组合的收益变化，并向对冲基金经理提供了做出投资决策所需的数学分析基础。一般而言，随着风险的增加，资产或投资组合的预期收益将因风险溢价而增加。换句话说，当某项投资具有更高的风险水平或其收益具有较大的不确定性时，投资者就会预期获得更高的投资收益。按理说，相对于购买涵盖股票种类广泛的 ishares MSCI EAFE 指数基金（EFA）而言，您在购买新兴市场交易所交易基金，如 ishares MSCI 新兴市场交易所交易基金（EEM）时承担的风险和波动性会更大。然而，由于国际股票市场趋势与经济体和市场总体趋势一致，因此在这种高风险假设下，您也应该预期更高的投资收益。对于这些类型的投资，标准差能够量化其未来投资收益的不确定性。

让我们来看一个例子。假设一名投资者试图在两只煤矿开采业股票之间做出选择。一只股票是兖州煤矿公司（YZC），它是一家中国煤炭生产商，其公布的过去 10 年的平均收益率为 10%，标准差为 20%；另一只股票是阿奇煤炭公司（ACI），该公司同期平均收益率为 12%，但标准差较高，为 30%。根据风险与收益，您可能认为投资兖州煤矿会是较为安全的投资选择，因为阿奇煤炭公司高出的收益抵不上高出的标准差水平。在这个例子中，兖州煤矿预期将获得 10% ± 20% 的收益，这告诉我们，兖州煤矿的投资者在任何特定年份的预期收益可能下降 10%~30%。作为投资组合经理，在考量这两只股票时，您需要权衡这两只股票可能会为投资组合增加的总体风险与收益。如果您认为煤炭行业将出现大牛市，阿奇煤炭公司将给您带来更多的收益，投资该公司会是更好的选择；如果您感到煤炭是个不错的投资标的，但其总体投资风险已经很高，您可以选择较保守的投资途径，即选择兖州煤矿公司。

投资标准差的计算相对简单，可以通过以下几个简单步骤得出。首先，计算给定时间段内证券的平均收益，以生成资产的预期收益。用每个期间的预期收益减去实际收益得出偏差值。其次，对每个时期的偏差值取平方，以得出资产的总体风险效应。某一时期的偏差值越大，则伴随该证券投资的风险就越大。取方差的平均值计算出与资产相关的总体风险的度量单位，再对方差平均值开平方，就得到我们需要的投资分析工具，即标准差。在表 9.1 中，您可以看到土耳其移动电话公司（TKC）投资的 10 日标准差的计算。

方差和 = 21.14

10 日方差平均值 = 2.11

标准差（方差均值的平方根）= 1.45

表9.1 土耳其移动电话公司（TKC）股票投资的10日标准差计算

收盘价（美元）	10 日均价（美元）	偏差	方差
15.00	17.36	2.36	5.550736
14.75	17.36	2.61	6.791236
16.50	17.36	0.86	0.732736
18.50	17.36	−1.14	1.308736
17.88	17.36	−0.52	0.269361
17.00	17.36	0.36	0.126736
18.00	17.36	−0.64	0.414736
18.75	17.36	−1.39	1.943236
19.25	17.36	−1.89	3.587236
18.00	17.36	−0.64	0.414736

资料来源：www.investorspassport.com。

需要提及的一点是，我们在此计算中使用的是历史价格或已知价格。您在网上看到的许多标准差的计算使用的是未来的预期收益，而不是过去的历史价格。因此，您会发现不同网站的标准差数据也会有所不同。我们更喜欢用历史价格来计算风险水平和衡量风险趋势。我们不相信投资者或学者能够准确地预测股票的预期收益。尽管如此，无论是使用历史数据还是预期收益，同行之间的总体趋势和相对状况，会为您提供关于投资决策的同等数量的信息。

标准差的计算并不困难。然而，当您分析成百上千只股票时，标准差的计算量大到惊人。此外，收益的标准差也会持续变化。因此，我们主要依靠一些信息

第九章　投资组合管理策略
Chapter 9　Portfolio Management Applications

资源来获取我们投资的标准差。

雅虎金融：事实上，我们喜欢这一资源主要是因为该网站上有很多关于交易所交易基金和共同基金的信息。如果您访问 www.YahooFinance.com，输入任何交易所交易基金或共同基金的代码，您就能够看到页面左下方列出的类别信息。如果您在该表中下方位置点击"风险"链接，您就能够看到关于基金收益和风险的各种信息。此外，该网站还为您提供了额外的好处，它显示了行业集团和投资的标准差。因此，您可以较轻松地进行投资和行业之间的比较。在本章的后文中，我们将讨论投资业绩衡量，而该网站也是发现交易所交易基金和共同基金收益信息的优质渠道。该网站还是关于贝塔值和 R^2 值的良好信息来源，贝塔值和 R^2 值是风险衡量的另外两个概念。

股票走势图表公司（www.StockCharts.com）：无论您进行的是何种类型的投资，该网站都是个极好的走势图来源。您可以利用该网站搜索各种股票、交易所交易基金和共同基金的标准差。

如果您访问该网站，您只需输入任何一只股票的代码，就能得到该股票的走势图。当股票走势图在下一网页呈现出来时，您就能够得到您想要看到的指标以及图表本身。我们通常使用的是三年内的周线图，因为我们试图了解长期变化趋势。当您得到走势图后，向下拉动进度条到页面底部，其左侧有名为"指标"的子区域。在该区域内，您可以下拉菜单以操作图表上的各种指标。拉出其中一个框，就能够得到"标准差"。指标与图表所示时间范围是相对应的，因此，如果在指标区域输入"10"，您就能够得到 10 周的平均标准差。我们通常在指标搜索区域输入"150"（以得到 150 周的平均标准差），来对应长期走势图。另外，我们观察的是波动以及风险的长期趋势，所以我们更喜欢用较平滑的趋势线来代替标准差。时间范围越短，走势图中的趋势线波动就越大。

图 9.2 是意大利石油与天然气产业的埃尼公司（E）的股票走势图。此图表显示了该公司股票三年的每周走势，我们选取的是 150 周的标准差。请注意，标准差的趋势线高于价格趋势线。首先映入眼帘的是该公司去年的波动性指标的大幅上升，这是因为股票价格出现了动态下跌。谨记，标准差是测量收益对预期收益或平均价格之间的偏离。因此，无论价格向着哪一方向出现巨大偏离，波动都会增加。另一个需要注意的是，在近来全球金融危机发生前的三年时间里，埃尼

公司股票的标准差维持在8%~8.5%的范围内。可以预见的是，随着全球经济走强，埃尼公司将回到接近8.5%的正常标准差，而不会停留在目前它跃升到的10%的水平上。另外，标准差的趋势与股市实际数据一样重要。如果您访问了某个特定网站，您会发现某个公司的标准差为10%，您所做的不过是拍一张快照，而没有真正考虑到该公司股票应在一个更加正常的趋势中波动。

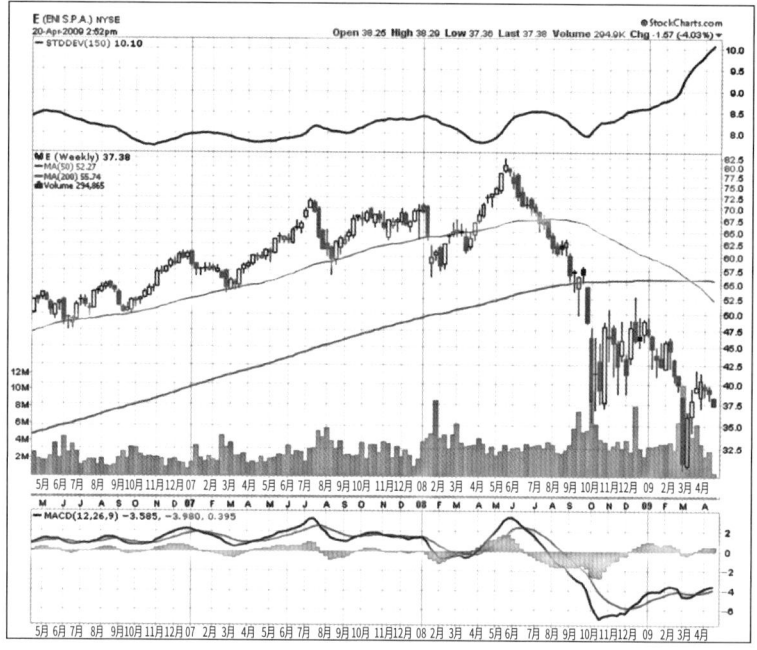

图9.2 埃尼公司股票（E）三年期走势图，内含标准差
资料来源：www.StockCharts.com。

最后，我们需要讨论的是您投资组合总体的标准差。像许多风险衡量指标一样，投资组合的总体风险衡量指标是投资组合中每一头寸风险因素的加权平均值。下面的贝塔指标便可用这种方式计算得出。不过，由于投资组合的收益是单个资产收益的总合构成，而这些单个资产的变动趋势并不完全一致，因此衡量投资组合风险的标准差计算更加复杂。资产组合的风险不能简单地通过对每一种资产的标准差取平均值加以估计，在投资组合风险分析中，不仅需要将每一种资产风险

第九章 投资组合管理策略
Chapter 9　Portfolio Management Applications

考虑进去，而且还必须考虑投资组合中所有资产的共同波动程度。互联网上有许多纳入投资组合管理网址的程序，它们可以为您计算投资组合各类数据，因此我们在此不进行手动计算。计算过程有点复杂，当在网上得到计算工具时，您会发现并非绝大多数人能基于通常的计算方法得出结果。我们的看法是，不能简单地对投资组合中的各种资产标准差取平均值来准确衡量总体风险。

贝塔值：贝塔值是我们在分析股票时使用的另一种风险或波动性衡量指标，它更适用于衡量投资组合的风险。运用回归分析法可以计算出贝塔值。因为在全球几乎所有的主要金融网站上都能够得到贝塔值，所以这里我们就不再论述有关贝塔值计算的具体内容。您可以将贝塔值视为一只股票或债券收益随着市场基准的变化而变化的趋势。互联网上的大多数计算都是以标准普尔500指数为基准的，网上也有使用MSCI EAFE指数做基准的，这二者均可为您所用。

对于一些人来说，下面的内容可能是"投资基础知识"，但无论如何，我们还是要提一提。贝塔值为1，表示标的证券的价格与市场同步变动；贝塔值小于1，表示标的证券价格波动幅度小于市场波动幅度，且其价格变化幅度低于基准指数变化幅度；贝塔值大于1，表示标的证券价格波动幅度大于基准指数波动幅度。例如，如果某只股票的贝塔值为1.5，您可以预期该股价格波动率将比市场基准指数波动率高出50%。如果市场上涨了12%，由于股票价格上升幅度比基准指数上升幅度高出50%，因此该股票价格上涨了18%。这同样适用于市场下跌的情况，如果市场基准指数下跌12%，那么您可以预期该股票价格将下跌18%。

股票的贝塔值越高，则波动性越大，该股也因此被视为风险较高的股票。反过来，这些风险较高的股票又可能带来较高的收益。全球技术行业是寻找高贝塔值股票的好地方。在市场环境良好的情况下，低贝塔值的股票风险较小，但是收益也较低。公用品的股票是典型的低贝塔值股票。贝塔值可为0，贝塔值为0的证券基本是无风险证券，比如国债。但是，贝塔值为0则资产无风险，这种假定并不保险。只是因为某种资产与市场不相关，该资产的贝塔值就可能为0。例如，给橄榄球比赛下注，这种赌注与市场的相关性为0，但这下注肯定不是无风险的。

贝塔值为负，意味着股票价格变化与市场变化呈负相关。许多贵金属或与贵金属相关的股票就具有负贝塔值，因为当总体市场下跌时，它们的价格就趋于上升，反之则反是。

使用贝塔值作为风险衡量指标的好处在于，投资组合的贝塔值计算轻松简单，您能用此指标衡量您的持股内含多少风险。投资组合的贝塔值是每一资产贝塔值总和的加权值。将数据写入 Excel 表中，就可以运算出风险估计值。

假设我们的投资组合构成如表 9.2 所示：

表9.2　与衡量指标贝塔值相关的投资组合样例

公司名称	国家	投资额（美元）	投资组合占比（%）	贝塔值
必和必拓（BHP）	澳大利亚	19000	19	1.45
华奥物种（GRO）	中国	12000	12	1.84
布拉德斯科银行（BBD）	巴西	15000	15	1.60
德尔海兹集团（DEG）	比利时	18000	18	0.72
思爱普（SAP）	德国	15000	15	1.05
宝洁（PG）	美国	21000	21	0.54
总计		100000	100	

资料来源：www.investorspassport.com。

我们的投资组合的贝塔值计算如下：

投资组合的贝塔值 = BHP 占比 × BHP 的贝塔值 + GRO 占比 × GRO 的贝塔值 + BBD 占比 × BBD 的贝塔值 + DEG 占比 × DEG 的贝塔值 + SAP 占比 × SAP 的贝塔值 + PG 占比 × PG 的贝塔值

投资组合的贝塔值 = $0.19 \times 1.45 + 0.12 \times 1.84 + 0.15 \times 1.60 + 0.18 \times 0.72 + 0.15 \times 1.05 + 0.21 \times 0.54$

投资组合的贝塔值 = 1.14

根据我们投资组合的贝塔值，我们可以认为，如果市场上涨 10%，我们的对冲基金将上涨 11.40%；如果市场下跌 10%，我们的对冲基金将下降 11.40%。如果我们认为贝塔值太高了，会考虑卖出华奥物种公司股票（GRO），并将其替换为瑞士的先正达公司股票（SYT）。这两家公司都属于农业运营行业，但是先正达公司的贝塔值为 0.92，它的代入将使得投资组合的贝塔值下降到接近于 1 的水

第九章　投资组合管理策略
Chapter 9　Portfolio Management Applications

平。谨记，先正达公司和华奥物种公司并不是彼此的完全替代品，因为它们的业务涉及农业的不同方面。这只是我们举的一个简单例子，不过它还是能说明问题的。

我们还要表明的是，在我们的计算中，所有公司的贝塔值都是基于标准普尔500指数计算出来的。一些学者可能会认为这样做是有问题的，但在我们看来，这没有问题。我们意识到，基于标准普尔500指数计算得出的贝塔值不同于基于MSCI EAFE指数计算得出的贝塔值，但是我们倾向于相信这种差异不会太过明显，不至于破坏贝塔值的适用性，尤其是当我们考虑到在第一章中已经讨论过的发达市场之间的高度相关性时，就更加认为这种差异不大。事实上，基于MSCI EAFE指数计算得出的贝塔数据在互联网上并不容易得到，只要前面提到的相关性存在（至少在可预见的将来，发达市场高度相关性肯定是存在的），基于标准普尔500指数计算的贝塔值就不会有太大问题。

我们还要提一下贝塔值的关键缺陷，贝塔值不能反映市场的新信息。以美国电力公司（AEP）为例，在过去的几年里，美国电力公司股票一直被认为是防御型股票。然而，它随后做出进入商用能源领域的战略决策，承担着高水平债务。此后，美国电力公司历史上的贝塔值便不能反映该公司承担的巨大风险。与此同时，许多像谷歌一类的技术股，是市场的新鲜血液，它们还不具备充分的历史价格数据以计算得出可靠的贝塔值。

还有一点：不要将贝塔值与第一章中讨论的分散化投资相关性相混淆。与分散化度量相关的相关系数取值范围为 –1~1，而贝塔值的取值经常超出该范围。更重要的是，投资分散化相关性衡量的是市场变化方向，而贝塔值既衡量变化方向也衡量变化幅度，因此，贝塔值可衡量市场波动的总体情况。

资产配置

资产配置是一种投资策略，该策略根据个人投资者或机构投资者的目标、风险承受力和投资期限，通过合理安排投资组合中资产的比例，以平衡投资的风险与收益。我们最关注的三个主要资产类别是股票、固定收益债券和现金。房地产是第四种基础资产类别，这里也会有所涉及，但出于讨论的目的，我们主要关注的是读者普遍投资的资产类别。除了房地产证券外，应对房地产利息的变动通常较为棘手，这意味着该资产类别不会归入到这里所讨论的可以灵活分配的资产类别中。许多读者可能会将房地产作为其对冲基金投资组合的一部分，而另一些读者则不会这样做，我们对资产配置的讨论仅限于前面提及的那些投资工具。

这三种主要资产类别有着不同的风险水平和收益水平，因此随着时间的变化，在全球经济和市场条件的影响下，每个类别表现都不会有所不同。在图9.3中，您可以看到每种资产类别的历史收益数据（1926—2006年）。事实上，如果只是买入或卖出对冲基金，您就不会关注资产配置，原因很简单，您只是在股票范围内进行投资。然而，如果您寻求创建基于投资分散化的对冲基金，那么保持股票、债券和现金的恰当组合就尤为重要了。要永远记住，恰当的资产配置能够保证资产的流动性。如果您认为全球股票市场将出现重大的短期盘整，您必须做好降低股票权重的准备，并将所得美元转移至安全的债券或现金内。

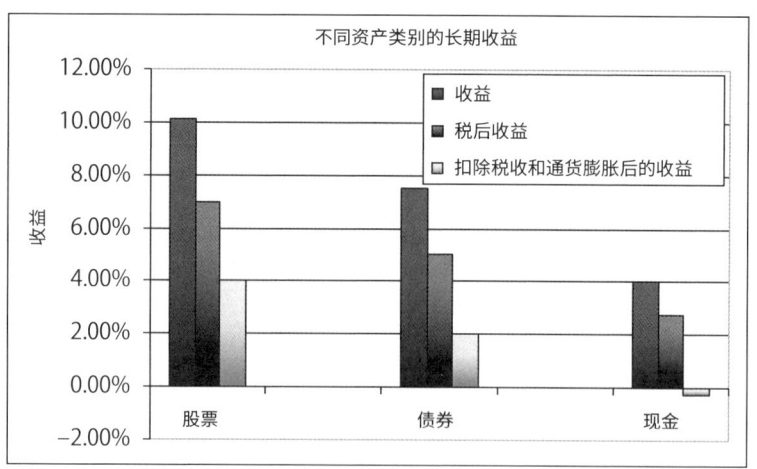

图9.3　1926—2006年不同资产类别的历史收益
资料来源：www.investorspassport.com。

不存在一个对于所有投资者都适用的资产配置蓝图。但请注意，资产配置是投资者需要做出的重要决策；换句话说，相对于单只证券的选择来说，股票、债券和现金的资产配置更为重要。选择资产配置的一个基本理由在于，不同资产类别的收益不是完全相关的，因此适当的分散投资能够降低投资组合的总体风险。

战略型、策略型和保险型资产配置

您应该熟悉三种主要的资产配置类型：战略型资产配置、策略型资产配置和保险型资产配置。下面我们来一一论述。

战略型资产配置是基于共知的"基本投资原则组合"进行资产配置的方法。当某位投资者谈论他的资产配置时，通常谈论的是他的战略型资产配置。这种资产配置就是根据每个资产类别的预期收益率，按比例组合各种资产。例如，如果全球股票历史上的年收益率为11%，债券的年收益率为6%，那么50%的股票和50%的债券组合预期年收益率为8.5%。作为对冲基金经理，您必须确定这两种资产如何构成组合，才能获得可接受的收益水平和可承担的风险水平。正是这些因素将决定您的资产配置。

策略型资产配置是一种动态策略，可根据您所做的短期和中期市场预测，主动调整投资组合的战略资产配置。其目标是利用不同资产类别中债券相对价格变动的不一致性。例如，2003年3月全球股票市场走出熊市时，您过去的战略型资产配置的投资组合为60%的股票、30%的债券和10%的现金。如果您能够确定熊市已处于低点，策略型资产配置方法将引导您调整长期战略型资产配置，调整后的投资组合可能为80%的股票，加15%的债券，再加5%的现金。策略型资产配置的目标是系统地利用不同资产类别或子资产类别价格变动不一致性或短期价值的不平衡性。随着时间推移，长期的战略型资产配置对于广泛分散化投资组合总收益具有最重要的决定性意义，不过如果设计严谨得当，策略型资产配置能够克服战略型资产配置特有的重大风险因素和障碍，从而增加投资组合的边际价值。

策略型资产配置也可能使您的投资组合风险上升到另一个水平。例如，假设您的战略型资产配置比例目前为70：20：10（股票：债券：现金），但您感到未来几个季度全球经济将走强，您无须采用纯策略型资产配置方法改变目前70：20：10的比例，而可以在这些资产类别中提高风险/收益比例。如果您的固定收益控股中持有美国、英国和德国政府债券，您可以将投资组合的这部分转换成增长力强劲的新兴市场国家主权债券交易所交易基金（PCY），该基金投资了大约22个新兴市场国家发行的以美元计价的政府债券。在这一转换中，您并没有改变投资组合的战略型资产配置，只是略微调高了该投资组合的风险／收益比例。不再投资美国、英国和德国政府债券，而是投资于俄罗斯、印度尼西亚和保加利亚的政府债券。这样做会增加投资组合的风险，但同时也会推动收益增加。另一个例子是，如果您投资了智慧树小型股日本交易所交易基金（DFJ），但看到一些实际经济信号，这些信号表明远东地区的经济增长率将下降，您可能会对这些美元资产重新配置，转向智慧树日本总股利基金（DXJ），以期降低风险。同样，您没有放弃这种资产类别，只是在该资产类别中改变了风险／收益比例特征。

在保险型资产配置模型中，您通常会发现，个人投资者寻求高净收益的资产，且他们希望保护其按绝对价值计算的特定部分财产（这部分资产的数量在投资组合中的占比在75%～100%之间）。运用保险型资产配置建立的投资组合价值绝不能低于基准投资组合价值。只要投资组合能够实现高于其基准的收益，您将采用主动管理方式以尽可能地增加投资组合价值。但是，如果投资组合价值跌至最低，那么您需要将主要投资权重转向国债等无风险资产，以维持基准价值。

您可以使用公式法或投资组合保险法来实施保险型资产配置。公式法是一种渐进式策略：当投资组合价值下跌时，您要增加无风险资产的投资权重，如此，当投资组合接近于基准价值水平时，您就全部投资于无风险资产。投资组合保险法通过使用看跌期权和（或）期货合约来保护基础资本。

保险型资产配置适合高净值、风险规避型的投资者，他们希望对投资组合保持一定水平的主动管理，但又依赖安全感，期望构建底线以保证投资组合价值不下跌至基准价值以下。例如，某个投资者希望在退休后能够保持最低生活标准，他可能会发现保险型资产配置是实现该目标最合适不过的策略了。

由于我们运作的是国际对冲基金，所以在资产配置决策过程中，还必须考虑文化因素的影响。至少从广义上讲，在资产配置决策方式方面，非美国投资者与美国投资者是一样的。但因为他们面临不同的社会、经济、政治和税收环境，所以他们关于投资组合决策所考虑的因素与美国投资者所考虑的因素并不完全相同。CFA协会在20世纪90年代初进行了一项研究，这项研究是"文化因素和投资组合"研究项目的一部分。该研究发现，美国机构投资者投资组合中的国内

第九章 投资组合管理策略
Chapter 9 Portfolio Management Applications

外股票占比约为45%。同样的研究表明，英国投资组合中的国内外股票占比约为72%，而德国和日本这一占比分别约为11%和24%。

由于政治和社会经济环境上的差异，不同的国家要消除股票所有权水平的差异还有很长的路要走。例如，在我们提到的国家中，德国和日本的人口平均年龄最高，而英国和美国的人口平均年龄最低，这一事实有助于解释德国和日本投资组合中股票的权重较低。在20世纪80年代，英国政府的私有化计划鼓励投资者拥有股票所有权，而德国政府不允许保险公司拥有股票资产超过其总资产的20%——保险公司是世界上最大的购买股票的机构之一，因此德国政府限制了国家总投资中的股票权重。此外，德国和日本都有强大的银行业，它们的银行非公开地投资于企业，这进一步限制了这些国家公开交易证券的资本化。自1960年以来，英国的生活成本一直以德国的4.5倍以上的速度增长，而英国经济的这种通货膨胀对该国资产配置中偏向股票也有助推作用。虽然我们的分析仅涉及4个国家，但是从中可以得出一个重要结论：为了实现资产配置的特定目的，对冲基金经理必须持续监测并充分了解投资所在国内部的政治和经济环境。

最后关于资产配置策略运用于全球市场的思考，即细化分析每一资产类型中的各种资产。对于投资组合中的股票资产，您需要考虑的是一国股票的相对市场价值，即该国股票价值占全球股票总价值的百分比。例如，美国股票市值大约是全世界股票总市值的30%，日本股票市值大约是全球股票总市值的8%。如果您对全球股市完全保持中立看法，您的投资组合将持有约30%的美国股票和8%的日本股票，如此，您将按照各国相应的百分比（见表9.3）进行投资组合的构建。然而，如果您认为日本市场是牛市，而美国市场是熊市，那么您的投资组合中可能持有10%~15%的日本股票，只有15%~20%的美国股票。也就是说，资产分配并不限于一般考虑的股票、债券和现金的权重，您还必须在这些资产类别内做出权重决策，以期实现最大化的投资收益。有些人可能会选择做出"全局"决策以进行资产配置安排，然后转向指数基金以确保资产的正确配置。对大多数人来说，正是这些更深层次、更根本级别的资产配置决策保证了更好的资产头寸，确保了高质量收益的实现。请注意，表9.3给出了一些国家或地区股票在世界股票市场所占的百分比。

表9.3 主要国家（地区）股票市值占全球股票市值的百分比

国家（地区）	2004年1月	2009年	国家（地区）	自2004年1月至2009年的变化率
美国	43.7%	29.9%	沙特阿拉伯	877.5%
日本	10.3%	8.2%	埃及	561.6%
英国	7.8%	6.8%	卡塔尔	310.2%
中国	1.7%	5.4%	巴西	266.6%
法国	4.6%	4.4%	阿联酋	241.0%
中国香港	2.4%	4.3%	中国	218.7%
加拿大	2.7%	3.7%	俄罗斯	173.5%
德国	3.5%	3.6%	印度	123.7%
巴西	0.8%	2.8%	科威特	111.0%
澳大利亚	1.8%	2.6%	阿根廷	85.2%
瑞士	2.2%	2.2%	中国香港	81.6%
印度	0.9%	2.1%	韩国	67.8%
意大利	2.0%	1.8%	墨西哥	65.9%
西班牙	1.6%	1.8%	以色列	57.0%
韩国	1.1%	1.8%	新加坡	55.7%
俄罗斯	0.6%	1.8%	澳大利亚	45.0%
中国台湾	1.4%	1.5%	智利	41.2%
阿根廷	0.6%	1.1%	加拿大	36.4%
瑞典	1.0%	1.0%	南非	34.9%
沙特阿拉伯	0.1%	0.9%	西班牙	10.9%
荷兰	1.2%	0.9%	中国台湾	6.1%
新加坡	0.6%	0.9%	德国	3.2%
墨西哥	0.5%	0.8%	瑞典	1.2%
南非	0.6%	0.8%	瑞士	-0.2%
阿联酋	0.1%	0.4%	法国	-4.8%
科威特	0.2%	0.4%	意大利	-10.7%
智利	0.3%	0.4%	英国	-12.3%

(续表)

国家（地区）	2004年1月	2009年	国家（地区）	自2004年1月至2009年的变化率
以色列	0.2%	0.4%	日本	−20.2%
埃及	0.0%	0.2%	荷兰	−25.2%
卡塔尔	0.1%	0.2%	美国	−31.6%

资料来源：www.seekingalpha.com。

对影响长期投资业绩的因素研究几乎总是得出相同的重要结论：85%~95%的投资总收益主要取决于投资决策，而投资决策又基于长期资产配置的选择。这一结论表明，投资收益的主要决定因素也是风险的决定因素，存在于资产配置的决策之中。当您进行对冲基金管理时，首先要认识到，虽然实际研究和投资选择会是该过程中最"吸引人"的部分，但在进行第一笔投资之前，您应该集中精力关注投资组合管理。

业绩评估

作为对冲基金经理，您应不断地对投资组合业绩做出评估。管理投资和选择股票可能需要您付出高昂成本和大量时间，因此，通过进行及时有效的业绩评估，确保投入的时间和金钱是值得的，这一点至关重要。做出正确的业绩评估，关键在于要认识到它不是简单地将您的投资业绩与市场基准（如EAFE）业绩做比较来决定成败。不考虑风险因素的业绩评估对对冲基金经理来说是毫无价值的。如果您承担的风险明显高于市场指数风险，即便您的投资业绩超越了市场指数，也不足以说明您具有很好的投资业绩。让我们来看看几种主要的业绩评估技术，可以将它们用以分析您的投资组合。

特雷诺投资组合业绩测度

这种特殊的业绩测度方法，也被称为收益—波动性比率方法，由杰克·特雷诺（Jack Treynor）于1965年提出。特雷诺最早将含有风险因素的投资组合业绩的综合测度方法呈现给投资者。特雷诺的目的是发现一种业绩评估方法，无论投资者的个人风险偏好如何，所有投资者均可以加以运用。他指出，风险实际上有两个组成部分：市场波动所生成的风险和个别证券波动所导致的风险。

特雷诺测度公式如下：

$$Ti = \frac{Ri - RFR}{\beta i}$$

其中，Ri = 某个时期投资组合 i 的平均收益率；

RFR = 同一时期无风险投资的平均收益率；

βi = 贝塔值 = 投资组合的相对波动性。

Ti 值越大，表明无论投资者风险偏好如何，其投资组合上升趋势斜率增加，业绩良好。公式中的分子表示的是风险溢价，分母表示的是投资组合风险，因此 T 值表示系统风险条件下投资组合的单位收益。所有风险规避型投资者都希望最大化 T 值。

为了更好地理解特雷诺测度，让我们来看看下面的示例。假设 MSCI EAFE（市场投资组合）10 年来年收益为 10%，同期国债平均年收益为 5%（全球无风险投资的良好收益率）。基于表 9.4，我们将对不同基金经理的 10 年期投资业绩做出评估：

表9.4 用于计算特雷诺值的具有收益和贝塔值信息的投资组合示例

基金经理人	年均收益率（%）	贝塔值
MSCI EAFE	10	1
我们的投资组合	14	1.05
经理人 B	14	1.15
经理人 C	16	1.22

资料来源：www.investorspassport.com。

现在我们可以计算每一投资组合的特雷诺测度值：

T（MSCI ESFE）=（0.10 – 0.05）/1 =0.05

T（我们的投资者）=（0.14 – 0.05）/1.02 = 0.0882

T（经理人 B）=（0.14 – 0.05）/1.15 = 0.0783

T（经理人 C）=（0.16 – 0.05）/1.28 = 0.0859

如果仅仅是评估经理人的业绩，我们会毫不迟疑地说，经理人 C 业绩最佳，因为他获得的收益最高。但是，当我们考虑每一位经理人获得相应收益所承担的风险因素时，我们的对冲基金组合业绩更优。在这个例子中，三个基金经理人的业绩都优于总体市场业绩。

特雷诺测度仅仅考虑系统风险，它假设投资者已经做出了有效的分散投资组合安排，因而非系统风险（又称可分散风险）未被考虑在内。因此，这种业绩测度方法只适合持有分散化投资组合的投资者使用。

夏普投资组合业绩测度

夏普比率测度几乎与特雷诺测度相同。只是在夏普测度公式中，用投资组合的标准差代替了贝塔值对风险加以评估。夏普测度方法是基于收益率和分散投资，对投资组合经理人的业绩加以评估。在公式的分母中，您看到的是投资组合的总体风险。如果拥有的是完全分散化的投资组合，那么夏普测度和特雷诺测度得出的评估结果就会完全相同。如果投资组合分散化程度低，那特雷诺测度得出的评估结果要高于夏普测度得出的评估结果。

（您可能注意到，在我们讨论债券投资组合概念时，我们已经讨论过夏普比率，但是在整体投资组合管理中，我们想再次讨论它的作用。）

夏普比率测度公式如下：

$$Si = \frac{Ri - RFR}{SDi}$$

依旧使用我们前面的例子，假设 MSCI EAFE 10 年期间的标准差为 18%，无风险投资收益率为 5%，那么我们可以得到不同投资组合经理人的夏普比率如下（见表 9.5）。

表9.5 用于计算夏普比率的具有收益和标准差信息的投资组合示例

基金经理人	年均收益率（%）	标准差
MSCI EAFE	10	0.18
我们的投资组合	14	0.11
经理人 B	14	0.20
经理人 C	16	0.22

资料来源：www.investorspassport.com。

S（MSCI EAFE）=（0.10 – 0.05）/0.18 = 0.278
S（我们的投资组合）=（0.14 – 0.05）/0.11 = 0.818
S（经理人 B）=（0.14 – 0.05）/0.20 = 0.450
S（经理人 C）=（0.16 – 0.05）/0.22 = 0.500

我们会再一次发现最好的投资组合不一定是收益最高的投资组合。相反，最佳投资组合是最注重风险调整收益的投资组合。这个例子再一次证明了我们的投资组合是最佳投资组合。

与特雷诺测度不同，夏普比率在收益率和分散投资的基础上评估投资组合。因为夏普比率更重视投资组合风险因素的考虑，所以它更适用于高度分散化的投资组合。

詹森投资组合业绩测度

詹森测度是以该测度方法的创立者迈克尔·C. 詹森（Michael C. Jensen）的名字命名的，詹森测度计算的是投资组合的超额收益与预期收益的比率。这种测度值也称为 α 值。在对冲基金领域，您应该多次听到这一术语，因为最终对冲基金经理人的能力就是获得超额收益的能力，投资就是为了超额收益而展开的博弈，而超额收益被称为 α 值。在我们的评估中，α 值的计算是三种技术方法中与业绩评估最为相关的测度技术，也是在投资界最常被采用的测度方法。

詹森比率测度的是市场风险调整后，投资组合收益率中超过平均收益率的部分在多大程度上可以归功于我们的管理能力。詹森比率越高，风险调整后的收益越好。能够一直保持正超额收益的投资组合，α 值为正；保持负超额收益的投资组合，α 值为负。α 值为 1.0，表示基金业绩比基准指数业绩高出 1%。相应地，α 值为 –1.0，则表示基金业绩比基准指数业绩低 1%。

詹森比率公式如下：

詹森 α = 投资组合收益率 – 投资组合预期收益率

〔这里，投资组合预期收益率 = 无风险投资收益率 + 贝塔值 ×（市场收益 – 无风险投资收益率）〕

让我们再一次假设无风险投资收益率为 5%，市场收益率为 10%，那么表 9.6 中的基金的 α 值为多少？

表9.6 用于计算α值的具有收益和贝塔值信息的投资组合示例

基金经理人	年均收益率（%）	贝塔值
我们的投资组合	14	1.05
经理人 B	14	1.15
经理人 C	16	1.22

资料来源：www.investorspassport.com。

首先，我们需要计算投资组合的预期收益：

ER（我们的投资组合）= 0.05 + 1.05（0.10 – 0.05）= 0.1025 或 10.25%

ER（投资组合 B）= 0.05 + 1.15（0.10 – 0.05）= 0.1075 或 10.75%

ER（投资组合 C）= 0.05 + 1.22（0.10 – 0.05）= 0.1110 或 11.10%

其次，我们用投资组合的实际收益减去投资组合的预期收益计算出投资组合的 α 值：

我们的投资组合 α 值 = 14% – 10.25% = 3.75%

投资组合 B α 值 = 14% – 10.75% = 3.25%

投资组合 C α 值 = 16% – 11.10% = 4.90%

哪一个基金经理人业绩最佳？在风险调整的基础上，经理人 C 的业绩最佳。经理人 C 为其投资组合带来了最大增值。我们的投资组合的业绩优于投资组合 B，尽管经理人 B 与我们的投资组合年收益率相同，但由于我们的投资组合贝塔值低于投资组合 B 的贝塔值，所以投资者预期我们的投资组合会带来较低的收益。

投资组合的收益和风险均会随着时间的变化而变化。詹森测度方法要求在分析的每一个时期使用不同的无风险投资收益率。所以，如果您想用每年的收益率数据来评估基金经理人 5 年期的投资业绩，就必须将基金的年收益率减去无风险投资的年度收益率，并将这一结果融合到投资组合市场年收益率中去，再减去相同的无风险投资收益率。另一方面，特雷诺比率与夏普比率是在公式中包含所有变量条件下考虑总投资期限的平均收益率。然而，就像特雷诺测度一样，詹森 α 值是基于贝塔值来计算风险溢价的，所以该测度方法也假设投资组合已经充分分散化。因此，詹森比率最好用于分散化的投资组合。

投资组合业绩测度应当始终是投资决策过程的重要组成部分，当您管理对冲基金时，业绩测度尤为重要。在评估投资组合的有效性时，这些测度工具可以为您提供必要信息。请记住，投资组合收益只是考虑因素的一部分，它也可能引起误导。如果不评估风险调整后的收益，您就不可能看清整体投资状况，这可能在不经意间导致投资决策混乱。

附 录

表10.1 《财富》全球100家大公司排名

排名	公司名称	营业收入（百万美元）	所属国家（地区）
1	沃尔玛	514405.00	美国
2	中国石化集团	414649.90	中国
3	荷兰皇家壳牌	396556.00	荷兰
4	中国石油	392976.60	中国
5	国家电网	387056.00	中国
6	沙特阿美	355905.00	沙特阿拉伯
7	英国石油公司	303738.00	英国
8	埃克森美孚	290212.00	美国
9	大众汽车	278341.50	德国
10	丰田汽车	272612.00	日本
11	苹果	265595.00	美国
12	伯克希尔·哈撒韦公司	247837.00	美国
13	亚马逊网	232887.00	美国
14	联合健康集团	226247.00	美国
15	三星电子	221579.40	韩国
16	嘉能可	219754.00	瑞士
17	麦克森	214319.00	美国

---

[1] 编者注：由于原书出版于2010年，在此将部分图表数据更新至2019年，以供读者参考。

(续表)

排名	公司名称	营业收入（百万美元）	所属国家（地区）
18	戴姆勒	197515.30	德国
19	西维斯健康	194579.00	美国
20	道达尔	184106.00	法国
21	中国建筑工程	181524.50	中国
22	托克集团	180744.10	新加坡
23	鸿海精密工业	175617.00	中国台湾
24	EXOR 集团	175009.50	荷兰
25	美国电话电报公司	170756.00	美国
26	中国工商银行	168979.00	中国
27	美源伯根	167939.60	美国
28	雪佛龙	166339.00	美国
29	平安保险	163597.40	中国
30	福特汽车	160338.00	美国
31	中国建设银行	151110.80	中国
32	通用汽车	147049.00	美国
33	三菱	145243.30	日本
34	本田汽车	143302.90	日本
35	好市多	141576.00	美国
36	中国农业银行	139523.60	中国
37	字母表（Alphabet）	136819.00	美国
38	康德乐	136809.00	美国
39	上汽集团	136392.50	中国
40	沃尔格林长靴联盟	131537.00	美国
41	摩根大通公司	131412.00	美国
42	俄罗斯天然气工业股份公司	131302.00	俄国
43	威瑞森通讯	130863.00	美国
44	中国银行	127714.10	中国

(续表)

排名	公司名称	营业收入（百万美元）	所属国家（地区）
45	安联	126799.60	德国
46	安盛	125578.20	法国
47	克罗格	121162.00	美国
48	通用电气	120268.00	美国
49	房利美	120101.00	美国
50	卢克	119145.00	俄国
51	中国人寿	116171.50	中国
52	日本邮政控股	115220.50	日本
53	宝马集团	115042.80	德国
54	菲利普斯66机油	114217.00	美国
55	中铁工程集团	112132.70	中国
56	中国移动通信	112096.00	中国
57	瓦莱罗能源	111407.00	美国
58	美国银行	110584.00	美国
59	中国铁建	110455.90	中国
60	微软	110360.00	美国
61	华为	109030.40	中国
62	家得宝	108203.00	美国
63	中国海洋石油	108130.40	中国
64	日本电报电话	107146.90	日本
65	伊藤忠	104627.30	日本
66	日产汽车	104390.60	日本
67	国家开发银行	103072.90	中国
68	波音	101127.00	美国
69	富国银行	101060.00	美国
70	西门子	98802.00	德国
71	花旗集团	97120.00	美国
72	马拉松石油	97102.00	美国

(续表)

排名	公司名称	营业收入（百万美元）	所属国家（地区）
73	SK 控股	95904.50	韩国
74	巴西石油公司	95584.00	巴西
75	康卡斯特	94507.00	美国
76	雀巢	93512.50	瑞士
77	博世集团	92601.90	德国
78	优立普华	92260.80	德国
79	安森保险	92105.00	美国
80	华润	91986.00	中国
81	家乐福	91955.20	法国
82	东风汽车	90934.20	中国
83	埃尼	90799.80	意大利
84	戴尔技术	90621.00	美国
85	桑坦德银行	90531.90	西班牙
86	俄罗斯石油	90055.00	俄国
87	一汽集团	89804.70	中国
88	中化集团	89358.10	中国
89	意大利国家电力公司	89305.70	意大利
90	德国电信	89286.80	德国
91	法国农业信贷银行	88325.00	法国
92	意大利忠利保险公司	88157.40	意大利
93	中国交通建设	88140.90	中国
94	现代汽车	87999.20	韩国
95	派美士	87403.30	墨西哥
96	标致	87364.30	法国
97	太平洋建设集团	86622.60	中国
98	软银集团	86604.70	日本
99	汇丰控股	86131.00	英国
100	杜邦	85977.00	美国

附 录
Appendix

表10.2 各国拥有全球100家大公司的数量（以公司代表的国家为标准）

国家	拥有全球100家大公司的数量
美国	35
中国	24
德国	8
日本	8
法国	5
意大利	3
韩国	3
俄罗斯	3
英国	2
荷兰	2
瑞士	2
巴西	1
墨西哥	1
西班牙	1
沙特阿拉伯	1
新加坡	1

资料来源：基于《财富》杂志数据整理。

表10.3 摩根士丹利巴尔关于发达市场、新兴市场和前沿市场的国家和地区名单

发达	新兴	前沿
澳大利亚	阿根廷	巴林
奥地利	巴西	博茨瓦纳
比利时	智利	保加利亚
加拿大	中国	克罗地亚
丹麦	哥伦比亚	爱沙尼亚
芬兰	捷克共和国	贝宁
法国	埃及	牙买加

(续表)

发达	新兴	前沿
德国	匈牙利	约旦
中国香港	印度	哈萨克斯坦
爱尔兰	印尼	肯尼亚
意大利	马来西亚	科威特
以色列	墨西哥	黎巴嫩
日本	巴基斯坦	立陶宛
荷兰	秘鲁	毛里求斯
新西兰	菲律宾	尼日利亚
挪威	波兰	阿曼
葡萄牙	俄罗斯	波斯尼亚和黑塞哥维那
新加坡	南非	布基纳法索
西班牙	韩国	罗马尼亚
瑞典	中国台湾	特立尼达和多巴哥
瑞士	泰国	冰岛
英国	土耳其	塞尔维亚
美国	卡塔尔	斯洛文尼亚
—	沙特阿拉伯	斯里兰卡
—	阿联酋	突尼斯
—	—	乌克兰
—	—	孟加拉国
—	—	越南
—	—	象牙海岸
—	—	马里
—	—	马耳他
—	—	摩洛哥
—	—	尼日尔
—	—	巴勒斯坦

附　录
Appendix

(续表)

发达	新兴	前沿
—	—	巴拿马
—	—	塞内加尔
—	—	津巴布韦

资料来源：摩根士丹利巴尔。

表10.4　公债占GDP比重大于或等于60%的国家（地区）

国家（地区）	公债占GDP的百分比（%）	市场类型
日本	236.40	发达
希腊	181.90	（未定义）
黎巴嫩	152.80	前沿
也门	135.50	（未定义）
巴巴多斯	132.90	（未定义）
意大利	131.50	发达
厄立特里亚	131.20	（未定义）
佛得角	126.00	（未定义）
苏丹	126.00	（未定义）
葡萄牙	125.60	发达
冈比亚	123.20	（未定义）
刚果共和国	119.10	（未定义）
新加坡	110.90	发达
牙买加	104.10	前沿
埃及	103.30	新兴
比利时	103.20	发达
不丹	102.40	（未定义）
莫桑比克	102.20	（未定义）
塞浦路斯	99.30	（未定义）
伯利兹	99.00	（未定义）

(续表)

国家（地区）	公债占 GDP 的百分比（%）	市场类型
西班牙	98.40	发达
法国	97.00	发达
约旦	95.60	前沿
蒙古	91.40	（未定义）
毛里塔尼亚	91.10	（未定义）
巴林	90.30	前沿
加拿大	89.70	发达
多米尼加	87.60	（未定义）
英国	87.00	发达
安提瓜和巴布达	86.80	（未定义）
欧盟	86.80	（未定义）
巴西	84.00	新兴
圣多美和普林西比	83.30	（未定义）
美国	82.30	发达
圣文森特和格林纳丁斯	80.80	（未定义）
斯里兰卡	79.40	前沿
奥地利	78.80	发达
多哥	78.60	（未定义）
克罗地亚	78.40	前沿
索马里	76.70	（未定义）
乌克兰	75.60	前沿
津巴布韦	75.50	前沿
斯洛文尼亚	75.40	前沿
苏里南	72.10	（未定义）
加纳	71.80	（未定义）
格林纳达	71.40	（未定义）

附　录
Appendix

(续表)

国家（地区）	公债占 GDP 的百分比（%）	市场类型
突尼斯	71.30	前沿
圣卢西亚	71.30	（未定义）
阿尔巴尼亚	71.20	（未定义）
印度	70.20	新兴
匈牙利	69.90	新兴
爱尔兰	68.50	发达
马尔代夫	68.10	（未定义）
黑山	67.50	（未定义）
巴基斯坦	67.20	新兴
阿鲁巴	67.00	（未定义）
南苏丹	66.30	（未定义）
乌拉圭	66.20	（未定义）
安哥拉	65.30	（未定义）
摩洛哥	64.40	前沿
德国	64.10	发达
塞舌尔	63.30	（未定义）
老挝	62.80	（未定义）
赞比亚	62.80	（未定义）
圣基茨和尼维斯	62.40	（未定义）
塞尔维亚	61.50	前沿
芬兰	61.40	发达
塞内加尔	61.20	前沿
加蓬	61.10	（未定义）
以色列	61.00	发达
毛里求斯	60.20	前沿
瑙鲁	60.10	（未定义）

资料来源：美国中央情报局世界概况。

表10.5 公债占GDP比重小于或等于15%的国家（地区）

国家（地区）	公债占GDP的百分比（%）	市场类型
格陵兰	13.00	（未定义）
美属萨摩亚	12.20	（未定义）
所罗门群岛	10.00	（未定义）
爱沙尼亚	8.80	前沿
直布罗陀	7.50	（未定义）
阿富汗	7.30	（未定义）
北马里亚纳群岛	7.10	（未定义）
新喀里多尼亚	6.50	（未定义）
瓦利斯和富图纳群岛	5.60	（未定义）
利比亚	5.10	（未定义）
文莱	2.70	（未定义）
中国香港	0.10	发达
福克兰群岛（马尔维纳斯岛）	0.00	（未定义）
东帝汶	0.00	（未定义）
中国澳门	0.00	（未定义）

资料来源：美国中央情报局世界概况。